KB097976

이창근의 해고일기

이창근의 해고일기

초판 1쇄 펴낸날 2015년 2월 5일
초판 4쇄 펴낸날 2015년 3월 15일

지은이   이창근
펴낸이   박재영
편집   양선화 강곤
디자인   나윤영

펴낸곳   도서출판 오월의봄
주소   413-841 경기도 파주시 탄현면 참매미길 194-9
등록   제406-2010-000111호
전화   070-7704-2131
팩스   0505-300-0518

이메일   maybook05@naver.com
트위터   @oohbom
블로그   blog.naver.com/maybook05
페이스북 facebook.com/maybook05

ISBN   978-89-97889-54-9 03300

이창근의 해고일기

쌍용차 투쟁 기록   이창근 지음

2009-2014

오월의봄

이번엔 이창근을 꼭 끌어안고 울고 싶다

김진숙 _민주노총 부산지역본부 지도위원

쌍차라는 단어를 들으면 나는 그 냄새가 가장 먼저 떠오른다.
똥 냄새, 오줌 지린내, 찌든 담배 냄새, 여기에 버무려진
수많은 사람들의 땀 냄새와 쉰내.
《눈먼 자들의 도시》에 냄새를 입힌다면 그런 냄새이리라.
77일간의 옥쇄파업이라고 간략히 명명되는 현장은 아수라 그
자체였다.
존엄함을 위해서 싸운다기엔 당장의 생존 자체가 처절하고
처참했다.
천 명 가까이 생활하는 공간에 단전 단수가 됐다고
상상해보라.
배설은 어찌하며, 씻는 건 어찌하며, 먹고 마시는 건
어찌하는지 한번 구체적으로 상상하다보면 저절로 진저리가
쳐질 것이다.
먹을 게 없고, 쌀 데가 없는데도 먹어야 하고 싸야 하는
것만큼 크나큰 고통도 없다.
고공에서도 공권력 투입보다 더 구체적인 위협은 먹으면 싸야
하는 현실이었다.

그 전장에서 이창근을 처음 만났다.

그는 종군기자였다.

수염이 덥수룩한 얼굴에 핏발이 곤두선 눈엔 불안과 짜증이
그대로 드러났다.

그는 늘 통화중이었다.

했던 얘기 또 하고, 했던 얘기 또 하고.

그 역할은 아직도 진행 중이다.

가장 고통스러운 역할.

고통을 설명하는 일, 절망을 말로 전달해야 하는 일.

절망의 벼랑 끝에서 웃으며 희망을 말해야 하는 일.

우리의 해고는 부당했습니다.

그래서 우린 너무 억울합니다.

그 억울함을 안고 26명이 죽었습니다.

우리가 원하는 건 복직입니다.

그리고 미안하다는 그 한마디를 꼭 듣고 싶습니다.

그가 6년째 하고 있는 말.

6년으로도 모자라 마침내 굴뚝에까지 올라가서 외치는 절규.

크레인에서의 여름은 참 길었다.

쇠 냄새. 크레인 곳곳에 칠해져 떡이 된 채 흘러내리는 검은
기름 냄새에 뒤섞인 녹슨 쇠 냄새.

2011년 이후 내가 기억하는 여름의 냄새는 그렇게 바뀌었다.

20여 년을 거의 매일 만났던 사람의 시신이 누워 있던 곳.

그래서 난 맘 놓고 죽을 수도 없었다.

벽에선 빗물이 줄줄 흘러내리고, 이불은 다 젖고, 신발도 다
젖고, 양말도 다 젖고.

갈아입을 옷도 신발도 양말도 없는데.

젖지 않게 하려고 이불을 들고 쩔쩔매다 어쩔 수 없는 순간에
이르러선 포기하게 되면서 절감하게 되는 무력감이란 건
상상보다 훨씬 절망적이다.

그 여름 내내 안개가 끼었고, 땅도 안 보이고, 사람들도 안
보이고.

그런 날이면 이 세상에 나 혼자 남아 허공에 매달린 그네에
동동 떠 있는 기분이었다.

내릴 수 없는 그네. 멀미가 나서 죽겠는데 땅에 닿지 않는 발.

그 후 나는 허공에서 헛디디는 꿈을 자주 꾼다.

그 여름의 어느 날.

이창근과 그의 동지들을 사진으로 봤다.

평택에서 걸어서 부산까지 온단다.

미쳤군. 이 더위에. 이 비에……

사진으로 보는 이창근의 표정은 비장함보다는 절박함이었다.

난 왜 오랫동안 그가 까칠한 사람이라고 기억하고 있었을까.

영화 〈알포인트〉의 병사들처럼 안개 속을 유령처럼 걷고 또
걷던 사람들.

땀이든 비든 그들은 늘 젖어 있었고, 어느 날인가 트위터에
올라온 사진 속 그들의 발.

해지고 물집이 터지고 허옇게 불어터진 그의 발을 오래도록
봤다.

숨길 수 없는 노동자의 발.

그렇게 걸어 그들은 기어이 영도까지 왔다.

그들의 그 미친 질주가 예사롭지 않았던 건, 그들의 간절함을

내가 알기 때문이었다.

어쩌면 저들이 더 절박할 텐데.

그러나 난 그걸 애써 외면했다.

한진에게 와야 할 관심이 혹여 쌍차로 가면 어쩌나 조바심이
나기도 했다.

그들보단 우리가 더 절박하다고, 우리를 더 먼저 봐달라고
기도했다.

그러면서 입으로는 쌍차를 봐주세요 했던 가증스러움.

인간은 다급하면 본성이 드러나는 법이란 말, 그래서 찔린다.

크레인에서 내려오던 날.

땅과 가까워지자 적잖이 혼란스러웠다.

사람이 한눈에 들어오질 않았다.

늘 멀리 있었던 풍경.

309일 동안 단 한 번도 가까이에서 사람을 볼 수 없었던 시간.

사람의 얼굴이 한눈에 확 들어오는 게 아니라 눈 따로, 코
따로, 입 따로.

참 희한한 일이었다.

그 와중에도 눈에 띄는 몇몇 사람.

크레인에서 내려오며 가장 먼저 눈에 띈 사람이
이창근이었다.

반가움보다는 미안함이 컸다.

사람이 아무도 없었다면, 카메라가 한 대도 없었다면 난 아마
그를 붙잡고 한참을 울었을 것이다.

그리고 그가 희망버스 손수건을 목에 걸어줬다.

가장 뜨거운 환대.

0

그가 지금 굴뚝 위에 있다.

그가 내려오는 날.

그의 목에 이번엔 내가 손수건을 걸어주고 싶다.

고생했다고. 정말 고생 많았다고.

이번엔 끌어안고 좀 울고 싶다.

정말 간절히 바라는 건 그의 책보다 그가 먼저 땅에 닿을 수
있길……

차례

해고일기 4 이 땅에 살기 위하여

해고일기 5 가느다란 신음 소리

해고일기 1

파업,
다시 시작하기
위하여

쌍용차 투쟁, 저항을 넘어

2009년 6월 중순의 어느 날. 시계바늘은 새벽 5시를 넘어가고 있었다. 졸린 눈을 가까스로 비비며 여느 때처럼 습관적으로 모니터 앞에 앉았다. 어젯밤 쓰다 만 보도자료에 커서가 저 혼자 깜박이고 있다. 눈 비빌 틈도 없이 아침 라디오 생방송 인터뷰를 준비하기 위해 메일을 확인했다. 반복되는 질문지가 이젠 익숙했고, 답변 또한 건조하게 변해가던 즈음이었다. 언론사 메일을 열려는 순간 메일 하나가 먼저 눈에 들어왔다. 알고 지내는 기자의 메일이었다. 보낸 시간 새벽 4시 20분. 장문의 메일 내용으로 보아 그 시간까지 자지 않고 내게 편지를 쓴 것임에 틀림없었다. 응원과 지지의 내용이 대부분이었는데 편지 말미에 쓴 한마디를 읽는 순간 그만 눈물이 왈칵 쏟아졌다. "부장님, 어제 부장님의 흔들리는 눈동자를 봤어요. 절대 죽지 마세요……" 마음속을 들킨 것처럼 얼굴이 화끈거렸다. 자는 동료들이 깰까 싶어 혼자 숨죽여 울었다. 어떻게 내 마음을 알아챘을까. 어떤 이유로 눈빛만 보고도 이런 부탁 아닌 부탁을 한 것일까. 이후 쌍용차에서 벌어질 끔직한 죽음의 행렬을 미리 짐작이라도 한 것일까. 운명이란 것이 존재한다면 아마 이때쯤부터 시작됐는지 모를 일이다.

쌍용차 투쟁은 왜 일어났을까

지금부터 하는 이야기는 쌍용차 투쟁의 과정에 대한 것이다. 쌍용차 노동자들은 지금까지 우리의 투쟁을 스스로 기록하지

16

못했다. 쌍용차 문제가 아직 해결되지 않은 상황이므로 이 글은 후일담이 될 수 없으며, 과정의 기록이고 현재 진행형인 이야기이다.

2005년 1월 쌍용차는 중국 상하이자동차에 매각된다. 쌍용자동차는 말 그대로 부침의 역사가 있는 자동차 회사였다. 구제금융 시대에 대우그룹으로 넘어갔고, 대우그룹이 부도나자 워크아웃에 들어간다. 1만 명에 이르던 직원은 차츰 줄어들었다. 하지만 그때까지 재무건전성이나 현금보유액을 보더라도 쌍용차는 주인만 없을 뿐 아무런 문제가 없는 회사였다. 이는 이후 재판과정에서 제시된 자료를 통해 구체적으로 증명됐다. 이런 회사가 중국 상하이자동차로 넘어가면서 급격히 경영 악화로 돌아선다. 신규 투자는 물론 신차 개발은 뒤로 미룬채 노동조합에겐 부도어음이나 다름없는 공수표만 남발했다. 이런 장밋빛 환상에 노조는 제대로 대응하지 못했고, 상하이자동차로 매각된 이후 쌍용차 노동조합은 민주성을 점차 잃어가고 있었다. 민주파로 분류된 집행부 위원장과 어용이라 손가락질 받던 집행부 위원장이 동시에 식당비리 사건으로 구속된 사건이 분수령이었다.

결국 상하이자동차는 투자는 물론 신차 한 대도 생산하지 않고 2009년 법정관리를 신청한다. 여기에 쌍용차 노동조합의 위상은 타버린 연탄재처럼 발길에 차였고, 조합원들의 실망과 분노 또한 이만저만이 아니었다. 현장조직이란 이름으로 활동하는 이들 또한 도매금으로 욕먹기는 마찬가지였다. 민주파 위원장의 구속은 현장 안에서 회복하기 힘들 정도의 강한 충격을 줬다. 더 이상 민주란 이름으로 조합원들에게 다가설 수 없을 지경이었다. 결국 차기 선거에서는 당연히 회사와 일정한 조율과 이해의 교집합이 있는 집행부가 당선되게 된다.

특정 집행부에게 모든 책임을 떠넘기는 건 옳지 않고 사태를 종합적으로 이해하는 데 오히려 부작용을 낳는 것을 안다. 그러나 상하이자동차가 법정관리를 신청하기 전 집행부의 책임이 적다 할 수는 없다. 제한적이지만 노동조합은 경영에 대해 견제 구실을 할 수 있어야 하고, 실제 경영발전위원회를 통해 할 수 있었다. 그런데 노동조합은 라인 설비 설치의 이유를 들며 회사가 2년 동안 땅만 파고 있었음에도 어떤 견제나 위험신호를 감지하지 못했다. 오히려 회사는 중국으로 날아가 신규 개발과 신규 투자 3,000억이라는 근거 없는 공수표를 지속적으로 조합원들에게 남발했다. 그동안 현장에서 "쌍용차 기술 유출" "상하이 먹튀자본"의 실체를 파헤쳤던 현장조직의 오랜 노력은 결국 노동조합의 협조를 받지 못하면서 찻잔 속의 태풍으로 사그라지는 운명을 맞았다. 만약 그 당시 노동조합이 현장에서 문제제기하는 기술 유출에 대해 팔 걷어붙이고 나섰다면 많은 것이 달라졌을 것이다. 상하이자동차가 일찍 투자에서 손을 떼게 할 수도 있었다. 그 시기를 놓치고 나니 상하이자동차 입장에선 빼갈 기술 다 빼가고 무슨 아쉬움이 있었겠는가.

이 아쉬움은 이후 정리해고에 맞선 조합원들의 분노가 조직되는 중요한 자산이 된다. 조합원들은 어떤 면에선 영리한 존재다. 단기적으로 내게 어떤 집행부가 필요한지 동물적으로 판단하는 경험이 누적된 존재다. 이런 이유로 차기 지도부는 타협과 협상이 아닌 투쟁하는 지도부를 선택한다. 직감적으로 위기가 다가오고 있음을 현장 조합원들이 미리 알고 있었던 것이다. 점차 조합원들은 긴장의 옷으로 갈아입고 있었다.

상하이자동차가 본격적으로 먹튀를 하는 시점인 2008년 연말은 쌍용차 노동조합이 새로운 집행부 선거를 하는 시기와 맞물린다. 2008년 12월 10일 지도부 선거를 통해 신임 집행부가 들어섰고, 당선의 기쁨도 없이 천막농성을 시작으로 사측과 투쟁 전선을 칠 수밖에 없는 상황에 내몰린다. 선거 기간 회사는 각종 복지 부문을 삭감하는 형태로 노동조합을 죄어온다. 야간 근무자에게 지급하는 라면까지 중단해버렸다. 회사가 라면을 끊은 이유는 현장을 긴장시키고 노동자들을 위축시키기 위함이었다. 흔한 라면이 노동자들에겐 피부에 와 닿는 위기로 둔갑하길 바랐던 것이다. 그러나 쌍용차 노동자들은 회사의 의도대로 움직이거나 따르지 않았다. 그동안 싸움다운 싸움 한 번 제대로 한 적 없지만 노동조합을 중심으로 모이기 시작했다. 그것은 위기라는 구체적 괴물에 맞서는 인간의 본능에 가까운 움직임이었다. 그러나 농부가 한순간에 군인이 될 순 없는 노릇. 조합원을 모으고 교육하는 데 많은 시간이 필요했다. 어쩌면 그동안 사용하지 않던 기계에 기름칠하는 시간이 필요한 것처럼.

지도부를 흔드는 바람

노동조합의 이런 노력에도 회사의 영향력은 여전히 현장 깊숙이 손을 뻗치고 있었다. 그 이유는 기형적인 쌍용차 현장조직 때문인데, 쌍용자동차에는 현장조직이라는 이름의 모임이 40여 개가 있었다. 위원장 선거를 위한 친목회나 상조회까지 합치면 훨씬 많아진다. 40여 개의 현장조직 가운데 선거용 조직이 태반이며 일상적으로 홍보물 한 번 내는 조직은 10개 안팎

19

이다. 많은 현장조직이 회사의 관리 대상이다. 이들은 이후 회사가 희망퇴직을 종용할 때 자기 조직 사람을 우선으로 밀어넣는 어처구니없는 일을 벌인다. 생존의 문제에서마저 자신의 운명을 결정할 수 없을 만큼 회사와의 유착관계가 기형적이었다. 몇몇에겐 현장조직이 환상적인 고용 방패막이 되었다. 그 당시 희망퇴직을 쓴 사람들이 자기 조직의 사람을 조공 바치듯 희망퇴직으로 밀어 넣은 장본인들이 지금도 회사와 밀월관계를 유지하며 잘사는 걸 안다면 어떤 기분일까. 이 같은 현장조직 뒤엔 회사가 버티고 있었고, 이런 것이 노무관리의 보편적 형태였다. 회사는 결정적 순간을 위해 그동안 꾸준히 현장을 주무르고 관리했던 것이다. 자본이 결코 허투루 돈을 쓰지 않는다는 것을 알았다.

그렇다보니 현장에서 벌어지는 투쟁은 깨진 쪽박에 물 새듯 중간중간 새나가고 투쟁은 성과를 낼 수 없는 허약함 그 자체였다. 이것은 쌍용차 현장이 안고 있는 묵은 과제이며 풀리지 않는 숙제 같은 것이었다. 이런 조건에서 새롭게 들어선 지도부는 나름 참신한 면이 있다고 했지만, 여전히 조합원들의 눈엔 그놈이 그놈으로 이해되고 있었다.

"부장님, 법정관리랍니다"

2009년 1월 9일 오전 11시. 블룸버그 통신 기자가 전화를 했다. 법정관리에 들어간다는 소식을 다급하게 전했다. 5분이 지났을까. 지부장은 내게 와 법정관리 들어가니 준비하라고 했다. 전격적으로 이뤄진 법정관리였다. 현장은 혼란에 빠졌다. 지도부는 예상되는 몇 가지 시나리오를 준비하고 있었지만 당황하

긴 마찬가지였다. 당시 언론 담당을 하던 나 또한 두 시간 이상 횡설수설 기자들과 인터뷰를 할 정도로 허를 찔렸다. 노동조합 전화기엔 불이 났고, 기자들의 질문은 빗발쳤으며, 핸드폰 벨소리는 연신 울려댔다. 끔찍하게 긴 2009년 1월 9일이었다.

그러나 현장 조합원들의 혼란은 오래가지 않았다. 늘 생각하는 부분이지만 현장 조합원의 판단은 옳을 때가 그를 때보다 훨씬 많다. 그것을 지도부가 알아차리지 못할 뿐. 추슬러지는 현장과 함께 지도부 또한 본격적인 투쟁 준비에 돌입한다. 그러나 현장은 늘어난 기타 줄처럼 긴장감이 팽팽하지 않았고 5월 22일 파업 돌입 전까지 일정한 주기를 반복하며 지속된다. 몇 년 동안 몸에 밴 관성이 하루아침에 달라지지 않았다.

회사는 4월 8일, 기가 막혀 입이 다물어지지 않는 숫자인 2,646명을 정리해고 숫자로 발표한다. 조합원이 5,300명이었으니 둘 중 하나는 나가란 얘기였다. 현장은 분노로 들끓기보다 회사에 여기저기 선 대느라 분주한 느낌이었다. 이때도 회사의 관리 품 안에 있는 현장조직이 앞장섰다.

"함께 살자. 그러나……"

쌍용차지부는 회사의 정리해고 계획에 앞서 노동조합 자구안을 먼저 제시한다. 임금 등을 포함한 1,000억 원을 출연해 신차 개발 비용으로 충당하고(당시 회사는 신차 개발비 1,000억 원이 없다고 누차에 걸쳐 발표했다) 비정규직 노동자 고용을 위해 정규직 노동자들이 12억 원을 출연한다는 골자의 내용이었다. 그러나 회사는 예정된 트랙을 도는 경주마처럼 정리해고 시점을 향해 앞만 보고 달렸다. 노동조합의 제안은 묵살됐고,

교묘히 노사교섭차수를 늘려 해고 회피 노력의 일환으로 만들기 위해 안달이었다. 2009년 4월 중순을 넘는 시점이었다. 관리직에서부터 현장까지도 희망퇴직을 선택한 이들이 하나둘 늘어나는 상황이었다. 그러나 여전히 대다수 현장 노동자들은 회사의 대규모 정리해고 계획에 분노로 조직되고 있었다.

하지만 한편에서는 노조의 자구안에 대해 말이 많았다. 처음부터 숙이고 들어가는 것 아니냐는 우려와 질타가 이곳저곳에서 터져 나왔다. 그러나 이미 정리해고 계획을 밀어붙이려는 회사에 맞서 우리 또한 여론을 의식하지 않을 수 없었다. 그럼에도 노동조합의 태도에 대한 내외부의 비판은 컸다. 사안을 바라보는 온도차가 컸기 때문이다. 이 간극은 투쟁을 하면서 역전되긴 했지만 이때까지는 비판이 많았다. 돌이켜보면 지금은 누구나 쓰고 있는 '함께 살자'는 구호도 당시엔 천대받았다. 누구랑 함께 살자는 거냐며 운동 진영 안에서 상당한 논란의 대상이 된 것도 사실이다. 이명박 정부와 자본의 공세에 맞서 공격적인 구호가 필요한 시점에 '함께 살자'는 구호는 적절치 않다는 내용이었다. 그러나 '함께 살자'는 공격적 공세에 맞서 노동자들이 어떤 가치로 살 것인가를 가장 잘 설명한 것이 아닌가 생각한다. 그럼에도 이 구호가 운동 진영 내에서 비판의 대상이 된 것은 아쉬움이 크다.

노조의 자구안은 온당치 않았는가. 파업 이후 어떤 교수로부터 노조의 자구안이 진정성과 현실성이 떨어진 여론 방어용이었다는 지적을 들었다. 맞다. 일부분 인정한다. 여론과 언론의 파상공세에 맞서 노조가 여론 방어용으로라도 몇 날 며칠 밤을 새워가며 자구안을 만든 것이 그렇게 잘못인가. 노조의 판단이 그렇게 비난과 비판의 대상이 된 것이 맞는가. 이것은 온전한 평가가 필요한 부분이라 생각한다.

누구나 하는 파업 그러나 다른 파업

2009년 5월 22일 쌍용차지부는 공장 점거 파업에 돌입한다. 노조의 자구안과 대화 요청에도 불구하고 불도저식으로 밀어붙이는 사측의 정리해고를 막기 위한 방법은 파업뿐이었다. 파업은 우리가 공세적으로 택한 공격의 수단이 아니라, 몰릴 대로 몰려서 선택할 수밖에 없었던 수세적인 저항 수단이었다. 지도부는 공장 점거 파업에 대한 대비를 차근차근 해놨지만 부족한 것이 많았다. 특히 회사와 정권의 무자비한 탄압은 우리들의 상상 이상이었다.

가족대책위(이하 가대위)가 만들어진 건 2009년 3월경이었다. 처음엔 간부 아내들을 중심으로 모임을 만들었는데, 쉽지 않았다. 당시 MBC 노조가 파업을 하던 시점이라 가대위 분들에게 슬라이더를 사용해 설명을 한 적이 있다. 파업을 낯설어하는 분들에게 무슨 얘기를 할까 고민하다가 아나운서 박혜진 씨의 사진을 보여줬다. 겨울이라 목도리로 목을 칭칭 감아 한눈에 누군지 알아볼 수 없는 사진이었다. 누군지 아냐고 물었더니, 대부분 모른다고 했다. 찬 겨울 바닥에서 생존권을 위해 싸우는 사람인데, 그의 직업은 아나운서라 했다. 그제야 하나둘 누군지 알겠다는 눈치였다. 번듯한 직업으로 알고 있는 아나운서도 생존권 앞에선 싸우고 투쟁한다는 말로 가대위 분들을 독려했다. 효과가 있었는지는 모를 일이지만, 파업 자체에 대한 선입견이 조금은 누그러진 것 같았다. 그렇게 차근차근 준비하고 촛불문화제를 통해 점차 지역을 확대했다. 그러나

2009년 5월 22일 쌍용차지부는 공장 점거 파업에 돌입한다. 노조의 자구안과 대화 요청에도 불구하고 불도저식으로 밀어붙이는 사측의 정리해고를 막기 위한 방법은 파업뿐이었다. ⓒ 박성훈

공장 점거 파업 도중 가족대책위의 활약도 거침이 없었다. 싸움에선 더 적극적이었고, 쌍용차 상황을 알리는 데 큰 역할을 담당했다. ⓒ 금속노조 쌍용차지부

아직 정리해고 명단이 발표된 상황이 아니라 가대위의 숫자는 눈에 띄게 늘지는 않았다.

이윽고 눈앞에서 가정경제 무너지는 소리가 점차 크게 들리자 많은 분들이 가대위로 속속 모여들기 시작했다. 선택의 순간 싸울 것인가 말 것인가를 결정한 이후에는 거침이 없었다. 처음엔 기자회견이나 라디오 인터뷰가 쉽지 않았으나 날이 더할수록 가대위가 더 빛을 발했다. 싸움에선 더 적극적이었고, 쌍용차 상황을 알리는 데 큰 역할을 담당했다.

이때 가대위 활동을 열심히 한 사람들은 지금까지 관계를 맺고 있으며 쌍용차 심리치유센터 '와락'으로 활동이 이어지고 있다. 투쟁의 경험이란 것이 휘발되지 않는 것임을 가대위를 통해서 다시 한 번 확인했다. 조합원들보다 결속력에선 결코 뒤지지 않았다. 이후에 든 생각이지만 가대위 활동은 이중의 고통이었던 것 같다. 남편들의 투쟁에 당연히 함께해야 한다는 당위는 어깨를 짓눌렀을 것이고, 아이들 돌보는 일과 집안 살림까지도 여전히 가대위의 몫이었기 때문이다. '당신이 투쟁의 주체다'라는 얘기도 한정된 범위 안에서만 유효했다. 가대위 활동도 '적당히' 하는 눈치가 필요했다. 남편의 활동과 어느 정도 보조를 맞춰야 한다는 생각이 널리 퍼졌다. 그건 남편인 조합원들의 생각이다. 아직 아내를 동지로까진 생각하지 못하고 있는 듯했다. 그건 나 또한 마찬가지였다.

"어떡해…… 어떡해……"

아내가 울었다. 처음이었다. 공장 안으로 응원을 온 장인어른 앞에서도 울지 않던 아내였다. 본관 바닥에 앉아 뒤돌아서 우는 아내의 떨리는 어깨를 멍하니 보고만 있었다. 정리해고 통지서였다. 괜찮을 것 같던 내 기분도 함께 떨리며 처졌다. 누런 봉투에 담긴 한 장의 정리해고 통지서. 할 말이 없었다. 기자들의 이어지는 질문에 단어 찾기가 힘들 지경이었다. 내 감정을 빼기가 쉽지 않았다. 그렇다고 흥분만 할 순 없어서 이성적으로 건조하고 단호하게 인터뷰를 마쳤지만 시궁창에 처박힌 것 같은 기분은 어쩔 수 없었다. 함께 일하던 형들 동생들이 생각났다. 벌써 희망퇴직을 쓴 사람들 생각에 눈물이 났다. 노동조합의 무기력함이 죄스러웠다. 싸움이 시작도 되지 않았는데, 무릎이 한번 꺾였다. 조합 간부가 정리해고 명단에 없으면 조합원들이 뭐라 수군거리겠냐며 스스로 위로했지만 소용없었다. 앞이 막막한 기분이 한동안 이어졌다. 나뿐만이 아니었다. 그 종이 한 장의 힘은 대단했다. 조합원을 산 자와 죽은 자로 정확히 갈랐다. 웃는 자와 우는 자, 안도의 한숨과 깊은 한숨이 교차했다. 말로만 듣던 정리해고 통지서는 삶의 공간까지 파고들었다. 같은 동 아파트에서도 산 자와 죽은 자가 구분되었다. 왕래는 뜸해졌고, 끼리끼리 다시 헤쳐모여를 시작했다.

비정규직 노동자들의 처지는 더 옹색했다. 파업 전부터 시작된 업체계약해지로 400명 이상이 벌써 회사를 떠난 시점이었다. 정규직 정리해고의 규모가 워낙 크다보니 상대적으로 묻혔다. 정비 노동자들과 창원 엔진공장 노동자들도 사정이 마찬가지였다. 지역으로 흩어져 있는 편재 때문에 상대적으로 주목도가 떨어졌다. 그러나 정비와 창원 엔진공장 노동자 그리고 비정규직 노동자들은 평택 공장 노동자들보다 훨씬 모범적인 투쟁을 보여줬다. 아마도 그 결집의 힘은 오랜 시간 같은 공간에서 '형, 아우' 하며 생활하고 투쟁했던 경험 때문이 아닌가 싶다. 파업 초기 투쟁을 이끈 동력은 정비와 창원 엔진공장 그리고 비정규직 동지들의 헌신적 노력이었다.

관제데모에 동원된 노동자의 죽음

조합원들 앞엔 몇 가지 선택지가 놓였다. 희망퇴직을 할 수 있었고, 파업에 참여하지 않을 수 있었다. 파업엔 참여했지만 적당히 시기를 봐서 빠질 수도 있었고 회사에 정보를 넘겨 자신의 고용을 유지할 수도 있었다. 파업을 끝까지 함께한 이들은 이 같은 몇 가지 경우의 수를 택하지 않은 이들이다. 정리해고의 부당성과 상하이자동차의 먹튀 문제를 알고도 그냥 넘긴다는 것을 용납할 수 없었던 사람들이다. 이들이 순응과 체념이 아닌 저항을 선택한 건 이때부터였다.

그러나 파업은 힘들었다. 여름으로 접어드는 계절도 힘들었지만 때마침 노무현 전 대통령의 죽음이 한동안 쌍용차 문제를 매스컴에서 끌어내렸기 때문이다. 이때가 파업 기간 가운데 가장 지루한 시기였던 것 같다. 사람들은 쌍용차를 잊고 있었고 우리의 심리적 고립감은 깊어갔다. 회사는 공권력 투입을 촉구하는 궐기대회를 열 정도로 독 오른 가을 독사마냥 안달했다. 이른바 해고되지 않은 '산 자'를 동원해 관제데모를 연일 벌였고 그 과정에서 부산정비사업소 노동자 한 명이 사망하는 사건이 발생한다. 관제데모에 동원된 조합원들의 심리적 괴로움을 단적으로 드러낸 사건이었다.

정리해고 대상이 아닌 사람들은 어땠을까. 파업 돌입 후 곧바로 공장 밖에서 노동자 한 명이 숨졌다. 친한 형이었다. 새로 산 무쏘스포츠 할부가 아직 많이 남은 형이었다. 번호판이

관제데모에 동원된 노동자들의 모습. 회사는 해고되지 않은 '산 자'를 동원해 관제데모를 연일 벌였고 그 과정에서 부산정비사업소 노동자 한 명이 사망하는 사건이 발생한다. ⓒ 박성훈

2580이라 '시사매거진'이라며 한두 마디 꼭 하던 형이 갑자기 뇌출혈로 사망했다. 해고자 명단에 자신의 이름이 있는지 없는지를 두고 밤새 담배를 피웠다고 장례식장에서 형수는 말해줬다. 얄궂게 이 형의 마지막 가는 모습을 MBC 〈시사매거진 2580〉 팀에서 취재했다. 바닥이 갈라지는 지진을 경험한 적 없지만, 갈라진 틈 사이로 사람이 빠지고 그 언저리에서 살려달라 아우성치는 영화 속 장면들이 이어졌다.

본격적인 진압 작전, 끈끈해진 동료애

회사의 심리전은 대단했다. 사랑하는 애인보다 더 자주 문자를 보냈다. "아직도 공장에 있으세요?" 아침이면 이렇게 안부를 물었다. 외부세력을 운운하며 지원하는 민주노총을 조롱하고 비난했다. "민주노총도 당신들을 버렸다" 회사가 공장 옥상에 붙여놓은 현수막이었다. 철저히 고립시키기 위한 심리전의 일종이었다. 산 자를 중심으로 구성된 구사대는 점차 용역처럼 난폭해졌다. 언론을 총동원해 우리의 폭력성을 부각시켰다.

〈오! 필승 코리아〉를 연일 틀어대며 공장 안을 압박했다. 경찰은 밤새도록 방패를 두드리고 소리를 지르며 그나마 이슬 맞으며 자는 쪽잠까지 빼앗았다. 식수를 끊으려 펌프장을 고장 내고 모든 출입구를 봉쇄했다. 몇 명이 공장을 나왔다는 소문을 끊임없이 퍼뜨렸다. 시골 노모를 시켜 전화를 하게 하는 일, 돌 지난 아이의 울음소리를 들려주는 일, 밤낮으로 파업 조합원은 전방위적인 심리전에 지쳐갔다. 잔인하고 비열한 자본의 진면목을 경험했다. 공장 하늘에선 경찰 헬기가 삐라를 뿌려대고 7월이 지나자 최루액을 쏟아 부었다. 주먹밥엔 최루액이 묻고, 팔다리엔 물집이 생기고 살갗은 벗겨졌다. 공장 밖에선 민주노총을 중심으로 공권력 철수를 외치며 싸움을 이어 갔지만, 현실적인 힘을 발휘하진 못했다. 그러나 그들은 최선을 다해 공장 정문을 넘으려 노력했고, 그 과정에서 수백 명이 다치고 연행됐다.

본격적으로 공권력이 공장에 진입한 7월 21일. 쌍용차지부 정책부장의 아내가 목을 맸다. 공장 옥상엔 검은 조기가 걸렸지만, 용역과 경찰은 아랑곳 않고 공격과 진압을 이어갔다. 숨이 턱턱 막혔다. 점차 조여 들어오는 공권력도 문제였지만, 정리해고 저지 투쟁과 승리의 자신감이 머리 위를 퍼붓는 최루액만큼이나 무겁게 머리를 짓눌렀기 때문이다.

2009년 7월 중순을 넘겨서는 많은 조합원이 더는 버티지

공장 하늘에선 경찰 헬기가 삐라를 뿌려대고 7월이 지나자 최루액을 쏟아 부었다. 주먹밥엔 최루액이 묻고, 팔 다리엔 물집이 생기고 살갗은 벗겨졌다. ⓒ 박성훈

못하고 하나둘 공장을 떠났다. 공권력의 겁박보다 회사가 우리를 짐승처럼 대하는 태도에 더는 견딜힘이 없었던 것 같다. 필요할 땐 가족이라 살랑거리던 회사가 정리해고 상황에서는 차가운 자본의 모습으로 돌변하니 더는 미련을 둘 수 없었던 것이다. 보내는 이들이나 떠나는 이들이나 미안한 마음은 다르지 않았다. 바리케이드 사이를 빠져나가는 조합원들을 공장 옥상에서 지켜보던 지부장의 눈물도 이때 가장 많이 본 것 같다.

7월 중순. 이제 남은 조합원은 500여 명이었다. 떠날 수도 있는 상황. 그러나 이들은 나가지 않고 정리해고 철회를 끝까지 외치며 공장을 지켰다. 이들의 힘은 무엇이었을까. 파업 초기 모래알 같았던 조직력을 보였던 쌍용자동차 조합원. 회사 또한 길어봐야 2주를 넘기지 못할 것이라 자신했던 조합원들

의 상태. 이들이 변한 이유는 어디에 있을까. 쌍용자동차 노동자들은 파업을 겪으면서 조별 토론을 많이 했다. 처음엔 서툴고 대화나 토론이 이뤄지지 않는 경우가 많았다. 그러나 시간이 흐르면서 살아온 얘기에서 시작해 지금의 심정을 본격적으로 쏟아내기 시작했다. 공장생활을 하면서 느끼지 못했던 끈끈한 동료애를 느꼈음은 당연했다. 함께 먹고 자고 근무를 서며 밤을 보낸 시간이 이들을 단단한 하나의 공동체로 만들었던 것이다. 그러면서 서서히 보였던 것 같다. 회사와 정부가 왜 이토록 우리를 탄압 못해 안달하는지가.

이명박 정부 들어 기업프랜들리 정책이 일관되게 추진된다. 그것은 곧바로 노동에 대한 탄압이었다. '쌍용차 정리해고 하지 못하면 다른 사업장은 어떻게 하나'는 이유일 법정관리

7월 21일 본격적으로 경찰과 용역들이 공장에 진입했다. 점차 조여 들어오는 공권력도 문제였지만, 정리해고 저지 투쟁과 승리의 자신감이 머리 위를 퍼붓는 최루액만큼이나 무겁게 머리를 짓눌렀다. ⓒ 금속노조 쌍용차지부

인의 언론 인터뷰 내용이 쌍용차 정리해고의 정치적 의미를 환기시켰다. 또한 정부 관료는 72억만 있으면 쌍용차 노동자를 해고하지 않아도 된다는 말을 하면서도 한편으론 '이것은 돈의 문제가 아니다'라고 했다. 용산에 이은 쌍용차 진압과 정리해고 강행은 정부 정책에 대한 길닦이의 일환이었다. 싸움을 통해 이런 것을 조합원들이 알게 된 것이다.

조합원 하나하나가 바로 노동조합

김모 조합원이 있었다. 파업 전 나의 선거구 조합원이었다. 난 대의원을 세 번 나갔는데 번번이 떨어졌다. 마지막 선거에선 1차에서 1등 했지만 결선에서 뒤집히는 일까지 있었다. 그때 김모 조합원은 나를 찍지 않았다. 찍지 않은 이유를 내게 말해 줬다. "넌 너무 강성인 것 같아서……" 억울했다. 내가 무슨 강성이지? 어떤 행동을 했다고. 대의원 선거에서 홍보물을 만들어 돌렸다고 그런 건가? 해답을 찾을 수 없었다. 그 이후엔 대의원 선거에 출마하지 않았다. 그저 현장 활동에만 전념했는데, 의외로 김모 조합원 같은 사람이 많았다. 집회나 노조일이라면 언제나 시큰둥하고 노조에 마음을 닫고 있었다. 그도 그럴 것이 그간 노조가 보여왔던 행태는 조합원들에게 실망과 체념을 심어주기에 충분했다. 민주노조 20여 년 동안 다람쥐 쳇바퀴 돌듯한 노조의 일상이 이제는 어떤 새로움도 없었기 때문이다.

그러나 파업에 들어선 후 달라졌다. 지금까지 노동조합이 보여줬던 모습과는 다른 면도 있었지만, 김모 조합원처럼 노동조합과 하나가 됐기 때문이다. 일방적 지침이나 지시가 아니라 본인 스스로 지침과 지시를 만드는 과정이 있었기 때문이다. 투쟁의 전술은 물론 공장 안에서의 규율을 스스로 만들고 지키는 과정에서 노동조합과 조합원은 하나란 사실을 알아갔기 때문이다. '파업은 노동자의 학교'라는 책 속의 이야기가 현실에서 걸어 다니는 것을 이해하게 됐기 때문이다. 더는 노동조합이 비난의 대상이 아니었던 것이다. 조합원 하나하나가 노동조합이었던 것이다.

이런 생각들이 시간을 더해가며 스스로 투쟁의 주체가 되어갔다. 외부 탄압에 대해 일사불란한 움직임으로 함께 공격을 막아내야 하는 처지가 됐다. 이제는 불평불만을 도구적으로 사용할 수 있는 것이 아니었다. 어쩌면 외부환경이 내부 질서를 만들어갈 수밖에 없는 상황이었다.

그러나 싸움은 지고 말았다

출소 이후에 쌍용차 관련 자료를 찾던 나는 어떤 동영상 앞에서 눈을 뗄 수가 없었다. 2009년 8월 3일경 마지막 진압 전날이었다. 카메라 앞에선 수염 가득한 내 모습이 나왔다. 도와달라는 호소였다. 이러다 다 죽는다는 말이었다. 긴장과 초조한 기색이 역력해 보였다. 우리들의 모습이었다. 전기를 끊고, 물을 차단하고, 의약품마저 차단된 상황이었다. 환자는 속출하는데, 치료할 도리가 없었다. 물이 없어 화장실은 똥오줌으로 가득했고, 암모니아 냄새가 코를 찌르고 정신까지 혼미하게 만들 지경이었다. 돼지우리 속에 들어온 기분이었다. 배고픔의 고통보다 진압의 두려움보다 더한 절망감을 느꼈다. 인격을 살해당하는 기분이었다.

전기를 끊고, 물을 차단하고, 의약품마저 차단된 상황이었다. 물이 없어 화장실은 똥오줌으로 가득했고, 암모니아 냄새가 코를 찌르고 정신까지 혼미하게 만들 지경이었다. 사진은 보건의료단체가 '의료진 출입을 보장하라'고 경찰에게 요구하는 모습. ⓒ 박성훈

　　용역과 경찰을 상대로 한 싸움은 밤낮을 가리지 않았다. 소문은 한낮 아스팔트 열기처럼 순식간에 공장 안으로 퍼졌다. 누가 죽었다는 소문에서 어떤 사람이 공장에서 나갔다는 소리까지. 회사는 그 틈까지 파고들며 조합원을 가르고 흔들었다. 한 가닥 희망의 실처럼 유지되던 인터넷선도 끊겼다. 몇몇 기자들은 원고 송고와 사진 전송에 몇 시간을 들여야 했다. 연구소 직원은 그사이 '수면가스 살포 계획'이란 문서를 작성해 우리를 경악케 했다. 물러날 곳이 아니라 죽을 장소가 없을 지경이었다.

　　결국 무자비한 공권력의 진압으로 교섭다운 교섭 한번 하지 못한 채 파업은 미완으로 끝났다. 어쩌면 정리해고를 철회시키지 못해 진 싸움일 수도 있다. 그러나 우리는 최선을 다해

싸움을 했다. 더 이상 어떻게 해볼 수 없는 상황까지 몰리면서도 끝까지 버텼다. 비록 모든 해고자들을 살려낼 순 없었지만, 일부만이라도 고용관계를 회복시켰다. 아쉬움은 컸다. 지도부가 느끼는 부담과 책임감은 더 커 보였다.

파업 기간에 징그럽게 비가 오지 않았다. 여름 뙤약볕에 온몸이 타들어갔다. 오죽했으면 경찰 헬기에서 퍼붓는 최루액으로라도 샤워를 하고 싶다는 생각을 했을까. 우리는 비가 오면 공장 옥상에서 모두가 홀딱 벗고 샤워를 하자고 농담 반 진담 반으로 말하곤 했다. 정말 그러고 싶었다. 맨몸밖에 없는 노동자들에게 하늘까지 야속했다.

마지막 경찰서로 들어가기 전 민주광장에서 지도부와 조합원들이 모였다. 얄궂게 하늘에선 비가 내렸다. 수염은 덥수룩하고 짐 가방 한 짐 멘 사내들이 우악스런 악수와 낯선 포옹을 나눴다. 최루액을 함께 먹고, 쪽잠을 번갈아 잤던 동지들이었다. 수박을 깨먹으며 함께 웃었고, 고추장에 주먹밥을 찍으며 함께 울던 동료였다. 헤어지는 순간에 맛봤던 눈물과 빗방울의 맛이 아직도 기억에 생생하다. 그러나 싸움은 지고 말았다. 파업 내내 내리지 않던 비가 마지막 날 내리던 야속함처럼.

숨 막히게 숨어 지내는 시간

쌍용차 파업 이후는 황량함 그 자체였다. 지도부를 포함해 96명이 구속됐고, 300명 가까이가 경찰 조사를 받아야 했다. 지도부 공백 상태에서 남은 조합원들은 경찰과 검찰 수사로 하루하루가 지옥 같은 시간을 보내야 했다. 회사는 발 빠르게 민주노총을 탈퇴시킨 후 기업노조를 세웠다. 회사의 목적이 무

파업 중인 노동자들을 잔인하게 진압하는 경찰들. 결국 무자비한 공권력의 진압으로 교섭다운 교섭 한 번 하지 못한 채 파업은 미완으로 끝나고 말았다. ⓒ 금속노조 쌍용차지부

엇이었는지 확연하게 드러나는 일련의 과정이 전개된다. 공장을 잃은 쌍용차지부는 졸지에 망명지부 신세가 된다. 현장과의 끈이 싹둑 잘리고, 삶이 피폐해진 조합원들이 점차 늘어났다. 간혹 부음이 들렸으나 누구 하나 알아주지 않았다. 그렇게 쌍용자동차 노동자들의 2009년 공장 점거 파업은 생채기만을 남긴 채 끝나는 것 같았다. 술 먹는 날이 늘었고, 느는 술만큼 가정불화도 뒤따랐다. 어떤 이는 쪽팔려서 이사를 간다고 했지만, 쉽게 삶의 보금자리를 옮길 수도 없는 이들이 태반이었다. 지역에서 취업은 막혔다. 블랙리스트가 돈다는 소문이 현실의 벽으로 굳어졌다. 신세 한탄하는 이들과 자살을 시도하는 이들은 그나마 소리 없이 죽어가는 사람보다는 나은 편이었다. 힘들다는 신호는 보내고 있기 때문인데, 대다수 조합원은 그 흔한 찍 소리 한번 내지 못했다. 숨 막히게 숨어 지내는 시간이 이어졌다.

2010년. 어려운 시간이 지나고 있었다. 여전히 파업 지도부는 구속되어 있고, 집회를 해도 모이는 사람은 예전 같지 않았다. 너무 큰 싸움을 했던 것일까. 성에 차질 않았다. 어려운 시기 해고자 생계비는 금속노조가 댄다. 집회도 하고 기자회견도 열었다. 그러나 쌍용차 투쟁은 사회적으로 냉대를 받았다. 어쩌면 우리가 그렇게 생각했는지도 모르겠다. 지레 겁먹고 위축되었던 건 아닌지 되돌아본다. 알고 지내던 기자들에게 연락하는 것도 조심스러웠다. 사회가 쌍용차를 외면하는 것도 있었지만 스스로 위축된 것이 더 컸다. 파업 당시 간부를 했던 내가 이 정도라면 다른 조합원은 어떨까. 가족과 사회에서 받을 스트레스는 가히 상상하기 어려웠다.

어디서부터 다시 시작할 수 있는 작용점을 만들 수 있을까. 수
많은 시도와 투쟁을 반복하면서도 늘 따라다니는 고민거리였
다. 그러나 좀체 쌍용차 문제는 확대되지 않았다. 의지와 전술
의 문제가 아닌지도 모를 일이다. 그런데 쌍용차에서 지속적
으로 죽음이 발생했다. 마음이 급해졌다. 파업 당시 쌍용자동
차 노동자들은 "해고는 살인이다"를 외쳤다. 어디서 이 말이
만들어진 건지 기억은 확실치 않다. 수백 번의 보도자료와 기
자회견문에 나온 이야기가 "해고는 살인이다"로 압축된 건지,
그 뿌리는 확실치 않다. 그러나 그 구호대로 쌍용차 상황이 이
어졌다. 그래서 이런 생각을 한 적도 있다. '아, 말이 씨가 된다
더니, 괜히 저 구호를 외쳤나' 싶기도 했다. 후회도 됐다. 그러
나 후회한다고 멈춰지는 죽음이 아니었다. 어쩌면 쌍용자동차
문제가 다시 사회적 이슈로 확대된 것은 가슴 아프게도 '이어
지는 죽음' 때문이었다.

　회계 조작과 기획 파산으로 인한 정리해고는 설명이 필요
한 부분이고 시간도 많이 걸렸다. 그러나 정리해고의 직접적
인 폐해로 드러나고 있는 이어지는 죽음은 상대적으로 간명했
다. 사람들은 안타까워했고, 민주노총과 금속노조를 중심으로
투쟁을 이어가고 죽음을 막기 위한 다양한 노력을 기울였다.
그럼에도 죽음은 줄지 않았다. 원인을 알 수 없는 전염병의 창
궐처럼, 소리 없는 안개의 움직임처럼 우리 주변 가까이에 죽
음은 와 있었다. 급기야 2011년 2월 26일 쌍용차 무급자 임무
창 씨가 숨졌다. 불과 10개월 전인 2010년 4월엔 그의 아내가
아파트에서 투신자살을 했다. 남겨진 아이는 둘, 통장 잔고는

4만 원이었다. 이 사건은 삽시간에 퍼졌고, 온정과 연대의 손길이 이어졌다. 이때부터 조금씩 변화가 일기 시작했다. 정리해고로 인한 노동자들의 잇단 자살과 죽음은 그 자체로 마음 아픈 사실이었다. 너도나도 돕겠다고 나서는 이들이 있었다. 더는 죽음을 막아야 한다는 공감이 확대되었다. 쌍용차 정리해고 철회 투쟁이 새로운 국면으로 접어들고 있었다.

우리는 왜 저항했을까

그때부터 우리는 상대적으로 살아남은 자의 위치에 서게 된다. 죽은 이들에 대한 책임감, 공장 파업을 함께했던 동료에 대한 미안함이 버무려지며 다시 신발 끈을 조였다. 슬퍼할 겨를도 사치였다. 눈물만 흘리는 건 무능함이었고 뭔가 다시 돌파구를 만들지 않으면 안 될 절박한 상황에 우리는 놓이게 됐다. 만약 쌍용차 노동자들의 죽음이 이어지지 않았다면 어떻게 됐을까. 지금처럼 투쟁은 하겠지만 넓은 공감을 얻을 수 있었을까. 그렇지 않았을 것이다. 그런데 이 얘기는 반대로 해석해야 하지 않을까. 쌍용차 정리해고의 본질이 죽음이 아님에도 죽음이 쌍용차 투쟁과 사태의 본질이 돼버린 상황이다. 죽음을 걷어내려는 노력은 이어지는 죽음을 막는 것과 함께 냉정하게 쌍용차 문제를 직시할 수 있어야 한다는 것이다. 악마 같은 정리해고를 어떻게 막아낼 것인가를 진지하게 고민해야 하는 상황이다. 죽음으로 모든 걸 설명하기엔 설명하는 사람이나 듣는 사람이나 힘겹고 어렵긴 마찬가지다. 쌍용차는 이슈가 이슈를 덮는 묘한 상황이다. 죽음도 이어지고 회계 조작과 기획 파산의 문제도 존재하기 때문이다. 무엇을 중심에 놓고 봐야 하는지 무엇이 중심으로 위치해야 하는지. 쌍용차 문제는 이제 국정조사를 통한 진실 규명과 희생자에 대한 사회적 구제 문제를 남겨두고 있다. 국가폭력의 문제와 이성 잃은 공권력의 탄압에 대한 재발 방지도 뒤따라야 한다.

그런데 여기서 우리가 주목해야 할 점이 있다. 쌍용차 문제가 진정으로 해결되길 바란다면 쌍용차 노동자의 죽음 문제를 빼고 생각해야 한다는 것이다. 안타깝고 슬프고 아픈 죽음의 문제를 걷어내고 쌍용차 문제를 들여다볼 수 있을 때 쌍용차 문제는 드디어 해결의 방향으로 질주할 수 있다. 정리해고는 늘 있는 문제이며 그 속에서 죽어나가는 사람들 또한 늘 있기 마련이다. 그런데 유독 쌍용차 노동자들만 죽어나간다는 착시 현상에 빠져 있는 것은 아닌. 정권과 자본이 저지른 일련의 행위를 낱낱이 밝혀내고 진정으로 정리해고의 폐해를 막고자 하는 이성이 있다면 슬프지만 죽음 문제는 잠시 뒤로 미뤄야 한다.

이 말은 무슨 뜻이냐. 그동안 쌍용차는 죽음의 상징처럼 돼버렸다. 그러니까 반 이상을 먹고 들어간 것이다. 안타깝고 슬픈 이야기가 이성적인 우리들의 주장을 뒷받침한다기보다 압도하는 상황이 되어버렸다는 것이다.

우리는 그런 것을 원치 않는다. 또한 쌍용차 문제는 사람이 죽어가기 때문에 함께하고 연대해야 하는 문제가 아니란 뜻이다. 이 사회에 만연한 정리해고 문제를 어떻게 할 것인지, 그리고 나는, 당신은 이 문제를 해결하기 위해 어떤 노력을 하고, 법과 제도를 어떻게 만들어갈 것인지를 진지하게 생각하고 접근해야 한다. 그저 안타까운 마음에 연대의 손길을 이어가는 것을 뭐라 할 순 없지만 그 연대는 한계가 있을 수밖에 없다.

특히나 이 문제가 정치 영역으로 올라섰을 때 우리는 참으로 묘한 광경을 보게 된다. 각자의 유불리로만 쌍용차는 거래되고 교환되는 것을 보게 된다. 쌍용차 문제 해결을 위해선 정리해고제도 자체에 대해 밀고 들어가는 힘이 생길 때 비로소 사태의 전말을 볼 수 있지 않을까 생각한다. 무분별한 정리해고가 노동자의 삶을 어떻게 파괴하는지, 이것을 해결하지 않고는 노동 문제의 폭력성과 파괴성을 극복할 수 없다. 자본이 노동자에게 가하는 발가벗은 실체를 우리는 쌍용차 투쟁에서 경험했다.

죽음과 애도를 넘어

2007년 유럽연합 기회균등위원회에서 낸 보고서가 있다. 여기엔 해고된 노동자에게 국가가 해야 할 첫 번째 역할이 적시돼 있는데 그 내용은 "더 나은 일자리 제공"이다. 그렇다. 해고된 노동자에게 국가는 건강이나 심리치유 그리고 재교육 프로그램이 아닌 더 나은 일자리를 제공해야 한다는 것이다. 이것은 일자리가 갖는 사회적 복합성을 말한다. 경제적 수단은 물론 심리적 사회적 관계에서 매우 중요한 역할을 하는 것이 일자리란 것이다.

이를 한국에 대입하면 어떻게 될까. 아마도 정신 나간 사람 취급당할 게 뻔하다. 왜 그렇지 않겠는가. 비정규직 900만 시대, 불안정한 노동시장이 숨 막히게 내 주변에 늘 똬리 틀고 있지 않은가. '알바천국'으로 대표되는 나라에서 언감생심 가당치 않은 얘기로 취급받기에 충분하다. 그러나 우리는 다르게 생각한다. 아니 다른 요구를 가지고 싸워야 하지 않을까.

벌써 24명의 노동자와 가족이 저승으로 나 있는 뱃길을 따라 가지 않았는가. 돌아올 수 없는 강을 건넌 것이다. 그들을 추모하고 위무한다고 돌아올 수 있는 것이 아니란 사실이다. 그럼에도 우리는 죽음을 추모하고 이어지는 죽음을 막고자 노력한다. 이것은 분명한 한계가 있는, 어쩌면 우리 마음을 편하게 하기 위한 위무가 아닐까. 희망퇴직이란 이름으로 쌍용차 회사와의 고용관계가 부드럽게 잘린 이들이 2,000명이 넘는다. 또한 정리해고와 비정규직 계약해지 그리고 징계해고자 등 면도날로 관계가 잘린 이들도 부지기수다. 이들을 어떤 요구로 담을 수 있을까.

쌍용차 투쟁은 여러 가지 면에서 주목받고 있다. 어떤 면에서는 지금 전체 운동이 쌍용차 문제에 집중하기 때문이 아닌가 생각한다. 쌍용차 문제가 노동 문제의 중심이라고 할 수 있을까. 잘 모르겠다. 정리해고, 비정규직, 임시직과 파견 그리고 최저임금 등 모든 문제의 중심에 쌍용차 문제가 있다고 말하기엔 부족하고 적절치 않아 보인다. 그럼에도 쌍용차 문제가 중요하게 다뤄지는 이유는 있을 것이다. 그것은 아마도 가장 폭압적으로 탄압을 받은 이들에 대한 사회의 응답이 아닌가 생각한다. 그런 면에서 쌍용차 투쟁은 이제 새로운 방향으로 나가야 할 시점이 아닐까. 폭압적 탄압을 받은 이들의 저항은 어떤 것이어야 하는가. 그들의 저항이 어떤 행위로 머무르지 않고 사회적 담론을 만들어야 하는 건 아닌가. 사회 곳곳의 저항이 있고 저항을 준비하는 곳에 민들레 홀씨처럼 쌍용차 투쟁이 퍼져나가야 한다.

말과활 1호, 2013년 7월.

쌍용차 투쟁, 다시 시작하기 위하여

쌍용차 투쟁이 만 4년을 지나고 있다. 쌍용차 문제 해결에 얼마만큼의 시간이 더 필요한 걸까. 거리와 사회 곳곳에 '의미'와 '과제'란 족적을 남기며 진행 중인 쌍용차 노동자들은 어떤 과정을 거치며 싸우고 있나. 과정이 결과를 유추할 수 있는 단서라 한다면 쌍용차 노동자들의 투쟁의 결과는 어떤 구체적 형태로 다가올 수 있는지를 살펴보고자 한다. 죽음과 해고 그리고 연대와 투쟁으로 만 4년을 살아가고 있는 쌍용차 해고 노동자들의 그간의 시간을 좇아가본다.

걸었다 그리고 물었다

숨이 턱까지 찼다. 오르막길이 쉽지 않았다. 체력은 이미 바닥났고 오르막 정상은 보이지 않았다. 그럼에도 쉴 순 없었다. 고집 부려 재촉한 길이었기 때문이다. 허벅지 안쪽이 옷에 쓸려 아침부터 쓰라렸다. 걸으면서 신경이 쓰였다. 설상가상으로 점심 이후엔 발바닥까지 말썽이었다. 작은 물집이 이젠 제법 커졌다. 쉴 때마다 정성껏 마사지를 했지만 성난 발바닥은 더위에 더욱 벌겋게 변해만 갔다. 이젠 물집이 누렇게 변했다. 더는 내버려둘 수 없는 지경이 됐다. 다음번 쉴 땐 바늘로 실이라도 끼워야겠다는 생각을 하며 걸음을 옮겼다. 더위 속 걸음엔 비가 반가운 법인데 젖은 옷이 온몸을 쓸다보니 아예 더위가 나았다. 뚜벅뚜벅 한참을 걸어 오르니 대구를 벗어나는 산 정상이 보였다. 10분간 휴식시간. 반가웠다.

우선 꼬리 쪽 동료들이 모두 모였는지 확인한 후 양말을 벗을 때였다. 한쪽에서 '딱' 하는 소리가 들렸다. 비가 뿌린 바닥은 미끄러웠고 쉬려고 깔아둔 은박지에도 물기가 흥건했다. 은박지 위에 통닭을 내려놓던 대구지역 노조 간부가 그만 넘어졌다. 소리가 워낙 커서 뼈가 부러졌음을 직감할 수 있었다. 부산까지 천릿길을 걸어가는 우리를 위해 통닭을 대접하려다가 그만 넘어져 다리가 부러진 것이다. 경황이 없었지만 119를 부르고 응급조치를 했다. 정강이뼈가 완전히 부러진 노조 간부는 신음소리조차 내질 못할 정도로 고통스러워했다. 통닭이 뭐라고 그걸 대접하겠다고 이곳까지 와서 이런 봉변을 당하나 싶어 미안했고 죄송했다. 그러나 우리는 다시 걸음을 재촉할 수밖에 없었다. 부산까지는 아직 몇 날 며칠의 시간이 더 남았다. 이제 겨우 5일째 걷고 있을 뿐이었다.

지난 2011년 7월 1일 쌍용차 평택 공장 정문에서 출발한 '소금꽃 찾아 천릿길'의 목표는 부산이었다. 9일 동안 420킬로미터를 뛰고 걷는 그야말로 폭풍질주다. 한진중공업 정리해고에 맞서 크레인 농성을 벌이고 있는 김진숙 지도위원을 응원하고 2차 희망버스에 함께하자는 호소를 하기 위해 우리는 누가 봐도 무리한 일정을 잡았다. 그러나 동병상련인 걸 어떡하나. 아픔이 마음을 잡아끈 것을 무슨 수로 막을 수 있나. 쌍용차 노동자들은 이미 열네 번째 동료와 가족의 장례를 치렀고 응답 없는 사회에 수차례 절망도 해보지 않았던가. 그래서 부산으로 가기로 결심했다. 물론 처음부터 순탄한 것만은 아니었다. 일정 자체가 무리일 수밖에 없다는 반론도 존재했다. 또한 우리 코가 석잔데 굳이 부산까지 걸으면서 할 필요가 있냐는 의견도 있었다. 그러나 말없이 함께하자는 의견을 내준 조

쌍용차 평택 공장 정문에서
출발한 '소금꽃 찾아
천릿길'의 목표는 부산이었다.

체력은 이미 바닥났고 오르막 정상은 보이지 않았다. 그럼에도 쉴 순 없었다. 고집 부려 재촉한 길
이었기 때문이다.

합원들이 있었기에 걸을 수 있었다. 걷다보니 별의별 생각이
다 들었다. 지난 일들이 하나둘 발목을 잡기 시작했다. 걷는
것의 물리적인 어려움보다 계속해서 올라오는 생각들로 인해
심리적인 고통이 더 컸다. 어쩌면 걷는다는 건 오른발로는 과
거를 왼발로는 미래를 밟는 것은 아닐까. 눈은 길이란 현재를
바라보면서. 그렇게 시간을 밟고 딛고 한 걸음 한 걸음 앞으로
나아갔다. 지난 기억이 바닥에 쌓인 먼지 날리듯 발에 채여 올
라왔다.

낯선 곳에서 잠들다

걷다보니 감옥생활하며 좁은 운동장을 다람쥐 쳇바퀴 돌듯 뛰
고 걷던 생각이 났다. 그때도 참 열심히 걷고 뛰었다. 벌써 2년
전의 기억인데도 생생했다.

　온몸에 새겨진 문신을 보는 순간 겁이 났다. 온갖 종류의
바다와 육지동물이 좁은 감옥 안에 함께 뒹굴고 있었다. 8월
중순의 한여름 감옥 안은 속옷만 걸친 채 더위를 달래야 할 정
도로 더웠다. 대부분 팬티만 입고 있는 구치소 안. 시선을 어
디에 둘지 몰라 한참을 어정쩡한 자세로 서 있었다. 한참 뒤에
서야 어떤 이가 자리를 가리키며 누워 자라고 했다. 모두 열여
섯 명쯤 돼 보였는데, 칼잠을 잘 수밖에 없을 만큼 공간은 무
척 좁았다. 옆 사람 어깨가 닿았다. 그때 '감옥은 여름보다 겨
울나기가 쉽다'고 한 신영복 선생의 말이 실감났다. 사람의 체
온이 닿는 순간 기분이 나빴다. 낯선 이의 어깨가 싫은 건지
이 좁은 공간에 갇히게 된 것이 불만인 것인지 여하튼 기분이
상했다. 어쩌면 잡범들과 어울려 살아가야 하는 것 때문이었

을까. 하루 종일 검찰조사로 심신이 피로했지만 쉽게 잠들 수 없었다. 왼쪽과 오른쪽으로 돌아가는 낡은 선풍기는 심리적 위안만 줄 뿐 시원한 바람을 만들진 못했다. 선풍기 소리와 헬리콥터 소리는 닮아 있었다. 낮게 저공비행으로 공장 옥상 모든 물건을 날리던 헬리콥터 생각이 났다. 소리는 행동하기 전어떤 전조였는데, 헬기 소리가 있고 난 후 폭포수처럼 쏟아지던 최루액도 생각이 났다. 모든 사물이 파업과 연관되어 생각되는 시간이 참 더디게 지나고 있었다.

조사가 길어져 모두 자는 시간에 평택 구치소에 입감됐다. 공장 파업이 끝난 지 10여 일이 지나서였다. 모포에서 나는 곰팡이 냄새를 맡는 순간 이곳이 사회와 떨어진 구치소란 사실이 실감났다. 공장 파업으로 많은 경험을 하고 있지만, 구치소 경험은 두렵고 낯설고 찝찝했다. 나뿐만 아니라 2009년 8월 6일부터 벌써 60명 넘게 구속됐고 경찰조사와 검찰조사에 불려다니는 사람만 200여 명이 넘었다(최종 구속자는 98명). 무엇을 그렇게 조사할 게 많은지 조사가 끝나려면 아직도 멀었다.

구치소에서는 밤새 불을 켜둔다는 사실을 처음 알았다. 영화나 텔레비전과는 많이 달랐다. 불 켜진 형광등은 지난 시간을 찬찬히 복기하게 만들었다. 공장 파업을 끝내고 경찰 버스지붕 위로 떨어지던 빗물 생각이 났다. 그렇게 오지 않던 비가 파업이 끝나는 날 내린 것이다. 야속했고 원망스러웠다. 언론에선 사람이 죽지 않은 걸 다행이라 했지만 파업 기간에만 벌써 다섯 명이 숨졌다. 도대체 죽지 않았다는 통계는 어디서 나왔는가. 알고서도 모른 척한 언론의 이 같은 태도가 이후에 이어지는 죽음이 한동안 세상에 알려지지 않은 결정적 이유가된다.

2009년 8월 25일 평택역과 버스터미널에서 구속자 석방을 위한 범국민서명운동을 전개했다. ⓒ 금속노조
쌍용차지부

괴로워서 한 잔, 슬퍼서 한 잔

구치소에서 한동안 세상과 떨어져 지내는 일이 쉽지는 않았
지만 감옥 밖이 더 불안하고 팍팍해 보였다. 오히려 감옥 벽이
해고의 고통을 막았고 탄압의 아픔을 차단하는 역할을 했다.
감옥 바깥이 더 감옥 같은 시간은 아닐까란 생각이 미치는 순
간 검찰 조사를 받은 쌍용차 노동자의 자살 시도 소식이 구치
소 안으로 날아들었다. 동료의 이름과 행위를 검찰 앞에서 말
해야 하는 강도 높은 조사가 이어졌기에 언제든 발생할 수 있
는 사건이었다. 파업하던 공장에선 해고자와 비해고자로 가르
더니 파업 이후엔 동료의 이름을 팔아야 하는 상황에 내몰리

고 있는 해고자들이었다. 동료라는 말도 옛말이 돼버렸다. 이제는 과거의 동료는 없었다. 함께 살던 아파트는 해고자와 비해고자로 나뉘었고 술집도 따로 가는 형편이었다. 평택 시내에서 쌍용차 작업복을 입은 노동자를 심심찮게 봤던 것도 옛일이었다. 해고자는 옷이 없어 못 입고, 비해고자는 떳떳하지 못해 입지 않았기 때문이다. 술 마시며 걷던 그 길 위로 벌써 상여가 몇 번을 지나갔던가.

자연스럽게 술 찾는 이들이 많아졌다. 그러다보면 언성은 높아지고 주먹다짐도 잦았다. 작은 실수도 눈감아줄 수 없을 정도로 마음은 메말라갔다. 회사는 파업이 끝나기 무섭게 노조를 민주노총에서 탈퇴시킨다. 형식적으로는 조합원 투표를 통해 이뤄졌지만, 공장 안 분위기는 살벌하기 그지없었다. 관리자들은 분단위로 쪼아댔고 현장은 그야말로 눈치 보는 공장으로 변해갔다. 하루아침에 동료 3,000명이 눈앞에서 사라지는 것을 경험한 공장 안 노동자들이었다. 눈치는 비굴함이 아니라 생존을 위해 어쩔 수 없다는 자기 논리를 제공했다. 악착같이 공장에 붙어 있어야 한다는 것을 지난 파업과 해고자를 보면서 몸으로 알고 있었다.

이명박 정권 들어서 노조 무력화는 전국적으로 확대됐고 기업노조를 세우며 완성해가는 과정을 밟아나갔다. 쌍용차는 기업노조로 가는 길의 모범답안이었다. 파업 당시에 사장이 말했던 것처럼 '이건 쌍용차 문제'가 아니었다. 기업하기 좋은 나라를 위해, 가진 자들에게 더 많은 이윤을 제공하기 위해 노조는 무력화돼야만 하는 존재일 뿐이었다.

나는 술이 싫었다. 그건 파업 당시에도 그랬다. 지부장이 내린 금주령 때문만은 아니었다. 술을 먹고 비틀거리는 모습이 불안했기 때문이다. 그러나 파업 이후 술은 장례식장에서 가장 많이 마시고 있었다. 불안의 종착역 같은 장례식장에서 조합원들과 술잔을 기울이고 있었다. 이것이 우리들의 처지를 말해주고 있었다. 그래서였을까. 알코올 중독성 조합원도 꽤 됐다. 가정불화가 술 때문이 아니었음에도 술로 인해 상황이 악화되는 경우가 많았다. 현실 도피의 방편으로 술을 찾았지만 어려운 현실은 개선되지 않았다. 관계가 성마른 채 앙상하게 변해갔다. 쌍용차 노동자들에겐 술도 일종의 약물과 같은 것이었다. 좀처럼 끊을 수 있는 상황이 마련되질 않았다. 작은 숨구멍이라도 있어야 했지만 사방이 막혔다. 술이라도 없다면 미쳐버리겠다는 조합원의 얘기가 허투루 들리지 않았다.

"힘들어? 그러면 관뒤! 대기하는 사람 많아"

파업이 끝난 1년 후인 2010년은 암울함 그 자체였다. 민주노총을 탈퇴해 쌍용차 기업노조가 만들어졌다. 회사는 빠르게 현장을 장악해 들어갔다. 회사와 관계가 있는 현장조직을 포섭해 우군으로 만들었음은 물론 작은 저항의 씨도 용납하지 않았다. 예컨대 이런 거였다. 파업 전까진 한 달에 몇 차례 나오던 현장조직 홍보물이 자취를 감췄다. 노동 강도가 올라가고 조립라인에서 부당하게 이뤄지는 관리자들의 간섭에도 대의원이라는 사람들조차 꿀 먹은 벙어리였다. 탄압은 교묘하게 이뤄졌고 현장 노동 강도는 두세 배로 치솟았다. 그러나 일할 수 있다는 그 단순성과 모든 것이 빠르게 교환되고 있었다. 목구멍이 포도청이란 말은 이런 데 어울릴법한 말이 아닌가. 관리자들은 힘들다는 조합원에게 대놓고 이런 말을 뱉는 걸 서

파업이 끝난 1년 후인 2010년은 암울함 그 자체였다. 그러나 노동자들은 건강했고 활기를 잃지 않았다. ⓒ 금속노조 쌍용차지부

습지 않았다. "힘들어? 그러면 관둬! 대기하는 사람 많아."

공장 안은 관리자들과 기업노조의 등살에 빠르게 고개를 숙였다. 그것이 짤리지 않는 길일 수 있다는 공감대가 넓게 퍼졌기 때문이다. 해고의 공포는 전가의 보도가 되어 공장 구석구석을 누비고 다녔다. 공장 밖은 더했다. 되는 일은 하나도 없었고 성과는 쌓이기는커녕 휘발되어 날아가는 경우가 허다했다. 그럼에도 쌍용차 투쟁을 알리고 진실을 규명하기 위한 쌍용차지부의 노력은 이어졌다. 여기에도 빛나지 않는 작은 거인들이 있었다. 지역에서 평소 함께하던 이들은 끈을 놓지 않고 언제나 함께했다.

구속 당시 느꼈던 암담함이 없었다면 어떻게 떨칠 수 있었

을까. 쌍용차 파업으로 지역은 풍비박산이 난 느낌이었다. 그러나 그건 우리만의 기우였고 괜한 걱정이었다. 지역 노동자들은 건강했고 활기를 잃지 않았다. 움츠려 있는 우리에게 아침저녁으로 함께하는 열성을 보여줬다. 그 작고 소중한 연대가 포기하지 않고 다시 설 수 있는 계기가 된 것 같다. 이들의 노력은 지금까지 한결같이 이어지고 있다. 촘촘한 인간 관계망이 추락방지 그물이 되어 그나마 맨바닥과 거리를 만들어줬다. 가장 가까이 있는 이들이야말로 다시 일어설 수 있는 중요한 근거가 돼줬다.

어려움 속에서도 연대를 해준 작은 거인

2010년 4월이었다. 금속노조 쌍용차지부 사무실에 출근하자 어수선했다. 사람은 없고 빈 컴퓨터만 사무실을 지키고 있었다. 이것저것 자료 정리를 하고 있는데 전화 한 통이 왔다. 조합원 아내가 자결을 했는데, 이미 장례를 치렀다고 했다. 출소 이후 처음 맞은 죽음이었다. 신상을 파악하고 사방으로 전화를 돌렸다. 장례를 치른 상태란 말에 어이가 없었다. 쌍용차지부의 취약한 관계망을 고스란히 드러내고 있다는 생각을 했다. 사람이 죽은 다음에 알았다는 것도 충격이었지만, 죽음에 대한 어떤 내성이 생긴 것 같아 화가 났다. 애먼 간부 몇 명에게 화를 내고 신상파악 빨리 하라고 다그쳤다. 자결한 이는 무급자의 아내였다. 아파트에서 투신을 했으며 아이들은 두 명이 있었다. 남편 임무창. 그때는 몰랐다. 그 이름이 1년 뒤에 또다시 보도자료에 등장할 줄은 꿈에도 몰랐다.

쌍용차지부는 소위 망명지부의 신세로 여러 가지 어려움

을 겪고 있었다. 공장엔 기업노조가 떡하니 버티고 있어서 회사와 변변한 대화조차 불가능한 상태였다. 아직도 한상균 지부장을 포함한 실장급들은 구속된 상태였다. 벌금과 손배가압류에 시달리는 사람이 부지기수였으나 쌍용차 문제는 서서히 언론의 관심에서 멀어지고 있었다. 몇몇 기자들은 쌍용차 파업 2주년을 즈음해 특집 기사를 준비했다. 그러나 인터뷰에 응하려는 조합원을 찾는 일은 무척 어려운 일이었다. 특히 유가족 인터뷰는 엄두를 낼 수 없었다. 인터뷰 거절은 물론 연락 자체를 꺼렸고 급기야 연락처가 바뀐 경우가 태반이었다. 이때까지 9명의 노동자와 가족이 숨졌지만 기사 한 줄 나기 어려웠다.

그러나 고맙게도 공장 파업을 끝까지 함께하며 취재를 해온 미디어충청만큼은 지속적으로 보도를 이어갔다. 미디어충청은 지역 언론이었다. 작은 규모의 이 언론은 쌍용차 파업 시작 때부터 파업이 종료되는 시점까지 쌍용차 보도를 줄기차게 이어갔다. 파업이 끝나면서 기자도 경찰서에 연행되어 조사를 받았다. 담당 기자가 공장 파업 기간 동안 생리를 하지 않다가 경찰서에서 생리를 했다는 소식을 감옥에서 접하고 미안하고 고마웠다. 극도의 긴장이 사람의 신체리듬을 완전히 바꾼 것이다. 그만큼 쌍용차 투쟁은 역설적으로 지루했고 정신적 심리적 충격이 컸다. 미디어충청 기자의 연행을 두고 어떤 기자는 이런 평을 했다. "작은 언론이라 해서 그렇게 탄압하면 안 된다." 짐짓 진지한 말투였지만 선입견이 많은 이야기였다. 미디어충청 기자는 작은 언론이라서 탄압받고 조사받은 것이 아니라 '끝까지 그 자리를 지켰기 때문'에 연행되어 조사까지 받은 것이다. 쌍용차 투쟁에는 빛나지 않은 작은 거인들이 참 많다. 이 자리를 빌려 미디어충청과 정재은 기자에게 무한한 애정과 고마움을 전한다.

만약 쌍용차 파업과 파업 이후 우리가 어려움을 겪고 있을 때 미디어충청이 없었다면 어땠을까. 상상하기도 싫을 만큼 우리는 외로웠을 것이고 쌍용차 문제를 세상에 알리는 데 더 많은 어려움을 겪었을 것은 불을 보듯 뻔한 일이었다. 빛나지 않은 작은 거인이 있었기에 쌍용차 투쟁에 수많은 사람들이 연대를 할 수 있는 구심이 생긴 것이다.

당신과 나의 전쟁

파업 이후 쌍용차 투쟁을 다룬 다큐가 연이어 제작됐다. 하나는 〈저 달이 차기 전에〉였고 또 하나는 〈당신과 나의 전쟁〉이었다. 출소 후 상영회와 관객과의 대화가 이어졌다. 동료들의 모습을 영화 화면으로 본다는 것이 처음에 낯설었고 신기하기만 했다. 그러나 관객과의 대화가 회를 거듭할수록 마음은 가라앉았고 생각은 많아졌다. 영화 속에 등장하는 조합원 가운데 지금은 이 세상 사람이 아닌 사람도 있었기 때문이다.

질문은 이어졌다. "어떻게 투쟁할 수 있었나?" "무섭지 않았나?" "제일 먹고 싶은 것이 무엇이었나?" 등 수많은 질문이 이어졌다. 어리둥절한 상태에서 답변을 이어가면서도 생각을 정리할 수 있는 시간이기도 했다. 특히나 학생들의 질문을 듣고 생각이 많아졌다. "경영권의 문제를 노동자들이 어디까지 개입할 수 있다고 생각하느냐?" "다시 그 상황으로 간다면 파업을 하겠느냐?" 등등. 대답을 미처 준비하지 못한 질문들도 많아서 당황스러운 경우가 많았다. 현장에서 일하는 노동자들

54

이 어떤 이론을 배경 삼아 딱 부러지고 깔끔하게 이야기를 한다는 건 쉽지 않았다. 다소 거칠더라도 우리의 생각을 가감 없이 말하는 게 중요했다. 이야기 속에서 우리도 몰랐던 사실을 발견했고 놓치고 있던 부분도 알게 됐다. 쌍용차 투쟁이 남긴 건 뭐였을까. 사회적 '의미'는 또 어떤 것이었을까.

쌍용차 투쟁은 적어도 이 싸움이 나와 당신의 공통의 싸움이라는 사실을 확인해주고 있는 것은 분명했다. 점차 공동의 이해가 넓어지고 있음을 우리는 알아가고 있었다. 힘이 나는 부분은 바로 이런 부분이었다. 쌍용차 투쟁을 통해 정리해고의 문제가 언제 어디서나 발생할 수 있고 나아가 언제든 내 문제가 될 수 있다는 공공의 문제란 사실을 말해줄 때 우리는 힘이 났고 용기가 생겼다. 불안정한 고용판 위에 있는 우리들은 재수 없거나 운이 나빠서라기보다 이 시스템이 운용되고 유지되는 한 언제든 갈라지고 벌어진 틈 사이로 추락할 수 있다. 이런 부분을 말해주는 이들이 늘어나고 있다는 사실 자체가 우리를 지치지 않게 만들었다. 물론 현실적으로 앞이 보이지 않는 싸움인 것은 맞다. 그러나 이 질긴 싸움에서 가장 큰 우리의 정당성이 훼손되지 않았다. 그것이 보존되고 지켜지고 있다는 사실이 우리를 앞으로 한발 더 나가게 만들었다.

임무창의 죽음, 이어지는 연대의 손길

'소금꽃 찾아 천릿길'이 대구를 지나 본격적으로 부산으로 향하고 있었다. 걸은 지 6일째였다. 다리는 아팠고 체력은 떨어졌다. 힘이 들면 말수가 줄어들기 마련인데 어찌된 영문인지 노랫소리가 끊이질 않았다. 농부들의 노동요처럼 걸으면서 끊임없이 노래를 부르니 한결 수월하게 느껴졌다. 불과 1년 전만 하더라도 끝이 보이지 않던 쌍용차 투쟁이 이제는 조금 앞이 보이기 시작했다. 어쩌면 이것도 다 죽음 때문이 아닌가. 씁쓸했지만 연대의 손길이 하나둘 이어지는 게 어딘가. 그것만으로도 감지덕지였다.

쌍용차 투쟁에 새로운 전기는 '죽음' 때문이었다. 지난 2011년 2월 26일 무급자 임무창 조합원의 사망이 직접적 계기가 됐다. 회사는 파업을 종료하며 작성한 합의서에서 '1년 뒤 생산 물량에 따라 복직한다'고 약속했다. 무급자에 해당하는 이야기였다. 그러나 1년이 지난 뒤에도 회사는 약속 이행은 커녕 생산 물량이 늘지 않았다는 이유를 들어 복직 계획을 내놓지 않고 있었다. 합의서는 생산 물량과는 관계없이 1년 뒤엔 무급자를 유급자로 한다는 것이 핵심이었다. 회사는 거짓말을 하고 있었다. 약속대로 복직을 했다면 2010년 8월 6일 임무창 조합원은 출근을 했어야 했다. 그러나 그는 쌍용차로 출근하는 대신 생계를 잇기 위해 막노동 현장으로 나갔다. 그러던 사이 아내는 2010년 4월 아파트에서 투신해 자결했다. 그는 홀로 아이 둘을 키우며 아이들의 정신과 치료는 물론 생계까지 책임져야 했다. 그러던 그가 아침에 일어나질 못했다. 아빠를 깨우던 아이가 만졌을 딱딱해진 아빠의 몸을 아이들은 어떻게 기억하고 있을까. 장례식장에서조차 허허실실 웃고 있던 딸아이를 우린 무엇으로 달랠 수 있을까.

쌍용차 열세 번째 희생자인 임무창 조합원 사망 소식은 잠잠하던 쌍용차 문제를 세상에 알리는 계기가 됐다. 온정의 손길이 왔고 연대의 발걸음이 이어졌다. 그동안 쌍용차 노동자들의 죽음이 있을 때와는 판이한 현상이 벌어졌다. 고아로 남

2011년 4월 임무창 조합원 49재 추모제. 쌍용차 투쟁에 새로운 전기는 무급자 임무창 조합원의 사망이 직접적 계기가 됐다. ⓒ 금속노조 쌍용차지부

겨진 아이들을 돕기 위해 유명 가수가 발 벗고 나섰다. 유명 작가는 거액을 쾌척했고 너도나도 돕겠다는 이들이 생겨났다. 기뻤고 고마웠다. 특히 심리치유를 통해 투쟁하는 이들의 버팀목이 돼주겠다는 정신과 전문의는 무엇보다 소중했다. 유명 MC가 진행한 토크콘서트에는 파업 이후 가장 많은 사람이 모였고 스님의 따스한 손길은 아이들에게까지 미쳤다. 이 모든 것이 임무창 조합원의 죽음이 계기가 됐음을 우리는 알고 있다. 그래서 아프다. 죽음이 이어지자 더는 이대로 둘 수 없어 범국민대책위원회가 만들어지고 대규모 집회는 물론 다양한 추모행사가 뒤를 따랐다. 그러나 죽음은 끊이지 않았고 쌍용

차 문제는 해결의 기미가 보이지 않았다. 어디로 어떻게 가야 하는지 아직 우리는 여전히 방향을 찾지 못하고 있었다.

'와락', 해고자와 가족을 덥석 안다

쌍용자동차 노동자 가족의 심리치유 공간 '와락'이 2011년 11월에 평택에 마련됐다. 이는 몇 개월간의 준비로 가능한 일이었는데, 그동안 산발적인 연대와 온정의 손길을 이제는 통합적인 방식으로 그리고 안정된 공간에서 할 수 있었다. 처음 와락이 만들어진 계기는 심리치유를 하면서다. 평택 시청에서 토요일마다 하다보니 장소의 문제가 걸렸다. 시청 행사가 있는 날이면 하루 종일 풍악소리와 함께 진행이 돼야만 했다. 당연히 어수선하고 안정적이지 못했다. 그리고 아이들을 전적으로 돌봐주는 레몬트리 공작단 분들 또한 장소에 대한 아쉬움을 토로했다. 본격적으로 안정된 공간 마련을 위해 머리를 맞댈 수밖에 없었다. 정혜신 선생님과 이명수 선생님 그리고 수많은 사람들의 노력으로 생각보다 일찍 와락 공간은 마련될 수 있었는데, 거기엔 고문조작 간첩 피해자분들인 '진실의 힘' 선생님들의 노력도 빼놓을 수 없었다.

한번은 심리치유 장소에 몇 분의 어른이 함께했다. 누군지 모르고 있었는데 고문조작 간첩이라고 했다. 거리감은 물론 약간의 두려움도 있었다. 그러나 말씀을 듣다보니 선입견은 눈 녹듯 녹아내렸다. 고문조작 간첩으로 몰려 한 가족이 풍비박산 난 이야기는 고통받는 우리에게 위로가 되기에 충분했다. 더 이상 그분들 앞에선 아프다는 얘기를 할 수 없을 것 같았고 심리적 위안을 넘어 든든한 배경이 생겼다.

그런데 처음 심리치유를 시작할 때는 많은 어려움이 있었다. 정혜신 선생님이 한 번 보자는 연락이 왔다. 누구에게라도 도움을 받고 싶을 만큼 절박한 상황이라 찾아갔다. 부러 노동조합 조끼를 입고 갔다. 왠지는 특별히 기억나지 않지만 그러고 싶었다. 어쩌면 알량한 자존심 때문이 아니었을까 미뤄 짐작할 뿐이다. 처음 만나서 쌍용차 상황을 얘기했다. 구체적으로 자세하게 설명했다. 내 얘기를 다 들은 정 선생님의 첫 마디가 심리치유를 해야겠다는 생각을 굳히게 만들었다. "이 실장님, 심리치유를 하면 투쟁이 잘됩니다." 듣는 순간 펑펑 울었다. 정말 아이처럼 울었던 것 같다. 내가 듣고 싶은 얘기일 뿐만 아니라 내가 무슨 얘기를 하는지 너무나 정확히 알고 있다는 생각이 들었다. 그때까지 심리치유는 피상적인 어떤 것이었다면 그 이후로는 반드시 해야 하는 것이 돼버렸다. 그동안 마음속에 쌓아둔 분노와 좌절 그리고 방향 없는 미움의 실체를 알고 싶었고 찾고 싶었다.

8주 동안 진행된 심리치유는 우여곡절 끝에 잘 마무리됐다. 언론의 주목을 받았던 것은 물론 그로 인해 쌍용차 문제에 대한 대중의 관심이 넓게 번지고 있다는 생각을 할 정도로 연대의 손길이 구체적으로 느껴졌다. 이 모든 것이 심리치유 덕분인 것 같다. 해고가 경제적 관계의 단절뿐만 아니라 사회 심리적인 문제까지 포함하는 문제임을 사회적으로 알리는 계기가 됐다. 그것이 '와락'으로 이어졌다. 안정된 공간 속에서 아이들과 아내들뿐만 아니라 그동안 발을 끊었던 조합원들도 찾아왔다. 재능기부라는 이름으로 수많은 사람들이 내 일처럼 일주일에 한 번씩 시간을 내줬다. 와락은 풍성한 프로그램으로 점차 안정된 공간으로 자리를 잡아갔다. 쌍용차에는 '든든한 심리적 파이프라인'이 생긴 것이다.

아직 '와락'의 진화는 끝나지 않았다. 쌍용차 투쟁이 끝난 건 아니지만 그동안 와락으로 쏟아졌던 관심과 애정을 이제 는 사회로 환원하는 노력을 하고 있다. '와락심치치유단'이 구 성돼 전국에 있는 투쟁 사업장에도 도움을 주고 있다. 쌍용차 투쟁 속에서 만들어진 하나의 성과가 이제는 사회가 누릴 수 있는 사회적 자산으로 발전한 것이다. 이것을 바라보는 쌍용 차 노동자들과 아내 그리고 아이들은 어떤 마음일까. 그저 뿌 듯하고 즐겁다. 도움을 받던 우리가 사회에 작은 보탬이라도 줄 수 있다는 것에 대해 누구보다 자부심을 느낀다. 해고자들 이 자부심을 느낄 대목이 많지 않은 상황에서 와락은 우리에 게 무한한 긍지를 심어주고 있는 것이다. 쌍용차는 와락이 있 어 그나마 숨 쉴 구멍이, 심리적 지지선이 생긴 것이다. 그동 안 사람들의 무형의 마음이 유형의 공간과 내용으로 우리 눈 앞에 서 있는 것이다.

연대와 유대의 배꼽, 대한문

2011년 7월 9일 우리는 드디어 부산역에 도착했다. 9일 동안 420킬로미터를 그야말로 폭풍질주로 부산에 도착한 것이다. 간단히 '소금꽃 찾아 천릿길' 단원 해단식을 갖고 2차 희망버 스 사전 행사 자리에 자리를 함께했다. 1만 명이 넘게 모인 부 산역 광장에서 사회자가 물었다. 걸으면서 가장 맛있었던 음 식이 뭐냐고. '눈물'입니다. 그랬던 것 같다. 걸으면서 많은 음 식과 음료와 수십 리터의 물을 마셨지만 가장 맛있던 건 눈물 이었다. 눈물이 나자 다리에 고통이 사라졌고 눈물을 흘리자

대한문에서는 매일 크고 작은 문화제가 열렸고, 매일 미사도 있었다. 그리고 쌍용차 문제 해결을 위한 1만 배까지. 어느새 대한문은 한국 사회 연대의 상징이 됐다. ⓒ 금속노조 쌍용차지부

기운이 다시 생겼기 때문이다. 역설적이게도 우리에게 눈물은 슬픔인 동시에 활력과 같은 것이었다. 속 안에 내재된 분노와 슬픔을 눈물로 털어내고 있었다.

지난 2012년 4월 5일 시작된 대한문 앞 분향소도 같은 의미였다. 슬픔으로 주저앉지 않기 위해 다시 일어서기 위해 우리는 분향소를 설치하고 사회에 호소했다. 더는 이어지는 죽음을 방치하지 말자고. 사회의 응답은 구체적이었고 강렬했다. 문화 예술인은 대한문 분향소를 갖가지 예술품으로 수놓기 시작했다. 메시지의 단순 전달이 이제는 풍부한 형태로 구체화되고 있었다. 음악인은 물론 종교인 교수 학생 일반 시민에 이르기까지 자신이 가지고 있는 크고 작은 것들을 대한문에 내놓기 시작했다. 결국 대선 과정에선 대선 후보들이 쌍용차 문제 해결을 위한 국정조사를 약속하기에 이른다. 현재 국정조사가 국회에서 표류되고 있는 것과는 무관하게 쌍용차 문제는 사회가 해결하지 않으면 안 될 문제가 된 것이다. 이 모든 밑바탕엔 사람들의 연대가 있었다.

그사이 지부장이 41일간 단식을 했고 전 현직 임원들은 171일간 15만 4,000볼트가 흐르는 평택 송전탑에서 농성을 이어갔다. 새누리당사 앞 노숙농성과 1인 시위 그리고 대선 이후 인수위원회 앞 노숙농성은 더 물러설 곳 없는 우리들의 처지였다. 그러는 사이 크고 작은 문화제와 매일 미사 그리고 쌍용차 문제 해결을 위한 1만 배까지 대한문은 한국 사회 연대의 상징이 됐다. 우물로 물길이 모여들듯 대한문으로 아픔이 흘러들었다. 아픔은 나눴고 기쁨은 함께했다. 대선 기간 노동 문제에 대한 반짝 관심이 아닌 일상으로 이어지는 관심과 연대를 대한문이 제공하고 있는 듯하다.

한편 2013년 8월 현재 대한문은 불법의 숙주다. 경찰의 폭력과 무법이 판을 친다. 대한문 분향소는 볼품없이 초라하고 작기만 하다. 그러나 그 작은 분향소가 여전히 수많은 연대로 이어지는 이유는 분명하다. 쌍용차 문제는 이제 우리의 문제가 되었기 때문이다. 함께 아파하고 함께 해결해야 한다는 공감대가 넓게 자리 잡고 있다. 쌍용차 노동자들이 지치지 않고 앞으로 나가는 한 연대는 이어질 것이며 투쟁하는 이들 또한 함께할 것으로 확신한다.

우리는 어떤 결과를 바라는가

아직 쌍용차 문제는 해결되지 않았다. 사회적 압력의 부족일까. 그렇게 생각하지 않는다. 이미 사회적 압력은 충분하다. 오히려 압력의 지점이 문제가 아닌가 생각한다. 결국 쌍용차 문제 해결은 2009년 노동 진영의 진한 아쉬움을 극복하는 것에서 해결의 실마리를 찾을 수 있을 것 같다. 2009년 당시 쌍용차 정리해고 싸움은 노동과 자본 그리고 정권의 싸움이었다. 싸움의 성격이 그랬다는 것이다. 그렇다면 해결의 방법 또한 거기서 찾아야 하는 건 아닐까. 현재 연대의 힘을 바탕으로 노동 진영이 쌍용차 문제 해결을 요구하며 파업으로 문제를 풀어내는 적극성을 보여야 할 때는 아닌가. 결국 쌍용차 문제 해결의 주체는 노동 진영이어야 한다. 그동안 연대라는 이름에 가려 노동 진영의 노력이 가려진 면이 없지 않다. 일반 시민들의 연대는 무척 고마운 일이다. 그러나 그 고마움이 노동 진영의 노력을 폄하하는 어떤 경향으로 흐른다면 누구에게도 도움이 되지 않는다. 상호 존중하며 그 노력과 어려움을 살펴주는 마음이 더 절실해 보인다. 쌍용차 투쟁은 연대의 상징으로 표현되곤 한다. 같은 맥락에서 쌍용차 투쟁은 노동 진영의 또 다른 숙제의 성격 또한 있다. 정권 차원의 노동 탄압에 맞서 다시 전열을 가다듬기 위해서도 쌍용차 문제는 해결돼야 한다.

현재 우리가 요구하는 국정조사는 정치적 문제다. 쌍용차 정리해고 문제가 이 사회의 정치적 문제로 인식되고 있기 때문인데, 국정조사를 통해 시시비비를 가리고 회계 조작은 물론 기획 파산에 대해 청문회에서 밝히지 못한 점을 밝혀야 한다. 그러나 쉬운 문제가 결코 아니다. 그것은 여대야소의 정치권 사정 때문이 아니다. 쌍용차 문제 해결이라는 정치적 요구를 걸고 싸움을 벌이고 있지 못한 탓도 크다. 무차별적인 정리해고로 가정이 파탄 날 뿐만 아니라 사람이 죽어나가는 것을 우리는 보고 경험했다. 더는 용인할 수 없는 지경에 이른 것이다. 그런데도 노동 진영은 이 문제를 정치적으로 해결하라는 요구만 있을 뿐 실제 행동엔 나서지 못하고 있다. 이 상태를 넘어 쌍용차 문제 해결이라는 단일한 요구를 걸고 전국적인 총파업으로 나서는 것, 이것이 사태 해결의 결정적 역할을 할 것이라 생각한다.

총파업이 만능이 아님을 알면서도 총파업을 말하는 이유는 있다. 쌍용차 문제는 전체 노동자들의 생존과 직결되는 문제일 수밖에 없다. 쌍용차 문제만 중요하다는 것이 아니라 단일 사안을 갖고 노동자들의 적극적인 총파업이 가능하다는 것을 이제는 확인시켜줄 필요가 있다. 노동 진영이 지금처럼 수세적 투쟁에만 머문다면 쌍용차 사례는 지역을 넘어 전국적으로 확대 재생산될 것은 분명해 보인다. 쌍용차 문제 해결의 결정적 계기는 결국 총파업으로 가늠될 수 있을 것이다.

해고자는 많이 걷는다. 걸으며 많은 생각을 하게 되고 이 길이 맞는지 묻고 또 묻는다. 그러나 걸을 때는 걷는 것에 집중할 수밖에 없다. 잡생각 많이 하면 걷기가 어려워진다. 걷는 것에 충분히 집중하는 것 그것이야말로 걷는 이들의 몫이 아닌가. 쌍용차 노동자들은 여전히 걷고 있다. 방향을 그리기엔 걷는 것 자체가 너무 버겁다. 우선 우리는 최선을 다해 걷고 또 걸을 것이다. 이제 해결의 방법은 함께 찾아보자. 걷는 우리가 모든 걸 떠맡을 순 없지 않는가. 쌍용차 투쟁은 그런 의미에서 우리에게 '생각'하기를 원하고 있는지도 모르겠다.

말과활 2호, 2013년 10월.

해고일기 2

노동자가
죽어간다

공잔 안에서 찍은 쌍용차 공장 점거 파업의 상징 쌍둥이 굴뚝
모습!
노조사무실은 헬스클럽이 들어섰고 붐비던 조합사무실은
상근자만 있다.

라인에서 일하는 조합원을 만나고 싶었으나
그리 되지 못했다. 못했다. 못했다.
서울로 서둘러 올라간다.
칼라TV 생방송이 2시다.
서둘러야 한다.
그러나 버스는 느리게 가고 있다.

페이스북, 2010.12.29.

허공 속에 비정규직 노동자가 있다.

덩그러니 덩그러니,

아찔한 높이가 아닌 그래서 충분히 닿을 것 같은

그래서 이 투쟁이 가깝고도 먼 현실을 반영하는.

비정규직 투쟁의 단면이다.

닿을 듯 닿지 않는……

페이스북, 2010.12.7.

이 일을 어떡합니까. 39세 청년의 자결 앞에, 칠십 노모의
절규 앞에 오열하는 피붙이들의 절망 앞에 우리는 무엇을
해야 합니까.

동지가 가는 길, 마지막 공장 앞에서 노제를 지내며 분노와
울분에 몸서리치는 조합원들의 떨리는 목소리에 노동조합
간부의 조끼가 어떤 의미가 있을까요.

운구차 지난 뒤 일상으로 돌아가는 삭막한 세상살이에 또
얼마나 아파하고 번민하겠습니까. 차가운 날씨만큼이나
차갑게 변했을 동지의 주검을 향해 국화꽃 한 송이 놓는 손이
부끄럽고 부끄럽습니다.

배가 아픕니다. 속이 뒤틀렸는지 속이, 속이 아프고 쓰립니다.
공장 복귀의 염원, 반드시 이루겠습니다.

페이스북, 2010.12.15.

통장 잔고 4만 원, 빚 150만 원…

4월 25일. 누구에겐 평범할 수 있는 이날. 어떤 이에겐 결코 잊을 수 없는 날이다.

2월 26일, 아침이 밝았다. "아빠가 아직 일어나지 않으셨나?" 18세 아들이 흔들어 깨운다. 기척이 없다. 또다시 흔들어 깨운다. 순간 아들의 가슴이 철렁 내려앉는다. 작년의 기억이, 작년 4월 25일의 고통이 순간 가슴속에 쿵하고 떨어진다. 결국, 아빠는 일어나지 못한 채 눈을 감았다. 한 달 보름 뒤면 엄마의 첫 번째 기일인데.

쌍용자동차 무급자(1년 뒤 복직 예정자) 임씨는 그렇게 세상을 등졌다. 아내가 모질게도 10층 베란다에서 뛰어 내리던 그 순간을 지키지 못한 사내의 아픔과 고통을 가슴속 납덩이로 남긴 채, 고등학생과 중학생 아이들의 반짝이는 눈망울을 더는 보지 못하는 아픔을 우악스레 움켜쥔 채 모질게 세상과 이별했다. 그것도 마누라가 죽은 같은 아파트에서.

희망이 있을 것이란 환상을 심어주며 끊임없이 고통 속에 살게 하는 희망고문. 결국 희망이 없다는 것을 죽음으로서 혹은 이별을 통해서 확인하는 '희망고문'. 쌍용자동차에서 벌어지고 있는 끔찍한 죽음의 실제다.

희망고문의 시작, 그러나 절망의 길

쌍용자동차는 2009년 파업을 종료하면서 이른바 '8·6노사대타협'의 결과물을 만들었다. 국민을 상대로 한 약속이기에 소

2010년 8월 6일 검찰청 앞 1인 시위. 2009년 파업을 종료하면서 이른바 '8·6노사대타협'의 결과물을 만들었지만, 1년이 지난 뒤에도 실행되지 않았다. ⓒ 금속노조 쌍용차지부

위 국민적 합의였다. 핵심 사항은 "무급자에 한하여 1년 뒤 순환 복직한다"였다. 그러나 1년이 경과한 2010년 8월 6일. 무급자 462명은 공장으로 들어가는 기쁨이 아니라 쌍용자동차 사용자 측을 경찰에 고발하는 기자회견을 해야 했다. 1년만 버티면, 1년만 더 이 고통스런 생활을 버티면 공장으로 들어갈 수 있을 것이란 기대와 희망은 '복직 계획이 없다'는 사용자 측의 버티기로 물거품이 되어버렸다.

1년이 되기 넉 달 전, 아내를 잃은 슬픔은 복직이라는 기대 속에 그나마 잠시 묻을 수 있었다. 그러나 1년이면 복직할 수 있을 것이란 기대는 콩나물처럼 커나가는 아이들과는 정반대로 줄어들기 시작했다. 그러나 쌍용자동차 출신이라는 사회적 낙인과 냉대 속에 일자리 찾기가 어려워도 아이들을 지키고 아내의 몫까지 살고 버텨야 한다는 아비의 비장함을 꺾을 순 없었다. 막노동에 날품팔이도 부끄럽지 않았고, 명절이면 더욱 커지는 아내의 빈자리도 곱씹으며 버텼다.

그러나 더는 버틸 힘이 없었던 것일까? 고인과 마지막을 함께한 친구는 "속이 새까맣게 타들어가는 것 같더라"는 유언 아닌 유언을 전달하며 오열한다. 고통과 슬픔의 크기는 혼자만 아는 것일까? 절망의 깊이는 본인만이 가늠하는 것일까?

쌍용자동차 파업 이후 '13'이란 숫자가 을씨년스럽게 또 남았다. 사망자의 숫자다. 무급자는 462명에서 461명으로 숫자가 줄어들었다. 사망으로 빠진 탓이다. 쌍용자동차 희망퇴직자의 잇단 자살과 무급자의 사망, 사회적 인과관계로 볼 때 떼려야 뗄 수 없다. 사용자 측이 이렇듯 버티고 뭉갠다면 숫자는 늘 것이고 숫자는 줄 것이다. 어느 숫자를 늘리고 어느 숫자를 줄일 것인가. 이건 오롯이 쌍용자동차 사용자 측의 몫이다.

이것이 다 정말 무리하고 부당한 요구인가

2월 26일. 남은 아이들에겐 충격과 공포의 날이다. 이 아이들에게 위로할 수 있는 단어가 세상에 존재는 하는 것일까? 타들어가는 담배만큼이나 쌍용자동차 해고자와 무급자들의 속은 새까맣게 타들어간다. 통장 잔고 4만 원, 카드 빚 150만 원. 임아무개 조합원이 세상에 남긴 유서와도 같은 쌍용자동차 무급자들의 참혹한 현실이다. 사용자 측의 진정어린 사과와 유가족으로 덩그러니 남겨진 아이들에 대한 정신적 심리적 치유 그리고 유가족에 대한 생계 대책, 무급자에 대한 복직 요구, 정말 무리하고 부당한 요구인가? 정말 그런 것인가.

오마이뉴스, 2011.2.27.

못난 아비가 아들과 함께
'희망열차 85호'를 탑니다

"아빠, 이거 최루액이야!"

아들 녀석이 동네 목욕탕을 나서며 내게 던진 한마디다. 쌍용자동차 파업이 끝나고 1년 가까이 지나 2010년 여름이 시작될 무렵, 소나기가 지나간 거리에서다. 길에는 작은 물웅덩이가 생겼고 그 가장자리에 노란색 꽃가루가 겹겹이 띠를 이루고 있었다. 이날 아들 녀석이 던진 이 한마디는 그 뒤 나를 깊은 고통과 죄책감으로 밀어 넣었다.

2011년 6월 12일 오전, 비 내리는 부산 한진중공업. 아들 녀석이랑 얼추 또래로 보이는 아이들이 추적거리는 빗물에 장난을 걸고 있었다. 가슴이 뛰었고 심장이 벌렁거렸다. '아~, 이 아이들이 이곳에 있게 해선 안 되는데'라는 생각이 생각의 꼬리를 물었고, 눈물이 바닥을 적셨다. 그렇게 힘겹게 부산을 떠났다. 그러나 생각은 부산 한진중공업을 떠날 수 없었다.

2009년 나는 파업이 끝난 직후 6개월을 감옥에서 보냈다. 파업 뒤 가족대책위를 맡았던 아내는 극심한 스트레스 탓이었는지 얼굴에서 고름과 진물이 흘러내릴 정도로 만신창이가 되었다. 그 얼굴을 하고선 처남 결혼식에도 갔다. 사위란 놈은 구속되었고, 얼굴이 흉물스럽게 변해 결혼식장에 다섯 살배기 손자 녀석을 이끌고 나타난 딸을 본 아버지. 지금도 매일 안부 전화를 하는, 외동딸을 끔찍이 여기는 그 아버지는 어떤 심정이었을까. 나라면 어떠했을까. 장인어른과 가족들의 마음에 씻지 못할 죄를 지어 염치가 바닥이다. 아니 갚을 길은 있는 것일까.

또래 아이보다 인지능력과 언어능력이 뛰어나 돌 때부터 귀여움을 독차지했던 내 아들 주강이. 파업이 한창일 때도 예외는 아니었다. 취재하러 온 기자와 피디들의 귀여움을 한몸에 받았고 각종 언론 노출 빈도도 높았다. 아비 마음엔 그것이 은근히 자랑이었다. 아내는 매일 천안에서 평택까지 아이를 데리고 다니면서 출근하다시피 공장에 들어왔다. 구속된 뒤엔 면회도 아이와 함께 왔다. 목소리만 전달되는 철창 안 단절의 벽을 사이에 두고 우리는 웃으며 대화를 나눴다.

그 여름의 최루액을 잊지 못하는 주강이를 보면서, 파업 당시 네 살이던 이 아이가 본 것은 무엇일까, 그 눈에 비친 광경은 어떤 모습이었을까 갑자기 궁금해졌다. 아이의 눈높이에 맞춰 무릎을 꿇고, 방패를 들고 선 전투경찰을 봤다. 아니 올려다보았다. '이렇게 보였겠구나'라는 생각이 드는 순간, 나는 미칠 것 같았다. 아이의 눈에 비친 방패는 세상 어느 성보다 높아 보였고, 군화는 어느 장갑차보다 강하고 무서웠다.

이 폭력의 우산 속으로 아이를 밀어 넣은 사람이 바로 나라고 생각하는 순간, 죄책감이 밀려왔다. 아내는 심리치유를 할 때마다 아이의 고통이 자신의 책임이라는 죄책감에 온몸을 짜내며 통곡한다. 우리는 주강이를 사랑한 것인가. 사랑했다면 이렇게 해도 됐던가. 밤마다 묻는다.

그러나 어찌 주강이뿐이겠는가. 영문도 모른 채 하루아침에 사랑하는 아빠를 잃어버린 어린아이들, 질풍노도 사춘기에 떠나버린 엄마가 그리워 잠 못 이루는 아이들. 쌍용차 노동자와 가족 15명이 세상을 떠났다. 남겨진 아이는 몇 명인가. 이 아이들은 대체 무슨 죄인가. 몇 명이 생고아의 삶을 살아가

2011년 10월 5차
희망버스를 타기 전
주강이의 모습.

는가. '관계의 단절', '인간관계의 파괴'라는 수사만으로 아이
들의 구멍 뚫린 가슴을 설명할 수 있을까. 자본과 재벌의 탐욕
때문에 발생했던 일, 아니 발생할 수밖에 없었던 일이라고 건
조하게 말한다면, 우리 너무 잔인한 거 아닌가.

　일본이 후쿠시마 원전 폭발 당시 가장 먼저 한 일은 사고
지역 아이들의 심리치유였다. 2009년 쌍용차 파업이라는 원전
이 폭발한 뒤에 우리가 맨 먼저 한 일은 무엇이었나. 각자 엇
갈린 명분과 입장에 숨어 총질을 해대는 뒤편에서 아이들은
웅크리고 숨죽여 울고 있었다. "너희만 정신 바짝 차리고 살
면 된다"는 어른들의 위로는 이 아이들에겐 외려 차가운 매질
이었다. 눈물 나는 사진 한 컷 찍겠다고 카메라를 이리저리 돌

려대던 기자들의 노력은 어떠했을까. 아이들에게는 씻지 못할 상처를 각인하는 숭고한 디테일이지 않았겠는가.

우리가 한진으로 달려가는 이유는 이러하다. 지금 그곳에서 울고 있는 아이들, 아이들 때문이다. 내 아들 주강이와도 같고 수많은 파업 동지들과 먼저 세상을 등진 15명 동지들의 수십 명의 아이들과도 같은, 한 명 한 명이 모두 소중한 우리 아이들 때문이다. 아이들은 보호받고 위로받고 존중받을 권리가 있고, 어른들은 그렇게 아이들을 사랑할 의무가 있다.

이 아이들과 함께 놀기 위해 우리 쌍용차 노동자와 가족들은 '희망열차 85호'를 출발시킨다. 한진으로 향하는 희망열차 85호는 유쾌하고 발랄하고 산뜻하게 출발한다. 아이들을 위한 즐거운 프로그램을 알차게 준비해 적선이 아닌 존중, 소외가 아닌 중심인 아이들로 만나고 싶다. 우리는 한진중공업 사업장으로는 들어가지 않을 것이다. 아이들을 데리고 싸움의 한복판, 피폭의 현장으로 들어가지 않는다. 재벌과 정권의 비열함이 아이들의 유쾌함을 어떻게 파괴하는지, 즐겁게 놀면서 웅변될 것이란 믿음이 있기 때문이다.

부산에서 아이끼리 어른끼리 그저 '와락' 껴안는 것, 이것이 우리의 유일한 목적이다. 이제는 폭력의 그늘에서 벗어나야 한다는 절박한 심정으로 말이다. 쌍용차 노동자와 그 가족들의 관계를 파괴하는 것만으로도 충분하지 않은가. 쌍용차 15명의 노동자와 가족의 죽음으로 이젠 충분하지 않은가.

아이들이 최선이며 우선이다. 이것이 아비와 어미의 마음으로 한진중공업을 지켜보는 쌍용차 노동자와 아내들의 일치된 결론이다.

주강이는 10개월째 놀이치료 중이며 아직도 버스를 잘 못

탄다. 가끔씩 경찰을 보면 네 살 때의 또렷한 기억을 또박또박 내게 얘기한다. 섬뜩할 정도로, 소름이 돋을 정도로. 한진으로 이 고통이 이어져선 안 된다. 주강이가 마지막이길 바라는 마음, 그것뿐이다.

한겨레, 2011.6.24.

노동자가 죽어간다

지금 사랑하지 않는 자, 모두 유죄!

《지금 사랑하지 않는 자, 모두 유죄》. 요즘 꽂혀 있는 노희경 작가의 에세이 제목이다. 웬 뜬금없는 사랑타령이냐고? 이런 건 또 어떤가? "그대 내 곁에 선 순간 그 눈빛이 너무 좋아, 어제는 울었지만 오늘은 당신 땜에 내일은 행복할 거야." 심수봉의 〈사랑밖엔 난 몰라〉의 가사다.

2011년 6월 11일 평택에서 부산 한진으로 향하는 희망버스 안에서 떠올렸던 글귀는 노희경의 에세이였고, 김진숙이라는 사람에게 들려주고 싶은 노래는 뽕짝이었다.

평전과 투쟁가는 이미 낡고 촌스러운 유물이 된 것인가? 나의 대답은 망설임 없이 '아니요'다. 그런데 왜 나는 엄중하고 치열한 투쟁 한가운데서 이런 에세이와 노래가 떠올랐을까?

전 봉은사 주지 명진 스님은 자서전《스님은 사춘기》에서 '당신의 스승은 누구인가'라는 질문을 받으면 늘 '죽음'이었다고 이야기한 바가 있다. 명진 스님과 같은 레벨은 전혀 아니지만 '나도 그런데'라는 생각을 떨칠 수가 없었다.

살아남은 내가 할 수 있는 유일한 행동

쌍용차 노동자와 가족의 죽음이 벌써 열다섯 번째다. 열다섯 번째의 죽음? 이것도 거짓말일수밖에 없다. 우리가 잘 알지 못하는 희망퇴직자들이 2,150명이나 되기 때문이다. 남은 2,150명은 끝까지 살아남을 수 있을까? 아니, 살아남는 것은 정말 살아 있는 것일까? 그저 버티는 게 정말 사는 걸까?(이 글귀

역시 이상은의 〈성녀〉 가사이다.) 나는 지금 통계의 거짓말을 뻔뻔하게 하고 있다.

질문은 내 쪽으로 방향을 튼다. 그 수많은 죽음들과 반죽음들의 한복판에서 '조끼를 입고 있는' 나는 책임이 없는 것일까? 죽어가고 아파하는 동지들을 위해 내가 하는 일들은 알리바이가 될 수 있을까? 이 정도 싸웠으면 원죄를 벗을 수 있는 것일까?

내가 아무리 최선을 다해도 나의 싸움은 많은 경우 무능하고 무력하다. 그렇다면 내가 할 수 있는 일은 어떤 것일까. 매일 밤마다 괴로워해야 하는가. 미안해야 하는가. 아니면 나의 부족과 태만을, 그리고 그로 인한 상처를 훌훌 털어버려야 하는가.

즐겁게 투쟁하고 기쁘게 사랑하는 것. 몸을 가볍게 하는 것, 힘을 빼고 흐름에 몸을 맡기는 것, 이것이다. 살아남은 내가 할 수 있는 유일한 행동이다. 그렇게 살아갈 때만이 인간의 존재는 수단이 아닌 목적이 될 수 있다. 그리고 풍부화된 인간으로 나아갈 수 있다. 이것이 죽음이 내게 준 지침이다.

우리는 더 가벼워져야 하고 거칠어져야 한다. 머리로 관념으로만 생각하면 다리가 무거울 수밖에 없다. 이해관계를 중심으로만 생각한다면 데면데면할 수밖에 없다. 마음이 가는 곳, 마음이 아파하는 곳으로 한없이 걸어가보자.

지금 당장 사랑해야 한다

심리학자는 사랑의 원리를 해부하며, 연인들은 그냥 사랑을 한다고 말한다. 우리는 심리학자인가, 연인인가. '크레인을 잡는다고 저렇게 버티면 결과는……' 썰을 푸느라 지쳐버린 우리, 지금 뭘 하고 있는가. 사람이 빠진 채 '관계와 입장'이라는 음지에 웅크리고 앉아, 결국 평론가의 대열에 합류한 것은 아닌가.

매일매일 살아 있다는 것이 신나고 즐겁던 첫사랑의 기억을 우리는 영구 캡슐에 넣어 땅속에 이미 묻었는가. 사람에 대한 절절한 사랑이 우리에겐 이미 없는 것인가. 아니다. 우리는 사랑한다. 사람을 사랑한다. 그것이 누구든지 사람을 사랑한다고 하지 않았던가. 《전태일 평전》을 읽으면서 전태일 정신이 '인간사랑'이라 학습하지 않았던가. 운동은 결국 사람을 사랑하는 것이라고, 우리 모두 한 번씩은 말하지 않았던가.

그렇다면 우리 후회 없이 사랑하자.

백주대낮 용역깡패의 질식할 것 같은 폭력 앞에 속수무책으로 당하는 한진중공업 노동자와 그 아이들이 '존재'한다는 것을 알고만 있다면. 정리해고가 동지들과 가족, 더 나아가 모든 인간관계를 철저한 파괴했던 경험에 공감한다면, "정권과 재벌의 착취시스템은 결국 한 사업장에 머무는 것이 아니라 국가적·세계적으로 확대되는 경향성과 운동성을 지니고 있다"는 말이라도 들어본 사람이라면.

지금 당장 사랑해야 한다.

날라리 외부세력에 의존과 의탁으로 머물고 멈출 것이 아니라, 가벼워지고 거친 분노를 정교하게 갈아 심장과 심장에 사랑의 연결고리를 만들 수만 있다면 우리는 새로운 단계로 나아갈 수 있다.

이번엔 185대의 희망버스

투쟁 사업장 곳곳에서 결의대회에 앉아 있는 노동자들의 줄지어 늘어선 모습과 공장 안을 지킨다는 명분으로 서 있는 용역들과의 차이를 잘 느낄 수 없을 때가 종종 있다. 우리가 용역화되어가는 것은 아닌지, 혹은 전락하고 있는 것은 아닌지 깊은 자괴감에 빠질 때가 무척이나 많다. 꿰다놓은 보리자루 신세로 느껴진다면, 우리 좀 달라져야 하지 않을까?

단순히 집회가 재미없다고 말하는 것이 아니다. 사랑이 느껴지지 않아서다. 우리는 결의로 싸운다고 하지만, 아니다. 결국 사랑으로 싸운다.

희망버스 2차가 7월 9일 다시 출발한다. 이번엔 185대의 희망버스다.

마음을 모아보자. 잊고 지냈다면 날라리 외부세력으로부터 영감과 힌트를 얻자. 날라리 외부세력이 얼마나 가볍게 권력과 권위를 조롱하고 힐난하는가. 그것이 폭력적 권력을 무력화시키는 유쾌함이다. 한 마리 나비의 자유로움처럼. 노동자인 우리가 투쟁하고 있기 때문에 그 길로 날라리 외부세력과 레몬트리공작단이 오고 있다는 것을 잊지는 말자. 거친 길을 만들고 길을 개척하는 노동자가 있다는 것, 우리 그것을 느끼자.

지금, 사랑하지 않는 자, 모두 유죄!

프레시안, 2011.6.27.

소금꽃 당신

2011년 6월 27일 아침부터 트위터에는 난리가 났다. 희망열차 85호를 타고 부산까지 다녀온 여독이 풀리지 않은 채 사무실로 향하는 길이었다. 한진중공업의 채길용 지회장이 한진 사장 이재용과 합의서에 서명한 직후 손을 들고 만세를 부르는 사진 한 장이 트위터를 뜨겁게 달구고 있었다.

한진중공업 정리해고 싸움이 173일째를 맞는 날, 금속노조 한진중공업지회는 노사합의서에 서명을 했다. 투쟁하는 동지들의 설득과 만류를 뿌리치고 해고자 가족들의 울부짖음을 애써 외면하면서 말이다. 김진숙의 절규에 귀를 꼭꼭 틀어막으면서 말이다. 그날 이후 채 지회장은 공공의 적이 되어버렸다. 소위 '신상'도 바로 털렸다.

사진을 꼼꼼히 들여다보았다. 그의 모습은 얼어 있었고 표정은 초췌해 보였다. 나는 그의 얼굴에서 엉뚱하게도 전쟁포로가 떠올랐다. 내 눈에는 채 지회장 머리 뒤로 총구가 보였다.

2011년 한국 사회에서 정리해고라는 놈의 실체는 무엇인가! 개인이 잘만 버티고 굳게 결단하면 무력화시킬 수 있는 만만한 놈이던가. 그렇지 않다. 폭력적 해고로 인한 고통의 쓰나미가 이미 한반도를 뒤덮고 있지 않은가. 한진 경영진이 특별히 악랄해서, 또는 노조 집행부가 너무나 이기적이어서 이런 일이 벌어졌던가.

지금 이 나라에서 정리해고는 이미 구조화되어 있다. 그런 상황에서 개인에게 비난의 화살을 쏘는 것으로 이어지는 해고를 막을 수 있는가. 아니, 한진 사태나마 조금이라도 해결할 수 있는가. 공공의 적에 대한 분노 외에는, 정녕 지금 해야 할 일은 없는가. 이 지점이 우리가 부여잡고 풀어야 할 과제가 아닌가.

이 사건 이후 숱한 전화를 받았다. 많은 사람들이 "지회장이 조합원과 김진숙을 배신했다"면서 목소리를 높였다. 한참 동안 같이 성토하다가 그들에게 물었다. "형, 그래도 희망버스 2차는 함께 갈 거지?" 수화기 너머 목소리가 갑자기 잦아든다. "음…… 그게……"

더욱더 다시 모여야 할 일

사람들은 한진이 이제 끝났다고 말한다. 이게 다 채 지회장 때문이라고, 그 꼴 보기 싫어서 희망버스 2차는 타기도 싫다고, 이제 한진에는 희망도 보이지 않고 갑갑한 분노뿐이라고 말한다. 나 역시 그 말이 모두 틀렸다고 반박하기 어렵다. 한진을 보면서 느끼는 무력감과 분노를 왜 모르겠는가. 아찔한 난간에 스스로를 동여맨 동지들과 전기마저 차단된 채 크레인에 남은 김진숙을 보면서, 나도 앞이 보이지 않을 때가 있다.

그러나 우리 이제 솔직해지자. 채 지회장에게 모든 비난의 화살을 퍼붓는 것과 김진숙에게만 정리해고의 십자가를 지우는 것은 동전의 양면이다. 정말 그렇게 화가 치밀어 오른다면 가만히 있을 수 있는 일인가. 더욱더 한진으로 다시 모여야 할 일 아닌가. 모든 분노를 채 지회장에게 배출하는 것은 아주 쉬운 일이다. 그것만으로 그친다면, 결국 김진숙에게 정리해고의 십자가를 지우는 일이다. 벼랑 끝에 내몰린 그 마음을 모른 척하는 일이다. 나는 감히, 건방지게도, 그렇게 생각한다.

2011년 11월 희망버스 사진전.

정리해고는 그다음 노동자에게 들이닥칠 것

《타인의 고통》이라는 책을 읽었다. "연민은 변하기 쉬운 감정이다. 행동으로 이어지지 않는다면, 이런 감정은 곧 시들해지는 법이다", "고통받고 있는 사람들에게 연민을 느끼는 한, 우리는 우리 자신이 그런 고통을 가져온 원인에 연루되어 있지는 않다고 느끼는 것"이라는 글귀가 눈에 띄었다. 김진숙의 고통을 바라보면서, 나는 '연민'을 '고통을 주는 자에 대한 분노'로 바꾸어 생각했다.

그러나 아직 정리해고되지 않은 우리의 일상은 김진숙의

고통과 깊숙이 연루되어 있다. 우리가 분노만 하고 있는 동안 정리해고는 그다음 노동자에게 들이닥칠 것이다. 예수는 인류의 죄를 대신해 십자가를 지었다. 로마 군사의 형벌 때문이 아니었다.

책은 이렇게 이어진다. "우리의 특권이 (우리가 상상하고 싶어하지 않는 식으로, 가령 우리의 부가 타인의 궁핍을 수반하는 식으로) 그들의 고통과 연결되어 있을지도 모른다는 사실을 숙고해보는 것, 그래서 전쟁과 악랄한 정치에 둘러싸인 채 타인에게 연민만을 베풀기를 그만둔다는 것, 바로 이것이야말로 우리의 과제이다."

자, 이제 우리 정말 정리해고를 끝낼 방법을 만들어가야 한다. 김진숙이 우리에게 영감을 주고 희망버스가 희망의 근거를 만들고 있지 않은가. 김진숙의 85호 크레인은 우리에게 묻는다. 언제까지 우리끼리 목청만 높일 것인가. 로마 군사만 욕할 것인가. 십자가를 나눠질 것인가. 폭우 속에서도 안락한 집에서 머물고 있는 우리는 지금 정직하게 대답할 의무가 있다.

참세상, 2011.7.2.

용역이 된 학생에게

'희망의 폭풍질주, 소금꽃 찾아 천릿길.' 이름도 예쁘지 않은 가. 밝고 착한 단어들에 정감이 간다. 우리의 마음처럼.

오늘 하루 40킬로미터를 걸었다. 하루 종일 가장 고생했던 발바닥에서부터 아픔의 신호가 올라온다. 지금 나의 두 발은 찌릿찌릿한 고통으로 자신의 존재를 증명하고 있다. 고통을 견디다 못한 노동자들이 기계를 멈춰 노동의 가치를 드러내는 것처럼. 저 멀리 한진중공업 크레인 위에서 김진숙이 매일매일의 고통으로 노동자의 아름다움을 보여주는 것처럼. 첫날부터 소중한 교훈 하나를 얻었다.

겨우 첫날인데 벌써부터 수많은 사람을 만난다. 오후 들어 천안 시내에서 지나는 학생들을 보면서 유성기업 용역경비를 떠올렸다. 뜬금없이 어린 학생과 용역이 무슨 상관이냐고? 여기엔 사연이 좀 있다.

어리고 순진해 보인 용역깡패

2009년 쌍용자동차 파업 당시 우리와 맞선 '용역깡패' 중에는 막내동생 또는 조카 같은 대학생들이 꽤 있었다. 그중 한 덩치 좋은 친구는 용돈 좀 벌어볼 요량으로 부산에서 올라왔다고 했다. 그 어리고 순진한 얼굴을 보면서 왜 우리가 이렇게 마주해야 하나, 마음이 갑갑했다. 그리고 2년의 시간이 지난 2011년 초여름, 나는 그 학생을 다시 만났다. 대전 유성기업 공장 안에서였다. 그는 아직도 용역이었다.

화가 치밀어 올랐다. 그 학생이나 용역깡패, 혹은 한진중공업과 이명박 정부에 대한 분노가 아니었다. 나 자신을 향한 분노였다.

2년이 지나 다시 만났을 때 그는 "다른 일을 찾아보려 해도 쉽지 않다"고 했다. 그때 나는 문득 불안한 마음으로 여섯 살짜리 아들 녀석을 떠올렸다. 10여 년 뒤 내 아들의 미래는 좀 다를 거라고, 확신할 수 있을까.

요즘 대학생들은 나의 20대와는 비교도 할 수 없을 만큼 똑똑하다. 높은 학점과 토익·토플 점수는 물론이고 갖가지 어학연수와 사회활동, 인턴 경력 등으로 눈부신 스펙을 쌓고 있다. 그런데도 학교 밖을 나가는 순간 견고한 벽 앞에서 무력하게 무장해제당한다. 지금의 젊은이들이 선택할 수 있는 것은 무엇일까. 트랙 위의 경주마로 살아오다가 어느 날 갑자기 내몰린 들판에서 제대로 달리지 못한다고 해서, 과연 그들만의 책임과 무능 때문일까. 게다가 트랙에서의 질주도 이미 인간이 감당할 수 있는 한계를 넘어섰다. '1퍼센트 중의 1퍼센트'로 살아온 카이스트 학생들이 연이어 자살하는 상황을 단순히 '개인의 나약함'으로 설명할 수 있는가.

오래 싸우는 사람의 생존 전략

희망은 있다. 반값등록금 문제가 세상을 흔들고 있다. 여러 가지 분석이 있겠지만 2008년 촛불을 빼놓고는 설명이 안 된다. '미친 쇠고기 수입 반대' 촛불을 들었을 때 느꼈던 승리·해방·저항의 공감이 이번 반값등록금 촛불의 중요한 배경이 되었을 것이다. 곳곳에서 학생총회가 만들어지는 지금의 모습은 결코 우연이 아니다. 그들은 2008년을 기억하고 있다.

그렇다면 나에겐 저항과 승리의 공감이 있는가. 여전히 20년 전의 추억만 반추하는 것은 아닌가. 그 시절에는 모든 투쟁이 늘 절박하고 비장했다. 싸우는 사람은 당연히 지기도 한다는 것, 그럼에도 다시 일어서야 한다는 것을 몰랐다. 한 번의 싸움에 모든 것을 걸었고, 거기서 지면 서둘러 좌절했다. 계속 버틸 수 있을 만한 승리의 공감을 만드는 것, 이것이 오래 싸우는 사람의 생존 전략이다.

패배감을 벗는 것, 이것이 승리의 첫째 조건

희망은 어디서 찾을 수 있을까. 지금은 희망버스 185대에서 찾아야 한다. 홍익대 청소 노동자들의 작은 승리에서 전국 대학교의 청소 노동자들이 희망을 얻고 있다. 2억 8,000만 원의 '뒤끝 보복'으로 이어진 홍익대 문제. 부분적 승리는 결국 동일한 결과로 끝난다는 것을 확인해준다. 작은 승리를 큰 승리로 가져가기 위한 방법을 알게 한다. 눈덩이를 굴려야 하는 것처럼.

패배감을 벗는 것, 이것이 승리의 첫째 조건이다. 각개격파당하는 지금의 모습은 패배감을 부른다. 각개로 격파당하는 것과 각개로 분열되어 있는 것, 이것은 한 몸통에서 자라는 것은 아닐까. 다른 시도, 다른 상상력을 구속하면서. 에너지를 쏟아 부어 승리하는 것, 이것이 우리에게 절실한 게 아닐까 한다. 힘을 모으자.

그래서 '희망의 폭풍질주 소금꽃을 찾아 천릿길'은 매일의 작은 승리를 소중하게 기억하면서 조금씩 조금씩 에너지를 모아갔으면 좋겠다. 태풍과 폭풍을 만들어가는 거대한 에너지의 부싯돌이었으면 좋겠다. 그렇기에 정리해고에 맞선 저항과 승리의 상징, '김진숙'은 우리가 지켜야 한다.

여전히 나의 생각은 여물지 않았고 빈틈도 많다. 그러나 갈 길은 멀고 생각할 시간은 많다. 나는 내일 다시 40킬로미터를 걷고, 다시 생각할 것이다.

용역깡패로 학비를 벌어야 하는 대학생들과 '반값등록금'을 위해 거리로 나선 대학생들. 홍대 청소 노동자들과 따뜻한 밥 한 끼 먹지 못한 대학생들과, 함께 싸워 결국 승리를 만난 대학생들. 그 모두를 진심으로 사랑하고 존중한다. 미안하고 안쓰러운 마음을 말로 전해도 위로가 되지 않을 것 같아서, 몸으로 정직하게 하루하루 걷는다. 이 길은 김진숙을 위한 길이자 수많은 노동자를 위한 길이다. 또한 예비 노동자이자 예비 정리해고자인 대학생들을 위한 길이기도 하다. 함께 살자, 함께 웃자, 그리고 함께 걷자. 가끔 뛰고 ㅋㅋㅋㅋㅋㅋ. 우히힛!!

노동자가 죽어간다

93

"나는 개다" 외치게 하는 회사

장면 1 여기는 어딜까?

200여 명이 조금 안 되는 사람들이 살고 있다. 일은 하지 않는다. 이들은 정신건강과 체력 증진을 위해 교육만 받는다. 무더위 땡볕에 벌겋게 얼굴 탈 일 없이 팔자 늘어지게 사무실에서 교육만 받으면 만고 땡이다. 이 얼마나 대단한 유토피아인가.

이들이 사는 모습은 작은 것 하나 빠뜨리지 않고 자자손손 볼 수 있도록 친절하게도 영상으로 제작한다. 편집은 언감생심. 풀 영상으로 말이다. 이들은 다른 곳에 사는 사람들과는 '격'이 다르다. 화장실 에스코트는 기본이며 식사까지 깔끔하게 풀코스로 '형님'들로부터 제공받는다. 여기서 그친다면 팔자 늘어진 게 아니다.

이들은 문학적 감수성 향상을 위해 매일 글을 쓴다. 책 읽기는 일상이다. 아무거나 읽지 않고 '엄선'된 책만 읽고 매일 감상문으로 자신의 문장력을 키워간다. 질문할 것이 전혀 없다. 모든 것을 다 해결해주는 완벽한 시스템 속에서 그냥 '살면' 되기 때문이다. 입고 있는 옷은 천연색의 화려함을 갖추고 있다. 옐로, 블루, 오렌지색 등 형형색색으로 매일 갈아입는다. 옷을 고를 필요도 없다. 개인 코디네이터가 알아서 '입혀'준다. 모든 것이 완벽한 이곳은 어디일까?

장면 2 여기는 어딜까?

일하는 곳은 모든 범죄와 예측불가능성으로부터 안전해야 한다. 이것을 신념으로 실천하는 곳이 있다. 쉽지 않은 일이지만 실제 그런 곳이 있다. 넓은 작업장에 최첨단 경비시스템이 작동한다. 질 좋은 사설 경비시스템도 갖추고 있다. 도둑은커녕 개미 한 마리 들어올 수 없는 완벽한 진공의 공간, 꿈의 공간이다.

이곳엔 밤낮이 없다. 언제나 환한 낮이다. 사람들은 만족해하고 만족도에 따라 감사인사를 곱게 접은 '편지지'에 적어 서로에게 보여준다. 시샘하지 않고 '평등'하다. 하향 평준이 아니라 상향 평준의 기분 좋은 끌어줌이 있다. 일하기 전 이들은 어린아이의 순수함이 살아 있는 즐거운 놀이를 한다. 말뚝 박기, 기차 놀이, 터널통과 놀이…… 그러나 가끔 싸우기도 한다. 이상적인 이곳이 우리가 사는 대한민국에 '존재'한다. 만세라도 불러보고 싶은 충동이 생긴다.

왜 이토록 인간 존엄을 짓밟는가

얘기를 바꿔보자.

쿠바 관타나모 수용소엔 주황색 옷을 입은 사람들이 모여 산다. 아니 우리에 갇혀 있다. 가끔 텔레비전 출연할 때는 얼굴에 까만 복면을 하고 아름다움을 과시한다. 걸음걸이도 조신하다. 한 발 한 발 조심조심. 발에는 커다란 발찌를 하고 있다. 오해 마시라, 발찌 색깔이 검다고 금이 아닌 것이 아니다. 검은색으로 금을 가렸을 뿐이다. 겸손도 하여라. 이분들을 우리는 잘 알고 있다.

홀로코스트를 기억하는가. 히틀러의 히스테리치곤 좀 과했다. 누가 말했던가. 몇 천 명 죽는 것은 고통과 아픔이 전이되지만, 백만은 그저 숫자일 뿐이라고. 그래서 나치는 600만 명을 '보내셨'다. 죽은 600만 명은 '표식'을 달고 죽어갔다. 유대인이라는 '별'을 달고 말이다.

첫 번째 이야기는 구미 KEC지회 파업 참가자들에 대한 사측의 만행이다. 파업 참가 정도에 따라 옷 색깔을 달리 입히고, 반성문을 강요하고 정신교육과 체력단련을 시킨다. 이들에게 노동조합이 뭐기에 이토록 치 떨리게 인간 존엄을 짓밟는가. 도대체.

두 번째 이야기는 유성기업 이야기다. 파업 참가자들에게 '나는 개다'를 복창하게 하는 회사다. 반성문은 기본이다. 용역깡패의 활극이 해방시기 정치깡패를 능가하는 '수준'으로 위험천만하다. 관리자들의 가랑이 사이로 기어가게 한다는 소문은 과장이 아닌 것으로 보인다.

노동조합은 노동자의 최후의 보루

노동조합이 과연 무엇이기에 이들은 나치와 관타나모 수용소 흉내를 내는 걸까?

단서는 있다. 재벌과 자본의 착취 시스템의 비밀을 너무 많이 알고 있기 때문은 아닌가. 이윤착취의 비밀, 세상 돌아가는 원리를 알고 있기 때문에. 금속탐지기로 일일이 밥을 휘저은 후 85호 크레인 위로 올린다는 얘기를 듣고 경악한다. 그것도 용역깡패의 더러운 손으로. 노동자에게 인권은, 노동조합에 인권은 박탈당할 자유만 있는가.

쌍용차 파업 전, 대의원 선거에서 나를 한 번도 지지하지 않고 하늘을 찌를 정도로 노동조합을 경멸하던 형이 파업대오에 슬금슬금 함께하는 것을 봤다. 미안해하는 모습이 역력했고, 고개를 들지 못했다. 얼마나 자존심 상했을까. 얼마나 화가 치밀어 올랐을까. 다른 일 찾아보려 얼마나 노력했을까. 그러나 마지막 기댈 수 있는 곳이 노동조합이라는 결론이었다. 형을 와락 껴안았다. 지금도 함께 해고 투쟁을 하는 형이다.

그렇다. 노동조합은 노동자가 마지막으로 기댈 수 있는 곳, 최후의 보루, 권리가 땅에 떨어져 숨이 막힐 때 절실한 산소 같은 것. 순종하는 일꾼을 원하는 사용자에겐 불편한 것, 때론 불순물이 섞여 공기정화가 필요하지만 그래도 노조는 '권리의 산소'다. 나처럼 해고되고, 부산에서 떠밀리고, 충청에서 밟히고, 대구에서 눌린 모두가 숨 쉬게 하는 산소다. 나는 숨 쉬고 싶다. 산소를 원한다. 서로 숨 쉬고 싶은 "나는 노동조합이다".

7일차 걷고 뛴다. 짬짬이 글쓰기의 어려움을 절감한다. 아침 대구 경산 식당에서 쓴다.

한겨레, 2011.7.7.

노동자가 죽어간다

소금꽃 당신 찾아 천릿길

잊은 줄 알았습니다. 모든 기억이 사라진 줄 알았습니다. 그때 그 장면만 아니었더라도.

장면 1

2011년 6월 12일 오후 부산 한진중공업 영도조선소. 잠들어 있는 두 살배기 아이를 품고 85호 크레인 아래 오도카니 서 있는 젊은 엄마의 뺨을 타고 눈물이 흘렀습니다. 핀셋으로 집어내듯 정확히, 2009년 6월의 어느 날이 기억 저편에서 아프게 치고 올라옵니다. 정리해고가 낳은 살풍경은 이미 '일상'이 된 지 오래지만, 그 눈물을 마주보면서 기억의 톱니바퀴가 새삼 다시 돌아갑니다. 아이 엄마는 앞으로 얼마만큼의 눈물을 더 흘려야 할지 상상이나 할 수 있을까요? 가슴이 얼어버렸습니다. 그날 오후, 그를 두고 조선소를 떠나는 것은 발이 떨어지지 않았습니다.

장면 2

2009년 쌍용자동차 평택공장 앞 6월의 어느 날. 쌍용차 가족 대책위 분들이 즐겁고 유쾌하게 수다를 떨고 있습니다. 매일 공장으로 '출근'하던 아내들은 이제 쌍용자동차가 자기 회사가 됐다고 말합니다. 아이들은 아무 걱정 없이 재잘거리고 자전거를 타고 딱지치기를 합니다. 연대의 손길이 끝없이 이어졌고, 감사의 마음도 차곡차곡 쌓였습니다. 즐겁고 유쾌하게 6월을 넘겼습니다. 밀어닥칠 먹구름은 모른 채…… 행복은 잠시였습니다. 아내가 자결을 하고 남편들이 죽어나가기 시작했고, 공장 안은 죽음의 도가니로 되었습니다. 울 힘조차 소리칠 악다구니조차 남지 않은 채. 그렇게 시작된 죽음과 공포는 지금도 그 꼬리가 길게 늘어져 있습니다. 얼마 전까지만 하더라도……

전국 방방곡곡 노동자들 울음소리

'희망버스 185대'. 7월 9일, 우리가 풀어야 할 숙제의 제목입니다. 지금 전국 방방곡곡에서 노동자들의 울음소리가 끊이질 않습니다. 사라진 줄 알았던 백골단이 '용역'으로 명찰만 바꿔 달고 전국을 휘젓고 다닙니다. 재벌들은 '정리해고'라는 이름으로 우리의 삶과 관계를 자근자근 파괴합니다. 울고 있는 아이들, 눈물이 말라버린 아내들, 새카맣게 속이 타들어가는 우리 노동자들, 그러나 85호 크레인 위에서는 강건하게 버티는 김진숙이 있습니다.

압도적인 폭력 앞에 무기력하게 노출됐던 피해 경험이 아직도 생생한 쌍용자동차 해고 노동자들. 어제의 동지가 오늘은 적이 되어 서로 저주를 퍼붓던 기억이 지금도 괴로운 아내들. 영문도 모른 채 10년을 함께 뛰어다니던 친구들과 다시 놀 수 없게 된 아이들. 한 아파트 같은 동 위아래 집에서 두 달 사이 2명이 사망했는데 모두가 쌍용자동차 해고(희망퇴직) 노동자라는 사실에 소름이 오싹 돋고 심장이 아팠던 수많은 사람들.

'이 지긋지긋함을 수도 없이 반복만 할 것인가.' 이 질문의 칼 끝 위에 김진숙이 서 있습니다. 크레인 위에서 175일을 넘기는 동안 외로운 그의 등에는 백만 송이 소금꽃이 피었다 졌

겠지요. 1차 희망버스가 떠난 뒤 크레인의 덩그런 빈 공간을
채운 건 무엇이었을까.

지금까지 쌍용자동차 노동자들의 죽음은 '15'를 기록했습
니다. 우리 안의 패배감을 이겨내지 못한다면, 쌍용에 이어 한
진에서 '16'이 나올 수 있다는 불안감을 지울 수 없습니다. 아
니, 한진으로 이 상처가 끝나겠습니까? 정리해고의 폭풍은 이
미 단위 사업장 노동자들의 힘으로 막을 수 없는 지경입니다.
한진 다음은 바로 나, 당신, 우리입니다. 물리력이 아닌 사회적
연대의 손길과 힘으로 김진숙을 안전하게 구해낼 책임이 우리
에게 있는 이유입니다.

희망의 질주, 소금꽃 찾아 천릿길

7월 9일을 향한 희망버스를 만들기 위해 주춧돌 하나를 놓습
니다. 희망의 폭풍질주! 소금꽃 찾아 천릿길. 쌍용자동차 해고
노동자들이 꽃길을 엽니다. 죽음과 눈물, 고통, 그 비극을 직접
몸으로 겪었던 우리들이 먼저 고통을 나누겠습니다.

희망버스 185대는 숫자가 아닌 마음입니다. 400킬로미터
가 넘는 천릿길. 마음의 길 천릿길. 무력감을 씻을 천릿길. 기
쁨의 재회를 위한 천릿길. 우리는 천릿길을 달려 김진숙과 한
진 노동자들을 와락 안을 것입니다.

이제 쌍용자동차 노동자들과 아내들은 행복해지기를 두려
워하지 않습니다. 오늘도 즐겁게 행복하게 투쟁하고 살아갈
궁리만 합니다. 죽음의 깊은 수렁에서 툭하고 뛰쳐나와보니
세상이 보입니다. 이 마음이 전달되기를 간절히 바라는 마음
으로, 김진숙과 함께 행복해지기 위해서 우린 부산으로 내달

립니다. 소금꽃 당신, 김진숙 당신을 와락하고 반드시 안아버리겠습니다.

한겨레21 868호, 2011.7.11.

노동자가 죽어간다

사라지지 말아요 당신!

내겐 익숙한 노래, 그러나 대중화되지 않은 노래.

"무엇이 그댈 아프게 하고 무엇이 그댈 괴롭게 해서 아름다운 마음이 캄캄한 어둠이 되어 앞을 가리게 해. 다 알지 못해도 그대 맘을 내 여린 손이 쓸어내릴 때 천천히라도 편해질 수만 있다면 언제든 그댈 보며 웃을게. 사라지지 말아요. 제발 사라지지 말아. 고통의 무게를 잴 수 있다면 나 덜어줄 텐데……"

슬픔 뒤에는 파괴된 관계가 있다

쌍용자동차 파업을 다룬 영화 〈당신과 나의 전쟁〉의 OST 중 디어클라우드의 〈사라지지 말아요〉의 노랫말이다. 몇 십 번을 본 이 영화, 그러나 아직 대중화되지 않은 이 노래. 쌍용자동차 노동자들의 고통과 아픔이 여전하다는 방증일까. 겨울의 초입에서 노랫말이 애잔하다. 쌍용자동차 노동자들은 사라지는 걸까, 죽어가는 걸까, 살아 있다면 산 것일까. 죽음과 반죽음의 공포 속에서 '산 자'는 '죽은 자'를 슬퍼할 겨를이 없다. '죽은 자'를 애도할 마음의 여유 공간이 밀려드는 죽음 바이러스로 이미 오염되고 꽉 차버렸기 때문은 아닐까.

19라는 숫자로 상징되는 죽음이 '발생'했다.

주어는 쌍용자동차 희망퇴직자이며 형용구는 두 아이를 둔 아내다. 쌍용차 노동자들에게 죽음이 갖는 공간적 의미가 사라진 지 오래다. 다만 모두가 궁금해하는 건 죽음의 형태.

지금도 미라처럼 피가 말라버린 반죽음의 노동자들이 어쩌면
출발선 언저리를 서성이고 있기 때문이다. 글을 쓰는 이 순간
에도…… 이런 표현이 섬뜩하고 을씨년스럽게 들릴지 모른다.
또한 '위대한 노동운동'에 적잖은 피해를 줄지 모른다. 그렇다
고 직시를 피해 곡시를 할 순 없지 않은가. 불편하더라도 끝까
지 읽어주는 아량 정도는 죽은 자에게 올리는 향 하나쯤이라
생각하고 참아주시라.

문신으로 새겨진 죽음의 그림자

그림자는 사물이 갖는 또 하나의 존재 형식. 죽음이 그림자라
면 사물은 무엇인가. 나인가 너인가, 아니 그보다 더 넓은 우
리인가. 쌍용자동차 해고 노동자들에게만 해당할까. 생각의 타
래가 얽히고설켜, 갑작스레 전원이 나가는 컴퓨터의 황망함처
럼 머릿속이 검게 변한다. 2009년 2월 26일 이른바 '쌍용 남
매'라는 이름의 무급휴직자 임무창 동지가 죽었다. 열세 번째
로 말이다. 이제는 월별·계절별, 그리고 남은 유가족의 기준으
로 충분히 분류되고 구분할 만큼 모집단이 커져, 정리된 파일
을 꺼내는 의사의 손놀림처럼 의뭉스럽게 열아홉 번째를 맞는
다. 향내를 달고 살며, 집만큼이나 장례식장의 문지방을 넘나
들었지만 여전히 죽음은 사라지지 않는다. 왜 이럴까. 정말 왜
이런 상황이 반복되고 증폭되는가.

파괴된 관계로 살아가는 쌍용자동차 노동자

자초지종은 이렇다. 41살의 노동자가 있었다. 2009년 쌍용차

파업을 미련하게도 '끝까지' 했다. 파업 이후 '희망퇴직'을 선택지 없는 시험지를 받아든 수험생처럼 강제적으로 썼다. 이웃과의 관계의 서먹함은 속절없는 시간 속에 단절과 고립의 지경으로 내몰리는 경우를 숱하게 봐온 터라 이사는 가능하면 선택해야 하는 필수 사항이었다. 낯선 타지에서 일감을 찾아 떠돌이 신세로 전전하는 쌍용자동차 희망퇴직자들의 일반적 삶의 궤적을 따라 흐른다. 아이는 어렸고, 카드 영업을 하는 아내의 고단함이야 미뤄 짐작할 수 있지 않겠는가.

어느 날 엄마가 아팠고 아이들은 아빠에게 전화를 한다. 때마침 아빠의 휴대전화는 고장이 났고 아이들의 심장은 오그라들어 생각을 마비시켰다. 올무에 걸린 짐승들이 올무를 벗으려 발목이 부러지는 것도 모르는 것처럼, 아이들은 미련하게도 아빠에게만 전화를 했다. 휴대전화가 이틀씩이나 고장 나도 사는 것에 지장 없을 정도의 앙상한 관계만을 가진 아빠였기에 '왜 전화를 안 받았느냐'는 타박은 잠시 접어두자. 전화기를 부숴버리고 싶은 그이의 마음을 조금이라도 느낀다면 말이다.

흔하디흔한 폐렴기가 죽음의 문이었다니

폐렴 증상이 죽음으로 이어질 수 있는 열악한 사회안전망.

엄마는 폐렴 증상이 있었다. 언제부터였을까. 환절기 흔하디흔한 폐렴기가 죽음으로 이르는 문이었다니, 믿을 수 없겠지만 어쩌하겠는가. 사실인 것을. 사회안전망의 부실함을 탓한들, '왜 가까운 병원에라도 가보지'라는 말도 공중으로 날아가는 허망한 연기가 아닐까.

장례식장에서 친척들의 쓸쓸한 눈빛과 찾아온 조문객의 애처로운 마음으로 겨우겨우 미래의 자리를 잡아가야 하는 아이들이 '또' 발생한 것이다. 언제까지 사회적 부조금의 형태로 이 아이들의 살아가는 밑천이 마련되고, 죽은 쌍용차 노동자 아이들이라는 '역규정'에 얽매여야 하는가. 엄마의 죽음 이후 이 아이들의 삶은 온전한 채로 살아질 수 있겠는가.

사라져야 하는 것과 사라지지 말아야 하는 것

옛말에 '산목숨에 거미줄 치겠나'라는 말이 있다. 또 이런 트윗 멘션도 받았다. "해고된 사람이 한둘도 아니고 쌍용차 노동자들 너무 약한 거 아니냐"고. 백번을 양보해서 이런 말과 멘션이 죽어가는 사람에게 썩은 동아줄이라도 되는가. 외려 죽음의 공간으로 밀어 넣는 구실을 하는 건 아닐까. 산목숨에 거미줄은 몰라도 산목숨에 관계의 거미줄은 완전히 파괴되고 끊어진 사람들, 약하다는 비아냥거림을 친척에서 이웃까지 3년 내내 듣는 사람들을 향한 이런 말은 사라져야 하지 않을까. 공포 속에선 말과 글도 정제되길 진심으로 바란다. 그것뿐이다.

일전에 정신과 전문의 정혜신 선생은 나와 내 아이에게 "괜찮아 당신의 잘못이 아니야" "애야 그건 아빠의 무능함이나 잘못이 아니야"라는 별 싱거운 말을 한 적이 있다. 그러나 마법처럼 이 말은 꺾인 무릎을 세우는 기적 같은 힘을 발휘했다. "미안해"라는 진심 어린 사과의 한마디가 힘겨워하는 수많은 사람에게 큰 힘이 된다는 것을 나는 이제 경험으로 안다. 관계의 복원과 따뜻한 격려는 의식주보다 더 큰 요소가 된 지 오래다.

"Donde voy, donde voy"(어디로 가나요, 어디로 가나요)

309일 만에 땅을 밟은 크레인 여인 김진숙 지도위원의 컬러링은 특이하게도 〈돈데 보이〉였다. 국경을 넘는 멕시코 이민자들의 노래로 알려진 이 노래. 김진숙 지도위원은 어디로 가야 할지 방향을 찾고 무사히 지상에 안착했다. 수많은 마음들의 결사체인 '희망버스'의 에너지는 85호 크레인에서 생산됐다. 85호 크레인은 더 이상 죽음의 공간이 아닌 삶의 공간, 희망의 공간으로 바뀐 것이다. 말하자면 85호 크레인은 에너지 발전소였으며 죽음을 삶의 공간으로 가꾸며 끊임없는 횡적 주유를 감행한 노마드의 장소였던 셈이다.

살아가자, 행복하자

이제 우리 어디로 무엇을 위해 가야 하는가. 희망의 버스 다음 정거장으로 좁게 이해되는 '민원버스'의 요구함을 넘어, 죽음으로 피폭된 그곳으로 우리는 무엇을 들고 무엇을 가꾸기 위해 가야 하는가. 이어지는 죽음에서 우리가 얻는 교훈은 어떤 것인가. 풍부화된 인간관계 복원을 위해 우리 웃으면서 즐겁게 가자. 미래가 아닌 지금 당장의 행복과 기쁨을 위해. 아직도 살아 있는 나는 그렇게 생각한다. 죽어간 사람들의 몫은 복수가 아닌 남은 자들의 행복임을 믿어 의심치 않기에.

낙엽 한 잎이 팔랑팔랑 땅으로 떨어진다. 땅을 향하는 낙엽의 심정은 어떨까. 문득 낙엽의 처지가 돼보고자 하지만 여의치 않다. 경험 교직의 끈의 실마리가 애초 다르기 때문이다. 이 낙엽은 아직도 공중을 유영하고 있을까.

한겨레21 886호, 2011.11.21.

쌍용차 노동자, 송경동 시인을 면회하다

부산인데 추웠다. 12월 19일 송경동 시인을 면회하러 가는 길은 춥고 차가웠다. 《꿈꾸는 자 잡혀간다》라는 송 시인의 산문집 출판기념회 날 부러 면회를 갔다. 낯익은 풍경 속에 그가 있었다. 얼마 전 구속이라는 경험을 한 나의 발걸음은 더욱 무거웠다.

"형, 잘 지내?" "어, 건강하게 잘 지내." 순진한 얼굴로 해맑게 웃는 송경동 시인은 바깥 상황을 더 염려하고 걱정하는 듯했다. 면회 시간 7분은 그야말로 빛의 속도로 지나갔다.

잘 지낸다는 말, 바깥 사람을 향한 위로와 안부의 말이라는 걸 알면서도 시리고 서글펐다. 넘을 수 없는 벽 앞에 선 아이의 심정으로 오도카니 주변을 한참 맴돌다 발걸음을 돌렸다.

희망버스는 에너지이자 마음의 결사체

누군가 묻는다. 희망버스가 뭐냐고. 답한다. 한진중공업 정리해고와 김진숙 지도위원의 무사 생환을 기원하는 수많은 사람의 마음의 집합체라고. 또한 극한의 투쟁을 선택받는 수만 노동자를 옥죄는 정리해고와 비정규직 없는 세상을 향한 힘찬 발걸음이라고. 이것으로 부족한가. 누군가 기획하고 누군가는 뒷돈을 대고 또 어떤 이가 선동하지 않았냐고 끊임없이 묻고 묻는다. 왜 이런 질문이 이어지는 것일까? 남을 위한 조건 없는 행동에 대한 경험 부재, 경험만이 대답이 될 수밖에 없지 않을까.

'디아스포라'는 쫓기고 내몰린 사람들, 그로 인한 집합적

상흔과 갈망이 존재하는 사람들을 일컫는다. 그 이유로 사회 안에 존재하고 있는 타자이고 이방인이며 소수자라는 수업을 얼마 전 들은 기억이 난다. 경찰에 자진 출두하기 전 가진 기자회견에서 송 시인은 쌍용차 노동자들에게 달려가야 한다고 힘주어 말했다. 그의 구속을 결정한 재판부는 바로 이 부분, 쌍용차로 또다시 희망버스가 갈 수 있다는 점에 주목했다. 공장에서 부당하게 쫓겨난 노동 디아스포라의 상징 쌍용차 노동자들은 이미 동료 19명을 잃은 상태다. 이들과 함께하겠다는 것이 구속 사유가 될 수 있는가. 아니 그것이 이유라면 사법부가 행정부와 무엇이 다른가.

'노동 디아스포라'를 향한 송경동 시인의 끊임없는 연대는 이 사회가 존재하는 한 지속될 것이다. 그러나 발목에 핀을 8개나 박은 시인의 현재 상태로는 불가능하다. 다친 발을 치료하고 상처 난 허리를 고칠 수는 있어야 하지 않나.

송경동은 시를 쓰는 시인이며, 아픔을 온몸으로 핥아주는 의사이며, 고통받는 이들과 함께 우는 울보다. 송경동 시인은 노동 문제가 철지난 노래라며 비아냥대는 수많은 사람에게 드디어 이제 노동 문제가 본격화되었노라 외치는 한 마리 나비다. 2011년 희망버스라는 작은 버스의 행렬은 애초에는 한 번의 날갯짓에 불과했다. 그것이 거대한 파도와 해일이 되어 지금 만들어내고 있는 이 사회의 역동적인 에너지를 보라. 이 에너지의 근원이 송경동의 자유로운 상상력과 따뜻한 마음과 사랑에서 비롯된다는 것을 저들이 먼저 눈치 챈 걸까?

송경동 시인과 정진우 진보신당 비정규노동실장의 조속한 석방을 촉구한다.

시사인 224호, 2012.1.3.

공장으로 돌아가자!
무엇을 가지고 어떻게 돌아가지?

장면 1

2000년 인천 부평 대우자동차 공장 정문. 끝없이 눈 내리는 대우차 공장 안. 김일섭 대우자동차 노조위원장은 기자회견을 하며 연신 회견문에 쌓인 눈을 턴다. 눈과 눈물이 범벅이 된 채 1,761명의 정리해고 반대를 분명히 했다. 이후 대우자동차 노동자들은 부평 산곡성당을 중심으로 투쟁을 이어갔고, 결국 순차적으로 공장 복귀를 이뤄냈다. 당시 노조는 "공장으로 돌아가자"는 명징한 구호를 걸고 싸웠으며 사회적 공감과 반향을 일으켰다.

장면 2

12년이 흐른 2011년 12월 23일 당시 위원장이던 김일섭은 쌍용차 정문에 있었다. 밤늦은 시간, 12년 전처럼 눈은 폭우처럼 쏟아졌다. 마음이 아파서일까. 술에 취한 김 전 위원장은 이곳저곳을 돌아다니다 이내 풀썩 주저앉는다. 그리고 잠이 든다. 눈과 함께 온몸이 차갑게 식어간다. 김 전 위원장의 동생은 금속노조 쌍용차지부 사무국장 김남섭이다. 형제는 그렇게 변화된 시간 속에서 변하지 않은 눈을 맞고 있었다.

숫자만큼 구구절절 기막힌 사연들

형제자매, 처남, 매부, 부모 등 쌍용차 노동자들의 정리해고는

말 그대로 '있을 수 있는 경우의 수의 더할 수 없는 파괴'라고
말할 수 있다. 그도 그럴 것이 정리해고 159명, 징계해고 44명,
징계자 72명, 비정규직 노동자 19명, 그리고 무급휴직자 461
명이라는 숫자가 있지 아니한가. 여기에 희망퇴직이란 이름으
로 2,405명이 유령처럼 존재한다. 3년이 지났지만 여전히 왕
래 않는 가족들, 숨죽이며 집 밖을 나오지 않는 조합원들, 학
교에서 직장에서 쌍용차 트라우마는 아직 살아 있다. 다행스
러운 것은 이제야 비로소 트라우마의 실체를 조금씩 확인하고
알아간다는 정도일 것이다. 변화된 것은 구매력의 일시적 중
단일 뿐인데, 전방위적으로 삶과 생활이 파괴되고 복구의 시
간도 더디게 간다. 우리는 우리 삶을 가꿀 수 없는 것일까. 우
리끼리 새로운 관계를 맺어 공동체적 삶을 살아가는 건 불가
능한 것인가. 아니, 공동체적 삶에 대해 우리가 교육한 기억은
존재하는 것인가를 묻는 게 더 정확하지 않을까.

긴병에 효자 없고, 장기 투쟁에 동지 없다?

장기 투쟁에서 가장 어려운 부분은 동지들 간의 다툼과 이견
이다. 그도 그럴 것이 전망이 불투명할수록 주변 동료들의 일
거수일투족이 곱게 보일 리 없다. 특히 생존권 다툼을 하는 마
당에는 더욱 그렇다. 작은 차이는 어느 순간 결정적 이견으로,
가벼운 논의는 때론 치열한 논쟁으로 비화되기 일쑤다. 결국
무엇을 위해 투쟁하는 것인가를 가끔 잊게 되고 현실에 집착
해, 그것을 핑계거리 삼아 투쟁대오에서 멀어진다. 이런 과정
은 수도 없이 반복되고 있고 지금도 여전하다. 그래서 떨어져
나간 동료는 결국 우리 편으로 남은 것일까? 아니, 우리에게

호의는 있을까란 생각을 해본다. 투쟁을 하면 할수록 우리는 동지를 만드는가, 적을 만드는가. 머릿속에 옹이처럼 박혀 있는 생각이다. 부속이 빠진 채 힘없이 굴러가는 수레바퀴로는 전진을 약속할 수 없지 않은가.

소외되고 말 못하는 사람들, 희망퇴직자

희망버스로 대표되는 한진중공업 정리해고 투쟁이 일정한 성과 속에서 새로운 국면을 맞는다. 타결 소식이 임박해오면서 나는 또 다른 걱정거리 하나가 생겼다. 바로 희망퇴직자들에 대한 고민이다. 일찍이 투쟁을 포기하고 대열에서 이탈한 사람들, 어떤 이는 비겁자라는 낙인을 찍고 또 어떤 이는 '떠날

공장으로 돌아가자는 구호는 여전히 유효한가. 이 구호에 뭔가 빠진 것은 없는가. 부와 투쟁을 병행하는 노동자, 이것만이 침체기에서 벗어나지 못하는 노동운동, 나아가 사회운동에서 노동자들의 자기 역할일 것이다.

111

사람 떠났다'고 말하는 이들. 희망퇴직자는 어느 편에도 설 수 없는, 정리해고 투쟁에서 철저히 경계인의 위치에서, 쏟아지는 비난과 냉대의 스트레스 폭우를 감당해야 했다. 19명이 자살하거나 돌연사한 쌍용차 노동자 가운데 자살은 대부분 희망퇴직자들의 몫이었다는 끔찍한 현실은 이들에 대한 대책이 시급함을 의미한다. 그럼에도 희망퇴직자들은 한겨울 응달에서 아직도 녹지 않은 눈처럼 한곳에 소복이 쌓여 있다.

'공장으로 돌아가자!'는 구호는 유효한가!

이야기를 돌려보자. 공장으로 돌아가자는 구호는 여전히 유효한가. 이 구호에 뭔가 빠진 것은 없는가. 지불 능력이 있는 회사로의 복귀, 회사적 안전망이 존재하는 공장 담벼락 안으로의 귀환이라는 좁은 의미라면, 이는 한참 잘못된 건 아닌가. 해고가 일상인 사회에서, 청년실업으로 자살이 줄을 잇는 대한민국에서 '함께 살자'는 구호를 외치는 이들이 공장으로 복귀하자는 것은 자신의 생존권만의 의미인 건 아닌가. 물론 이해되고 절박하다. 부당한 정리해고, 폭력과 구속, 삶을 옥죄는 손해배상·가압류와 함께 이어진 고통의 시간, 돌이킬 수 없는 해고의 기간을 생각하면 공장으로 복귀하는 것만으로도 얼마나 꿈같은 이야기인가. 그러나 해고는 사회적으로 순환되고 있으며 세계경제 불황의 늪은 단기간 고용의 안정적 일자리를 회복할 수 없음이 여러 지표에서 나타나고 있다. 그렇다면 공장으로 돌아가는 것과 동시에 지역과 내 삶에서 새로운 변화를 만들어야 하는 건 아닌가. 매번 해고 투쟁을 반복할 순 없지 않은가. 해고는 살인임과 동시에 일상이기 때문이다.

공동체를 지향하는 실험, 희망텐트촌

쌍용차 희망텐트촌은 공동체를 어떻게 만들어볼 것인가에 대한 새로운 실험이다. 함께 마시고 웃고 떠들면서 아무런 관련 없는 이들이 한자리에 모여 새로운 관계를 만들어가는 과정인 것이다. 지금 우리에게 필요한 건 삶과 투쟁의 공동체에 대한 새로운 도전과 시각이어야 한다. 무한경쟁의 사회에서 회사의 지불 능력에 따라 생활의 윤택함이 달라지는 노동자들의 처지가 여전히 결정되는 구조에서 살아간다는 것은 벼랑 끝에서 삶을 즐기는 위험천만함과 무엇이 다른가. 토대를 바꾸고 기반공사를 다시 해야 한다. 그것이 해고 기간 우리가 놓치지 말아야 할 또 다른 사회적 숙제는 아닐는지.

한진중공업 정리해고 투쟁이 한창이던 2011년 6월의 어느 날, 동지들의 숙소인 한진중공업 생활관에 들어간 적이 있다. 쌍용차에서도 경험한 바 있지만 투쟁의 경과에 따라 노동자들의 분노 '게이지'도 올라가는 법, 웬만한 벽엔 구호와 욕설이 그림처럼 새겨져 있었다. 욕설이 주를 이룬 벽을 한참 동안 보면서, 우리의 분노가 욕설로밖에 표현될 수 없을까라는 생각을 해봤다. 최고경영자에 대한 육두문자는 시원하면서도 한편으론 허전했고 답답했다. 치명적인 욕은 없는 것일까, 자본의 본질을 폭로하고 공감으로 이끄는 욕설과 구호는 과연 없는 것일까. 우리 노동자들은 언어를 벼리는 것과는 별개로 투쟁만 하면 되는 것일까. 또 이런 것을 기대하는 것 자체가 투쟁하는 동지들에겐 무리인가, 하는 생각을 가졌다.

노동자, 인문학과 만나야 한다

투쟁하는 노동자는 자본의 치부와 비밀을 가장 많이 아는 학자이며, 니체의 말처럼 철학은 망치로 한다는 것을 경험적으로 아는 철학자다. 이 학자와 철학자가 만약 인문학을 만난다면 훨씬 풍부한 인간으로 사회현상을 설명하고 직시하지 않을까란 생각을 늘 가진다. 공부와 투쟁을 병행하는 노동자, 이것만이 침체기에서 벗어나지 못하는 노동운동, 나아가 사회운동에서 노동자들의 자기 역할일 것이다. 매번 안쓰럽고 연대 대상이 아닌 사회의 주역으로서 자신의 역할을 다하는 것이야말로 지금 해고 노동자들의 절박한 자기 역할이다.

마르크스의 사위 폴 라파르그는 '게으를 수 있는 권리'를 주장했다. 해고 노동자인 우리, 게으를 권리, 공부할 권리, 놀 권리를 주장하기엔 삶과 생활이 너무 팍팍한 것인가.

한겨레21 895호, 2012.1.30.

어느 '성공한 작전'이 남긴 것

희망뚜벅이들. 이들은 13일 동안 장기투쟁 사업장을 순회하며 각 사업장의 부당한 탄압을 알리고 선전하는 역할을 했다.

쌀쌀한 아침, 식전 밥을 미처 챙기지 못한 사람들이 서울 혜화동 재능 본사 앞으로 삼삼오오 모였다. 이름하여 '희망뚜벅이'들이다. 서울에서 부산까지 두 시간이면 가능한 시대에 미련하게 뚜벅이 타령이라니 조금 미련스럽게 보이는 사람들이다. 그것도 이 추운 한겨울에 말이다. 함께 모인 이들의 사연은 깊이 팬 주름처럼 굴곡져 있다. 장기투쟁 과정에서의 아물지 않은 생채기 위로 덧상처가 난 이들이 대부분이다. 그럼에도 이들은 자신들의 절박한 요구를 조금 미룬 채 하나의 구호를 외친다. 정리해고와 비정규직 없는 세상을 만들어가자는 구호. 1월 30일부터 2월 11일까지 13일 동안 장기투쟁 사업장을 순회하며 각 사업장의 부당한 탄압을 알리고 선전하는 역할을 자처한 이들. 귀착점은 3차 희망텐트촌으로 불리는 평택 쌍용차 공장 앞이다. 벌써 스무 번째 노동자가 숨진 죽음의 공장이다.

명동 세종호텔을 향해 걸은 지 두 시간이 채 안 된 시간, 경찰은 인도로 걸어가는 뚜벅이들을 토끼 몰듯 몰아가기 시작했다. 경찰의 대응이 좀 과하다는 생각을 하던 차에 이젠 아예 인도에 우리를 감금하는 상황이 돼버렸다. 경찰 관계자에게 이유를 물었다. 어떤 이도 대답이 없다. 옴짝달싹 못하고 다섯 시간을 인도에서 감금됐다. 인도 보행을 막은 이유가 궁금했다. 확인 결과 경찰청장이 시시티브이를 봤고 몸 벽보가 눈에 거슬렸다는 얘기가 전해졌다.

조현오 경찰청장은 2009년 8월 그러니까 쌍용차 파업 당시만 해도 경기지방경찰청장이었다. 파업 이후 '성공한 작전'이라는 평가를 들으며 경찰청장이 된 인물이다. 현장 곳곳에서 벌어지는 경찰의 공권력 남용 사례는 말로 다 할 수 없을 지경이다. 특히 노동 현장에선 공권력과 사권력인 용역의 차

116

이가 사라진 지 오래다. 사용자 쪽의 시설보호 요청엔 득달같이 달려가도, 폭력에 일상으로 노출된 노동자에겐 외려 닦달하기 일쑤이니 말이다. 공권력의 공정치 못한 법집행이 현장에서부터 기형적으로 뒤틀려버린 것이다.

이렇듯 노동 현장에 경쟁하듯 편파와 위법한 공권력 남용이 기승을 부리는 이유는 뭔가. 그 이면에 '성공한 작전'이 자리 잡고 있기 때문은 아닌가. 공권력으로 쌍용차 파업은 진압됐고, 죽기 일보직전까지 내몰린 노동자들은 그나마 목숨은 건졌다. 죽지는 않은 것이다. 그 이후 죽지만 않으면 된다는 진압의 '기준'이 생긴 건 아닐까. 인권을 짓밟고 조롱하고 희롱하는 것은 고려 대상이 아니란 '인식'이 경찰 저변에 깔리는 계기는 아니었는가.

쌍용차는 파업 진압 이후 15명의 노동자가 더 죽었다. 인과관계는 차치해도 상관관계가 분명한 이 죽음을 어떻게 설명해야 하는가. 여전히 진압 후유증으로 정신의 내상은 물론 육체의 상처로 힘겨운 겨울나기를 하는 이들이 허다하다. 삶을 파괴한 작전이 죽음이라는 형태의 후유증으로 아프게 드러나고 있다. 흘릴 눈물조차 마른 이들의 눈물이 모여 거대한 눈물의 우물을 판다. 이 기막힌 작전 앞에 노동자는 쓰러지고 죽어갔다.

총선이 코앞인 상황에서 경찰 총수를 역임했던 이들이 출마를 위해 분주하다. 현장 탄압을 진두지휘한 이들이 국회의원 배지를 달겠다고 너도나도 나서는 이 몰염치의 시대에 우리는 무엇을 해야 하는가. 적어도 이들에게 '기준'을 보여줘야 하지 않는가. 백보 양보해서 이들에게서 '폭력 허가증'을 회수해야 하지 않는가. 현장과 거리에서 유사한 공권력의 성공한 작전들을 더는 보지 말아야 하는 이유는 사람을 살려야 하기 때문이다. 노조와 노동자 사냥이 기승을 부리는 시대에, 옛날 아메리카에서 흑인을 상대로 사냥연습을 했던 백인들의 모습을 떠올리는 건 지나친 비약일까.

한겨레, 2012.2.2.

어떤 이들의 꿈

소백산 아래가 고향인 나는 어린 시절 아버지와 함께 싸리나무로 빗자루를 만들었다. 산속에서 긴 싸리만을 잘라 물속에 큰 돌로 눌러 뻣뻣한 싸리의 숨을 일단 죽인다. 이후 길이에 맞춰 칡을 끈 삼아 위아래를 묶으면 끝나는 꽤나 간단한 작업이다. 싸리나무를 베고 묶고 이후 청소를 하는 모든 과정에 나와 아버지의 노동력이 들어간다. 팔아본 적이 없어 상품가치가 어떠했는지는 가늠할 길 없지만, 아버지와 나의 소중한 추억으로 가슴 한쪽에 묵직하게 남아 있다. 나는 이후 노동자가 되었지만 어린 시절 산과 들에서 나는 재료를 이용해 만든 물건들을 잊지 못한다. 일을 할수록 내가 무엇을 하고 있는지 잊게 되는 자동차공장. 머릿속에서 시작과 완성품이 늘 함께 존재한 예전의 물건은 내게 다른 의미로 차츰 고개를 든다.

파업공장 안에서 자동차를 만드는 꿈

"우리가 자동차를 직접 만들어보면 어떨까?" 파업이 한창이던 2009년 6월의 어느 날. 어떤 이가 불쑥 던진 이 한마디는 파업 이후 내게 깊이 후회하는 한 장면으로 남았다. 그러나 강제로 뽑혀나가는 콩나물시루의 콩나물 신세인지라 코앞 투쟁에 매달릴 수밖에 없었다. 그럼에도 후회되는 이유는 간단하다. '공장의 주인이 누구인가'를 글과 말이 아닌 가장 극명하게 표현할 수 있는 기회를 잃었기 때문이다. '봐라, 너네들이 아무리 우리를 내쫓으려 해도 우리는 자동차를 생산하는 노동자'이며

'공장의 주인은 우리다'라는 사실을 확인시켜줄 수 있는 기회 말이다. 자동차공장을 20년쯤 다니면 자동차 박사가 될 거라는 생각. 그런데 의외로 대다수 노동자들이 자동차에 대해 잘 모른다. 컨베이어 시스템 속에서 점차 부속화돼가는 노동자들이 자동차 전반을 이해하기란 애초 불가능하다. 각자가 맡은 공정을 밤낮없이 기계처럼 조립하다보면 어느 순간 기계와 사람의 경계가 없어진다. 내 일과 다른 작업자의 일이 어떤 상관관계가 있는지는 오직 그이의 관심에 의해 좌우되는 것이 공장의 현실이다. 그것도 관심의 영역으로 알 수 있는 것은 극히 일부분이다. 생산수단이랄 수 있는 기계는 노동자가 함부로 운영할 수 없지 않은가. 애초 생산 과정에 노동자가 개입할 수 없는 구조다. 생산수단에 대한 노동자와 자본가의 첨예한 대립이 공장에서 일상으로 일어나고 있는 것이다. 이런 상황에서 '파업 동안 자동차를 만든다'는 뜬금없는 생각은 '생산시설을 파괴하고 회사를 망하게 한다'는 회사 쪽의 음해를 보기 좋게 깨는 의미 또한 있었다. 노동자가 생산시설의 파괴를 꾀한다는 회사 쪽 주장은 애당초 말이 안 되는 주장인데도 우리는 그것을 증명하려 노력했다. '파업공장 안에서 자동차를 만든다'는 꿈을, 나는 여전히 간직한다.

기타를 만들고 기타를 연주하는 꿈

나는 기타를 못 친다. 난 왜 이 흔한 기타 하나 칠 생각을 못했지? 커나가는 아이를 볼 때마다 드는 자책이다. 많은 사람들이 기타를 치고 노래를 한다. 그렇다면 기타를 만드는 노동자들은 과연 어떨까란 생각을 해본 적이 있다. 지금 생각하면 자동차공장을 다닌다고 자동차 전문가가 아닌데도 말이다. 장기투쟁 사업장 가운데 기타를 만들던 노동자들이 있다. 콜트·콜텍 노동자들이다. 이들은 사용자 쪽의 노조 말살로 인해 4월 7일이면 만 5년의 투쟁 기간을 맞는다. 5년 동안 콜트·콜텍 노동자들은 국내보다 해외에서, 일반 시민보다 뮤지션들에게 유명한 투쟁 사업장이다. 이유는 이들이 만든 콜트 기타가 지금도 세계 기타시장의 30퍼센트를 차지하기 때문이다. 그동안 콜트·콜텍을 주제로 만들어진 두 편의 영화는 이들의 투쟁이 얼마나 길고 질긴지를 보여준다. 콜트·콜텍 공장엔 창문이 없다. 사장이란 사람이 딴생각을 한다는 이유로 창문조차 막아버린 것이다. 기타 생산 과정의 특성상 수많은 연마질은 엄청난 분진을 발생시키는데도 말이다. 그 먼지를 오롯이 노동자들이 다 들이마시고 밤낮없이 기타를 만든 결과는 해고였다. 그 밖에도 현장에서 벌어진 일들은 이들의 투쟁 기간만큼이나 두텁고 고단했다.

노동자들이 삶의 노래를 시작했다.

기타만 만들다 해고되고 5년간이나 싸운 이들에게 작지만 큰 변화가 있었다. 직접 기타를 연주한 것이다. 심지어 밴드까지 구성해버렸다. 이 얼마나 소름 돋는 유쾌함인가. 매월 마지막 주 수요일 서울 홍익대 앞 '빵'이란 클럽에선 뮤지션들을 주축으로 해서 콜트·콜텍 노동자를 위한 수요문화제가 열린다. 2008년부터 시작된 이 문화제는 한 번도 거르지 않고 풍성하게 한 달을 마무리한다. 뮤지션들의 자발적 연대라 할 이 공연은 매회 성황리에 치러지고 있다. 이 무대에 콜트·콜텍 노동

기타만 만들다 해고되고 5년간이나 싸운 콜트·콜텍 노동자들에게 작지만 큰 변화가 있었다. 직접 기타를 연주한 것이다. 심지어 밴드까지 구성해버렸다. 사진은 콜밴이 금속노조 대전충북지부 집회에서 연주하는 모습.

자들의 밴드, 이름하여 '콜밴'이 선 것이다. 아직은 어설픈 수준이지만 첫 공연 때 관객과 연주자 모두 눈물바다를 이뤘다. 베이스기타와 기타 2대, 그리고 '카혼'이라는 생소한 악기를 든 이들은 기타만을 만들던 노동자였다.

새로운 소통 방식과 연대의 장을 연 이 사건(?)은 나에게 큰 충격을 줬다. 파업공장 안에서 자동차를 만들고 싶은 자동차공장 노동자와 기타를 연주하는 기타공장 노동자들은 지금 같은 꿈을 꾸고 있는지 모른다. 노동 과정에서 부품처럼 처분되고 해고가 남발되는 노동자들의 현실을 넘어서려는 이런 시도가 가진 자들의 군림과 억압을 이겨내는 중요한 무기가 될

것이라는 생각. 우리는 그것을 확신하며 한발 한발 길을 열어
가고 있다.

이들이 몸으로 전진시키는 역사

'희망'이라는 말이 지천에 넘쳐난다. 그만큼 '절망'이라는 유령
이 세상을 자욱한 안개로 덮고 있기 때문이다. 해고로 인한 싸
움이 장기화되면서 우리는 점차 마음의 안정을 잃어간다. '장
기투쟁 사업장'이라 일컫는 곳의 노동자들이 이처럼 장기적으
로 탄압을 받는 이유는 뭔가. 신의 비밀을 알았다는 이유로 끊
임없이 돌을 밀어 올리는 시시포스의 운명처럼, 자본의 비밀
과 치부를 가장 많이 알고 있기 때문이다.

밤에 잠 좀 자자는 유성기업, 1500일이 넘도록 거리에 선
재능교육, KTX 민영화 반대를 외치는 철도 노동자, 노래방 도
우미와 못 논다는 이유로 8년 동안 해고된 코오롱 해고자, 사
기 매각으로 하루아침에 정리해고당한 풍산 노동자, 포기하지
않고 여전히 싸우는 3M 노동자, 작지만 큰 싸움인 한일병원
비정규직 식당 노동자, 불법파견에 맞서 싸우는 현대차 비정
규직 노동자, KEC라는 악마와 전쟁을 벌이는 노동자, 거대 공
룡 KT에 맞선 자회사(KTIS, KTCS) 노동자들의 눈빛 속에 담
긴 꿈…… 통제력을 상실한 자본의 무한 착취를 그나마 제어
하는 이들이 있기에 우리는 희망을 이야기할 수 있다. 해고 노
동자들에게 접을 수 없는 꿈이 있다. 노동자로 당당히 살아가
고픈 꿈. 노동 과정에서와 생산물로부터 소외되는 구조와 틀
을 바꾸는 꿈. 어떤 이들의 꿈이다.

한겨레21 897호, 2012.2.13.

해고 졸업식

며칠 전 서울 시내를 걷다 대학가 졸업식 장면을 봤다. 꽃다발 파는 늘어선 상인과 졸업식장으로 향하는 차량의 늘어선 꼬리는 묘한 대조를 이뤘다. 졸업생들의 표정은 정문에 걸려 있는 취업 현황 현수막의 그늘처럼 밝지 않았다. 88만 원 세대를 넘어 44만 원 세대를 향해 치닫는 이 미친 세상으로 또 그렇게 수많은 산업예비군이 쏟아져 나오고 있었다.

6년의 '해고(解雇)학교'를 마치고 졸업식을 앞둔 학생들이 있었다. 세계 기타 시장의 30퍼센트를 차지하는 콜트·콜텍 기타를 생산하는 노동자들이다. 해고학교는 콜트 노동자 56명과 콜텍 노동자 67명으로 출발했다. 그러나 이제 20명은 졸업을 했고 26명은 해고학교를 다시 다닌다. 6년 동안 이들에게 온전한 삶은 없었다. 관계의 파괴라는 수사로는 담지 못할 인간의 파괴만이 존재했다. 소송과 벌금은 전과자의 길을 열었고, 15만 볼트 송전탑과 45미터 고공농성은 투사의 길을 안내했다. 6년을 말 그대로 악착같이 버티면서도 인간존엄은 끝내 버리지 않았다. 오히려 기타를 만들던 손으로 기타를 연주하는 '콜밴' 이란 밴드를 구성했다. 거기엔 문화예술인들의 도움도 컸다. 녹아내리는 인간성, 주저앉는 이기심이 해고의 가장 큰 해악임을 이들은 삶과 노래로 웅변했다. 더 낮고 아픈 곳으로 강물처럼 흐르드는 이들의 음악과 연대는 주저앉는 해고자들에게 힘이며 용기였다. 쌍용차 투쟁 1,000일 문화제에 묵묵히 자리를 지켜주던 이들은 1,848일을 싸우고 있었다. 잔인한 6년은 이들에게 되돌릴 수 있는 시간인가. 삶의 일부분이 뭉텅 잘려나간 이들에게 정상적인 삶의 에너지는 아직 남아 있을까.

해고가 살인임과 동시에 일상인 시대다. 이직과 전직이 밥 먹듯 이뤄지는 뼛속 깊은 신자유주의 안개 속이다. 개인의 노력이 성공을 보장한다는 거짓 부채질이 이곳저곳에서 대답 없이 출몰한다. 정리해고와 비정규직 없는 세상은 가당치 않다는 윽박지름이 견고한 콘크리트로 자리 잡고 있다. 자본의 이윤율이 가파르게 치솟고 그 이익의 최종 수령자가 자본으로 향한다. 빈한 자와 부한 자의 간극이 벌어지고, 벌어진 간극의 낭떠러지로 노동자는 대책 없이 추락했다. 노동자는 더욱 궁지로 몰리고 먹고살기 힘들다는 아우성은 자본의 배당금 액수만큼 증가했다. 해고가 어느 순간 산업질서로 자리 잡으면서 우리 안의 열패감은 효율과 생산성이라는 미사여구에 강제적 날인을 했다. 비정규직 1,000만의 시대, 이대로 가다간 자본의 무한팽창이라는 풍선은 임계점을 맞을 수밖에 없다.

해고를 금지하는 '해고금지법'을 제정해 사람을 살리려는 절박함보다, 정리해고 요건 강화가 더 그럴싸한 논리라고 겁박하는 비합리의 사회는 정상적이지 않다. 이제는 무엇을 중심에 둘 것인지를 대놓고 물어야 한다. 높은 스펙이 나를 위한 스펙이 아닌 자본의 일회용 스펙으로 전락하고 있다. 경제성장률이 개인의 삶을 성장시키기는커녕 더욱 곤궁한 삶을 강요하고 있지 않은가. 개인의 노력이 자본의 벽 앞에 얼마나 허무하게 무너지고 있는가.

해고학교가 전국에서 운영되고 있다. 기업프렌들리 정부 아래에선 특히 학교폭력이 기승을 부리고 있다. 어쩌면 입학을 말았어야 할 학교이며, 없어져야 할 학교다. 개인의 능력과 운 나쁨이 원인이 아닌 이 학교에는 앞으로 수많은 예비 학생

들이 들어올 것이다. 구조와 근본의 문제로 사안을 인식하지
않고 철마다 땜질처방으로 넘긴다면 말이다. 여전히 코오롱
해고학교는 8년째 운영 중이며, 재능교육은 1,526일을 넘었다.
해고 3년차인 나는 이 학교를 졸업하고 싶다. 아니 해고학교를
없애고 싶다. 앞으로 겪을 아픔과 고통은 쌍용자동차로 충분
하기 때문이다.

한겨레, 2012.2.23.

노동자의 부러진 화살

감옥이란 곳을 서른일곱 살에 처음 들어갔다. 쌍용자동차 파업이 끝난 2009년 8월이다. 사람의 열기로 숨이 턱턱 막히는 좁디좁은 감옥에 15명이나 들어가는 '혼거방'은 그 자체로 고역이었다. 웃통을 벗고 생활하는 일이 다반사라 '형님'들의 화려한 문신은 처음엔 두려움과 공포였다. 생소한 감옥, 낯선 상황에 하루하루가 말 그대로 징역살이였다. 차츰 감옥에 적응해가던 무렵, 나는 우연히 책 한 권을 읽었다. 바로《부러진 화살》이다. 얇은 책이라 금방 읽었다. 재판부가 더는 두렵지 않았다.《부러진 화살》로 인해 사법부에 대한 내 마음속 두려움의 화살이 부러졌던 것이다. 온갖 비리와 탈법의 온상인 사법부가 두렵거나 겁날 이유가 없었다. 탈법을 저지르는 사법부 앞에 생존권을 요구하는 노동자들의 투쟁과 구속이 외려 당당해 보였다. 그 때문이었을까. 이후 훨씬 가벼운 마음으로 재판을 받았던 기억이 난다. 그러나 그 뒤로도 노동자의 구속은 이어졌고, 사법부를 규탄하는 기자회견과 집회는 계속되고 있다. 노동자에게 사법부는 여전히 규탄의 대상이지, 호소와 선처의 대상은 아니다. 적어도 쌍용차를 포함한 노동 문제에 관해서는 말이다.

'테이저건'을 기억하는가

요즘 영화 〈부러진 화살〉에 대한 반응이 뜨겁다. 시위를 떠난 화살이 사법부로 향하자 열기는 더욱 증폭된 듯하다. 문외한

이니 영화에 대해 말할 것은 별로 없다. 영화 속 노동자 현실
과 영화 밖 노동자 현실에 대해 몇 마디 얘기하고 싶을 뿐. 영
화에선 2000년 대우자동차 정리해고 당시 경찰이 노동자들을
무자비하게 진압하는 장면이 나온다. 그때 상황을 조금 부연
설명하면, 대우자동차 노동자들은 박훈 변호사와 함께 노동조
합 출입을 요구했다. 법원마저 노조 출입을 허하라는 가처분
신청을 받아들인 상황이었다. 그러나 노동자들은 경찰에 의해
노조 출입을 저지당했다. 노조원들은 항의하는 차원에서 무
저항의 표시로 웃통을 벗는다. 그러자 경찰의 무자비한 진압
이 시작됐다. 진압하는 모습은 방송을 통해 전국으로 알려졌
고, 대우차 정리해고 투쟁은 새로운 국면을 맞는다. 머리가 터
지고 온몸이 피범벅이 된 노동자들의 아우성이 아직도 생생하
다. 쌍용차 2009년의 예고편이라도 되는 듯, 처절하고 끔찍한
모습이었다.

　〈부러진 화살〉로 생긴 사회적 논쟁을 보며 불편함을 느낀
다. 논쟁에 대한 찬반 또는 진실, 혹은 사실과는 다른 노동자
들의 구속을 바라보는 시각 때문이다. 언제부턴가 노동자의
파업은 구속을 각오해야 하는 일이고 구속이 당연한 것처럼
사회적으로 인식되고 있다. 사연 없는 무덤 없듯, 억울한 사연
이 왜 없겠는가. 그런데 노동자들의 사연은 억울함을 넘어 잔
인하다. 아니 잔인함을 넘어 짜인 각본처럼 진행된다. 쌍용차
노동자들이 그 본보기가 아닌가. '테이저건!'이란 용어는 2009
년 7월 처음 들었다. 당시 쌍용차 노조 언론 담당이던 나는, 그
것이 어디에 쓰는 물건이고 정확한 명칭이 무엇인지 기자들에
게서 듣게 됐다. 쌍용차 진압용으로 사용된 테이저건(전기충격
기)은 5만 볼트 전류가 순간적으로 흐른다. 작은 화살처럼 생

긴 탐침을 쏘아 맞은 사람을 사망에 이르게 하는, 인명 살상이
가능한 무기다. 이른바 '테러 진압용'이다. 그것을 산업현장의
파업 노동자들을 향해 쐈다. 테이저건에서 발사한 화살이 얼
굴에 박힌 조합원이, 그것이 무엇인지 모른 채 의무실에 덩그
러니 앉아 있던 모습을 잊을 수 없다. '국가'라는 이름으로 노
동자에게 무슨 짓을 한 것인지 돌이켜보면 경악할 수밖에 없
다. 그런데도 테이저건을 쏜 책임자는 처벌은커녕 제대로 된
조사를 받았는지 확인할 길조차 없다. 노동자들의 저항 정도
는 억울함과 탄압의 정도와 맞닿아 있다. 그런 면에서 쌍용차
노동자들은 '순박하게' 투쟁한 것이다. 사법부는 노동자의 현
실에 애써 눈을 감았고, 예정된 판결을 내렸다.

유성기업 노동자의 화살은 어디로

2011년 6월 '밤엔 잠 좀 자자'는 요구를 내건 유성기업 노동자
들의 투쟁이 있었다. 주간 연속 2교대제를 막으려고 '갑'인 완
성차 현대자동차가 '을' 관계인 부품사 유성기업을 방패막이
삼아 벌인, 전쟁 아닌 전쟁이었다. 회사 쪽이 고용한 용역깡패
들은 대포차를 이용해 조합원 13명을 백주대낮에 집단으로 밀
어버렸다. 이들의 수첩엔 유신코퍼레이션, 경상병원, 국민체육
진흥공단, 대우자판, 부루벨코리아, 씨엔앰, 수원여자대학, 삼
성물산, 재능교육 등의 개입 흔적이 빼곡했다. 이른바 전문 용
역깡패였다. 그런데도 용역깡패는 용케도 법망을 비껴갔다. 아
니, 사법부도 법의 그물을 그들에겐 애써 던지지 않았다. 맞
은 사람은 '존재'하는데 때린 사람은 '유령'인 상황이 유성기업
에서 벌어진 것이다. 이것으로 끝이 아니다. 지난 2월 3일, 구

속된 4명의 노동자에게 최고 3년의 실형을 비롯해 구속자 전원에게 실형이 선고됐다. 이 정도면 노동자에게 '법은 늘 가진 자들을 위한 법'이라는 상식이 굳어지기에 충분하다.

96명이 전과자가 됐고, 300억 원가량의 손해배상과 가압류가 걸려 있다. 검찰 조사를 받은 사람은 300명이 넘었고, 3,000명이 실직의 고통을 겪었다. 3년 실형을 받은 한상균 지부장은 아직도 6개월을 더 감옥에 있어야 한다. 바로 쌍용차 이야기다. 쌍용차 파업은 기술 유출과 정리해고로 시작됐다. 2007년 중국으로의 기술 유출을 국가정보원이 인지수사에 나서며 그동안 '설'에 머물던 쌍용차의 기술 유출이 본격적인 법적 문제로 넘어갔다. 그러나 검찰은 쌍용차 파업이 마무리된 2009년 11월이 되어서야 늑장 기소했다. 명백히 '봐주기' 수사였다. 쌍용차 파업이 기술 유출 문제임을 알고 있는 재판부는 우리 주장을 전혀 받아들이지 않았다. 그런데 회사 쪽의 주장은 원문 그대로 받아들였다. 재판 결과가 어떻게 나오겠는가. 충분히 예상되지 않는가. 사법부가 우리 주장을 기각해 벌어진 노동자들의 삶의 기각을 보라. 쌍용을 넘어 수많은 사업장에서의 무자비한 탄압과 불법적인 폭력을 보라. 사업주들은 물 만난 고기처럼 정리해고를 밥 먹듯 하고, 불법적 분사와 탈법적 인력 운영을 한다.

사법부는 노동을 공부해야

판사 가운데 노동자의 현실과 노동 현장에 대해 이해하는 이가 얼마나 되는가. 노동 관련 용어를 아는 이는 또 얼마나 되는가. 기계적인 학습과 책상머리 공부가 한 사람의 인생을 얼마나 파괴하고 짓밟는지 생각해야 한다. 여기서 그쳐선 안 된다. 노동법 공부를 하고 현장에 대한 이해를 높이려는 노력을 하고 그 대책을 마련하는 것으로 발전해야 한다. 이해 없는 판결이 수많은 노동자를 감옥으로 내몰고 억울한 길거리 인생으로 내팽개치기 때문이다. '유전무죄 무전유죄'는 정치적 사건만으로 한정되지 않는다. 사법정의가 일하는 노동자에 대한 인식과 태도의 변화를 의미하지 않는다면 그건 공염불이며, 정권에 따라 출렁이는 각주구검(刻舟求劍)의 어리석음이다.

한겨레21 900호, 2012.3.5.

살아 있는 노동자가 죽어간 노동자들의 영정을 들고
있습니다. 21명! 이 기막힌 죽음을 막아야 합니다. STOP 21!

페이스북, 2012.3.8.

봄은 저항이 움트는 계절이다

"또 희망이야?" "이번에도 걸어?" "음…… 그럴 수도 아닐 수
도……"

희망광장의 '희' 자를 꺼내자 동료가 보인 반응이다. '또'라
는 말 속에 약간의 피로감이 감지된다. '희망이야?'라는 말 속
에선 정체된 느낌이란 무언의 압력이 머리를 짓누른다. 그렇
다. 피로감과 정체된 느낌의 조합인 희망과 광장이 이번에 만
난다. 2011년 희망버스를 기억하는 이들은 또 다른 획기적인
무엇인가를 원하고 갈망한다. 희망버스에 쏟아지던 언론의 주
목(냉대건 환대건)에 비해 이후 열렸던, 희망텐트 희망 뚜벅이
는 성에 차지 않았을 것이다. 그럼에도 다시 희망광장을 연다.
왜 우리는 희망광장을 제안하고 희망광장에서 만나고자 하는
가. 어쩌면 간단한 그리고 너무나 당연한 질문 앞에서 잠시 머
뭇거린다. 길은 여전히 사람이 열기 때문이며 우리들의 요구
와 갈망은 여태 동면 상태로 남아 있기 때문이라면 너무 진부
하다. 그러나 이 진부함이 어쩌면 숙명의 과제는 아닐까 생각
한다. 풀리지 않을 것 같은 실타래를 싹둑 잘라내는 용기보다
그 실타래를 구성하는 한 올 한 올의 인간 삶에 주목하는 것이
중요하듯. 높은 것만 좇지 않고 낮은 곳과 함께 흐르는 마음으
로 다시 우리는 광장으로 모인다.

절망과 실망 사이 희망은 움트고 있었다

정리해고와 비정규직의 올무는 삶 자체를 조여오는 극도의 아

품과 고통이다. 한국 사회의 다이내믹한 변화와 압축 성장의 후과는 삶의 변두리로 다수의 노동자 민중을 밀어내고 있다. 계층 내 경제적 위계질서가 삶의 순번과 인간 질서로 자리 잡은 신자유주의의 안락한 공간 어디에도 이젠 주변인들의 자리는 없다. 정치를 향한 강렬한 요구와 갈망은 결국 내 삶의 비참함을 역증명하는 형태로 환원된다. 어떻게 하더라도 콘크리트처럼 굳어진 지금의 질서가 붕괴되지 않을 것이란 체념이 신념화의 단계로 넘어가고 있다. 질서의 붕괴로 말미암은 무너진 잿더미가 외려 내게로 쏟아지는 비극의 한복판에 여전히 투쟁하고 저항하는 노동자 민중이 있다. 이 삶을 어떻게 할 것인가. 이 비인간의 질서를 어디서 어떻게 바로잡을 것인가. 국민을 위한다는 정치는 정치인을 위한 정치로 수렴된다. 국민에 의한 정치는 몇몇 정치인을 위한 행진곡 아래 무등의 역할로 전락했다. 정치는 후진과 퇴행을 반복하며 진흙구덩이에 처박혀 공회전 중이다. 넋 놓고 있기엔 삶의 절박함이 강렬하다. 의탁하고 맡겨놓기엔 빼앗긴 삶이 너무 애처롭다. 다시 광장에서 나와 우리를 발견해야 한다. 아니 움트는 희망을 맞아야 한다.

1년 열두 달이 온통 잔인한 노동자 민중의 삶

8년간 투쟁하는 코오롱 노동자의 흰머리에 묻은 서러움을 본다. 6년을 버티고 싸운 기름 노동자들의 웃음 속에 인간애를 느낀다. 21명의 동지를 잃은 쌍용차 노동자들의 갈라지고 부르튼 입술에서 배어나는 분노의 언어를 듣는다. 재능교육은 1,500일이 넘었음에도 1,500이란 상징적 숫자에 아직 갇혀 있고, 콜트·콜텍 노동자들의 밴드 콜밴의 공연에서 울림과 전율이 무엇인가를 이해하게 된다. 기아차 해복투 동지들의 잃지 않은 웃음과 세종호텔 노동자들의 헌신하는 모습이 반갑다. 이뿐인가. 밤엔 잠 좀 자자 했더니, 감옥 보내는 유성기업 노동자들의 울화통은 가슴속 응어리로 굳어지고, 3M 노동자들의 절박한 투쟁은 아직 사회성조차 얻지 못했다. 자본의 탄압을 뚫고 끊임없이 투쟁을 이어가는 현대차 비정규직 노동자, 1년을 훌쩍 넘어선 전북버스 노동자와 풍산 노동자들의 정당한 투쟁은 여전히 진행형이다. 봄은 오고 있다지만 이들에게 계절의 변화가 무슨 감흥이겠는가. 오히려 더욱 서럽지 않겠는가. 더욱 불안지수가 높아지지는 않겠는가.

봄은 저항이 움트는 계절이다

현대차 비정규직 노동자들에 대한 불법파견 대법원 판결이 났다. 그러나 현대 자본의 대응은 방귀 뀐 놈이 성내는 격이다. 노노 분열을 조장하고 사과 한마디 할 생각을 하지 않는다. 오히려 자본의 권력이 법과 정치권력 위에 존재함을 무력 시위한다. 대법원마저 우습게 여기는 자본의 권세는 나날이 높아만 가고, 여기에 맞선 노동자들의 투쟁은 한 곳으로 수렴되지 못하고 흩어지기 일쑤다. 이것을 한 곳으로 모아 투쟁의 움을 틔우고, 질식할 것 같은 사회적 조건과 구조를 바꾸는 싸움을 해야 한다. 그러기 위해 우리는 저항이 움트는 계절인 이 봄에 희망광장에 모여야 한다. 스스로 목소리를 내지 않는 어떠한 정치도 정치가 아니다. 우리의 요구를 우리의 언어와 방법으로 '선택'하는 것이 총선과 대선이 줄지어 있는 정치의 계절에 우리가 '선택'해야 할 일이다.

한겨울 추위를 이겨낸 희망 번데기

영하 10도를 넘나드는 한겨울 추위에도 희망텐트를 이어가고 있는 쌍용차 해고 노동자들. 한겨울 투쟁하는 노동자들의 잠자리는 늘 풍찬노숙이다. ⓒ 금속노조 쌍용차지부

영하 10도를 넘나드는 한겨울 추위 속에서도 희망텐트를 이어가고 있는 쌍용차 해고 노동자들이 있다. 한겨울 투쟁하는 노동자들의 잠자리는 늘 풍찬노숙이었다. 침낭 속에 웅크린 그 모습이 흡사 번데기를 닮았다. 꿈을 간직한 번데기, 희망을 품고 잠들었을 번데기, 그 희망 번데기들이 봄볕으로 먼저 쏟아져 나온다. 이제는 변태를 한 나비의 모습으로 더욱 가볍고 더욱 유쾌하게 거리와 현장을 날아다닐 것이다. 겨우내 숱한 어려움을 극복하고 봄기운을 받아 다시 투쟁의 희망광장으로 날

아든다. 함께 희망광장에서 만나자. 정리해고와 비정규직 없는 세상은 가능하다는 것을 우리 다시 증명하는 싸움을 만들어가자. 2012년 희망버스 시즌 2는 이미 시작됐고 진행 중이다. 쌍용차 희망텐트촌이 왕성하게 촌락을 구성했고, 희망뚜벅이가 거침없이 눈보라를 뚫고 희망광장으로 모여들고 있지 않은가. 안 될 것이란, 혹은 안 된다는 자기 경험이 우리의 상상력과 전진을 가로 막고 있지는 않은가. 무모하게 느껴지는 일상의 작은 바람과 움직임이 결국 일의 시작이다. 3월 10일 저녁 7시 서울 시청 희망광장에서 기쁘게 만나자.

프레시안, 2012.3.9.

이창근의 해고일기

선거철, '해고계'라는 세상 읽기

해고된 노동자와 비정규직 노동자들이 '노동계'라는 틀로 표현되는 것이 언젠가부터 적확하지 않다는 생각을 했다. 탄압의 영역은 넓고 고통의 시간과 아픔이 무척이나 깊은 이들인데 말이다. 그렇다면 이들을 어떻게 부르면 좋을까. 나 같은 사람의 처지를 반영할 수 있는 표현이 있다면 어떤 것이 있을까. 이런 생각을 하던 차에 '해고계'라는 말을 들었다. 처음 접한 것은 알고 지내는 분이 언젠가부터 트위터상으로 내게 이 말을 쓰기 시작하면서부터다. 처음엔 피식 웃어넘겼다. 그런데 자꾸 듣다보니 일리가 있는 말이었다. 매번 길 위에서 경찰의 폭력에 무방비로 노출되고 끌려가고, 천막과 텐트 그리고 노숙으로 잠을 때우는 것이 일상인 나 같은 사람들을 해고계에 속한 이들이라 부르는 건 어쩌면 딱 맞는 표현 같았다. 일하던 곳으로 돌아가기 위해 저항하는 사람들, 비정규직의 차별의 사슬을 끊어내기 위해 투쟁하는 이들, 재벌권력의 무한착취에 맞서 끊임없이 바위를 굴려 올리는 이들을 해고계 사람이라 하는 것이 마음 아프지만 적나라한 현실의 단어임엔 틀림없어 보인다.

선거철이 돌아왔다. 총선과 대선이 있는 올해 4·11 총선은 그 어느 때보다 중요하다고 한다. 이명박 정부의 반민주·반역사적 행태와 권력의 중심으로부터 풍겨나오는 악취의 부패 사슬과 비리는 이번 선거를 통해 반드시 바로잡아야 한다고도 한다. 이성 잃은 공권력을 동원한 국가폭력을 이번 참에 바로잡는 계기를 마련해야 한다고 목소리를 높인다. 수긍되면서도 의문과 의구심으로 뒷맛이 영 개운치 않다. 구럼비에서 벌어지는 폭력의 잔상이 2006년 평택 대추리 때와 너무나 닮아 있기 때문만은 아니다. 지난 정권 또한 농민이 죽고 노동자가 분신으로 내몰리는 처참했던 현실이었음을 다시 한 번 복기하는 불편함을 주려 함도 아니다. 이 개운치 못한 뒷맛의 배경엔 터져 나오는 노동자와 시민 그리고 비정규직의 설움과 분노의 열망을 여야 구분 없이 정치권이라는 작은 울타리에 매번 가두고 관리하려는 시도 때문이다. 선거철마다 반복되는 이 허울 좋은 시도들이 오히려 해고계를 점점 팽창시켰으며 더욱 잔인하게 만들어가고 있다는 사실을 정치권은 여전히 모른 체하면서 말이다.

900만 비정규직의 문제는 이제 한국 사회의 판을 흔들고 구조의 변화를 시급히 마련해야 하는 지경으로 급속히 치닫고 있다. 그뿐만 아니라 권력과 자본의 입장에선 안정된 이윤 착취 시스템이 붕괴될 수 있다는 초조함마저 빠르게 번지고 있다. 결국 정리해고와 비정규직 대책을 정치권이 앞 다퉈 쏟아내는 이유도 여기에 있다. 그러나 비정규직 보호 법안이 비정규직 양산 법으로 둔갑하고, 정리해고 요건 강화를 중심 뼈대로 하는 정리해고제 또한 자본의 편의만을 위한 눈가림 제도로 진행될 확률이 높다. 비정규직은 차별을 시정할 것이 아니라 차별을 폐지해야 하고, 합법을 가장한 불법적 정리해고는 기업주에 대한 사법처리가 반드시 뒤따라야 한다. 그렇지 않은 대책은 선거용 애드벌룬처럼 선거의 열기가 식으면 어딘가에서 바람 빠진 채 방치되었다 선거철에 다시 등장할 것이다. 이것은 사실이며 현실이란 걸 우리들의 아픈 경험이 말해주고 있다.

선거철 정치권의 정리해고와 비정규직 문제에 대한 진정성은 당사자들 의견에 얼마나 귀를 열고 있느냐일 것이다. 정리해고 철폐와 해고금지법, 비정규직 차별철폐와 정규직화 쟁취라는 해고계 당사자들의 요구가 대책의 중심이어야 함은 두말할 필요조차 없다. 해고계 노동자의 눈물은 두 줄기로 흐른다. 설움의 눈물과 분노의 눈물이다. 정치권이 어떤 눈물을 선택할지 지켜볼 것이다.

한겨레, 2012.3.14.

노동자가 죽어간다

준엄한 호응, 경고의 응원

어린 시절 텔레비전을 통해 나오는 뉴스는 의심의 여지없는 진리였다. 그만큼 방송의 힘은 대단했고, 기자는 선망의 대상이었다. 전두환을 텔레비전을 통해 처음 봤으며, 광주 5·18 살육을 '정의사회' 구현이라 믿었던 것도 방송을 통해서다. 1987년 노동자대투쟁이 북의 조정을 받은 좌경세력이 암약한 결과란 방송 보도는, 여물지 않은 내 생각을 편향으로 더욱 굳게 만들었다. 어디 이런 것이 나쁜이겠는가. 수백 번, 수천 번 길거리에서 외치는 것보다 방송 한 번 타는 것이 훨씬 파급력이 큰 문제가 우리 주변에 어디 한둘이겠는가. 그 막강한 방송과 언론이 파업을 벌이고 있다. 2012년 3월 8일 현재, 문화방송은 한 달이 넘었으며 한국방송은 이틀이 넘었고, YTN과 연합뉴스마저 파업에 함께할 태세다. 이명박 정부 들어 벌어진 MB 아바타들의 거침없는 낙하산쇼를 방송과 언론 노동자들이 더는 못 견딘 결과다. 파업이 장기화되자 주요 방송이 결방하는 것을 비롯해 크고 작은 방송사고까지 잇따르고 있다. 그러나 파업에 대한 반대 여론은 그다지 크지 않아 보인다. 이명박 정부의 방송 장악 몰상식이 반대 여론의 근거를 무색하게 하기 때문이다. 그런데 이번 방송사 파업이 승리로 끝나면 노동자들의 파업 소식은 왜곡되지 않은 채 온전하게 방송을 타게 될까? 그런 방송을 우리는 볼 수 있을까?

'왜'를 묻지 않고 '왜 하필 지금'을 물었다

방송 노동자들의 파업은 반가움과 부러움, 그리고 애증으로 다가온다. 방송을 통해 익히 보던 기자와 아나운서가 거리에서 노동조합 조합원으로서 자기 목소리를 내는 모습은 우리의 모습과 같아서 우선 반갑다. 우리가 외치던 구호와 팔뚝질, 그리고 8박자 구호를 외치는 입가의 미소는 생경하면서 동질감을 느끼게 한다. 시민들의 열띤 호응이 일반 파업에선 느끼지 못할 정도로 상승할 땐 한없이 부럽다. 이런 분위기가 몇 번의 참신한 기획력이나 유명인들의 등장으로 조성된 것은 아니다. 오히려 방송이 그만큼 중요한 역할을 해줘야 한다는 시민적 요구가 저변에 넓게 자리하고 있기 때문일 것이다. 다시는 정권(어떤 성향의 정권이든)의 입맛에 맞는 방송을 해선 안 된다는 따가운 회초리일 것이다. 방송은 그동안 노동자들의 파업을 다룰 때마다 그들이 '왜' 파업을 하는지 묻지 않았다. 개념도 모호한 국민적 '피해'와 부풀려진 '경제적 손실'을 먼저 다뤘으며 '왜 하필 지금이냐'는 푸념을 먼저 뱉었다. 지금 방송사 파업을 지지하는 여론은 방송사들의 지난 시기를 철저하게 돌아봐야 한다는 준엄한 호응이며 경고의 응원일 것이다.

노동자들의 외침은 방송에선 늘 짠한 다큐로만 존재했고, 노동자들의 투쟁은 경찰과 부딪치는 단신으로만 다뤄졌다. 결국 이들의 주장이 무엇인지는 철저하게 누락된 기사가 반복 생산된다. 이러한 파업에 대한 보도 행태는 알맹이 없는 깡마른 외형만으로 국민에게 주입됐다. 철도와 지하철이 파업하건, 자동차와 조선소가 파업하건 으레 따라붙는 수식어는 '국가적 손실'과 '시민 불편'이었다. 청소 비정규직 노동자들의 요구와 학생들의 반값등록금 요구는 또 어떤가. 사회의 주요한 이슈로 다뤄지고 심층 취재로 보도된 적이 많이 있던가. 이는 단순히 기자들만의 문제도, 데스크만의 문제도 아니다. 방송을 구성하고 있는 모든 구성원의 인식에서 시작된 건 아닌지 되물어야 한다. 방송이 어디에 관심을 가져야 하는지, 그 관심이 어떤 표현의 형태를 띨지는 오직 방송 노동자의 몫이기 때문이다.

방송에 목마른 노동자의 목을 죄다

쌍용자동차 파업은 2009년이었다. 이명박 정부의 노동 탄압이 극으로 치닫는 상황에서 쌍용차 파업을 극렬 진압했다. 투쟁 초중반 방송사들은 앞 다퉈 쌍용차 파업 소식을 전했다. 많은 다큐와 취재가 이어졌다. 그러나 중반을 넘어서며 방송의 태도는 전반적으로 바뀐다. '조·중·동'을 위시한 찌라시들의 공격과 별반 다르지 않은 편파·왜곡 보도를 했고, 파업이 마무리된 이후엔 철저한 '외면'으로 쌍용차 파업을 다뤘다. 상하이 먹튀 자본의 기술 유출과 3,000명이 넘는 부당한 정리해고에 맞선 쌍용차 노동자 투쟁의 본질은 온데간데없고, 경찰의 보도자료대로, 한국경영자총협회와 전국경제인연합회의 의견대로 방송은 노동자들의 주장을 묵살했다. 방송이 조금 더 쌍용차 문제를 본질적으로 다뤘다면, 지금도 가슴속 응어리로 남은 노동자들의 '고통의 한'이 조금이라도 줄지 않았을까. 노동자들은 방송에 목말라하는데, 외려 방송은 노동자들의 목을 죈 적이 너무나 많았다.

　쌍용차 파업 당시 대변인의 인연으로 지금도 기자들과 공적으로 연락하는 일을 맡고 있다. 희망버스로, 희망뚜벅이로, 희망광장으로, 그리고 여전히 쌍용차 문제로. 내가 구속된 상황에서 주고받은 편지를 자신의 책상 앞에 붙여놓았다는 기자의 얘기는 큰 용기를 줬다. 특히 지난여름 희망버스가 아직 사회성을 득하지 못했을 때의 일이다. 저녁 7시대 정보 방송에 쌍용차와 한진 문제를 묶은 방송이 나온 적 있다. 누가 봐도 의아한 구성이었다. 맛집을 소개하는 내용이 주류인 방송에서 말이다. 방송을 만든 이는 2009년 인연을 맺은 기자였다. 그다지 친분이 있지는 않았는데, 애써 기사를 만든 모습을 보며 많은 생각을 했다. 현장에서 만나는 기자들이 토로하는 방송의 현실, 그리고 문자로 보내오는 그들의 자괴감이 오롯이 진심으로 다가왔다.

더 많은 정은임 아나운서를 기다리며

불의의 사고로 지금은 고인이 된 문화방송 노동조합 여성부장 정은임 아나운서를 기억한다. 한진 김주익 열사의 사연을 새벽녘 담담하고 나지막하게 읽어 내려가던 그 목소리를 기억한다. 방송이 정권에 장악되고 개인의 생각이 여과 없이 방송될 수 없는 지금의 현실에선 더욱 그 목소리가 그립다. 방송을 구성하는 개인들의 생각과 관심이 얼마나 중요한지 이번 방송 파업을 보며 절실하게 느낀다. 탄압받고 아파하는 곳에 귀와 눈과 관심을 갖는 것, 그것이 갖춰질 때 방송 언론은 사회의 공기로서 작동하지 않겠는가. 사회를 구성하는 다수 노동자들의 소리를 듣는 것은 어쩌면 당연함에도 아직 여기엔 못 미친다. 몇몇 개인의 선하고 양심 있는 소신으로 방송을 채워낼 순 없다. 이번 방송사 파업이 방송노동자들의 소신을 지킬 수 있음은 물론 그 소신과 양심이 누구를 향해야 하는지 분명하게 알게 되는 파업이길 진심으로 바란다. 방송사 노조 파업을 격하게 지지한다!

한겨레21 902호, 2012.3.19.

왜 마름들은 갈수록 흉포해질까

일전에 동국대 학생들을 우연한 기회에 만난 적이 있다. 교육을 상품화하는 학과 구조조정에 반대해 총장실 점거투쟁을 한 이들치곤 첫인상이 착하고 앳돼 보였다. 이리도 착한 학생들이 총장실 점거투쟁을 했다니 조금은 의아할 정도로 밝고 명랑했다. 학생들을 만난 이유는 총장실 점거 과정에서 학교 직원들에게 무수한 폭언과 폭력을 겪고 심각한 트라우마를 지녔기 때문이다. 정혜신 신경정신과 의사가 이들을 심리치유했고, 나와 쌍용차 노동자 몇몇이 치료 과정에 참관했다. 처음 학생들은 수줍어서인지 말을 빙빙 돌렸다. 얼마 지나지 않아 자신의 속내를 꺼내고 토해내며 얼굴은 일그러짐을 반복했고, 손과 발은 불안정하게 떨렸다. 저 분노와 불안의 떨림을 지니고 지금까지 태연한 척 살고 있었구나……, 쌍용차 노동자처럼.

폭력 권하는 사회의 폭력적 공권력

학생들은 교직원에 대한 분노가 치민다며 한편으론 이해된다는 두 갈래 마음을 얘기했다. "교직원들도 다 먹고살려고 그러는 거 아니겠느냐"는 말엔 충분히 공감되면서도 의문이 생겼다. 왜 늘 피해자만 가해자를 이해하려 드는 것일까. 그렇게 생각하는 것이 속 편하기 때문인가. 압도적인 폭력을 경험한 이들의 공통점치곤 아팠다. 쌍용차 해고자들도 자주 반복하던 저런 말을 이해하면서도 부아가 치밀었다. 가해자는 피해자의 이런 마음을 눈치 채지도 못하는데, 아니 이들의 고통에 눈길조차 주지 않는데 말이다.

일제강점기에 지주가 시켜 농장이나 소작지를 관리하던 사람을 '마름'이라 한다. 노동 현장에서도 자주 사용되는 용어인 마름은 중간관리자 혹은 경영진의 충견 노릇을 하는 사람을 속칭한다. 이 마름들이 갈수록 흉포하게 변한 것을 넘어 최근 도를 넘었다. 고압적인 태도는 기본이며 폭력과 탄압을 위한 수단을 연구하기에 이르렀다. 자본의 충견으로 재벌의 곳간을 지키는 이 마름을 우린 어떻게 해야 하는가. 자신의 밥벌이 때문에 노동자를 탄압할 수밖에 없다고, 어쩔 수 없는 위치로만 이해한다면 한가할 소리일 뿐이다. '토사구팽'당할 것이라거나 '너네도 곧 당할 것이다'는 저주를 퍼부어도 그들의 심장엔 닿지 않는다. 이들은 왜 흉포해지는 길을 앞 다퉈 개척하는 것인가. 정혜신 선생님은 이에 대해 "탄압의 당사자가 그것을 자기 신념으로 최면 걸지 않으면 견딜 수 없기 때문"이라 말한다. 그렇다면 이들은 왜 이 최면에 스스로를 가두는 걸까. 이들도 파편화되는 신자유주의의 피해자일 뿐인가. 이것으로는 설명이 부족하다. 이들이 흉포해지는 것은 사회 전반에 걸친 폭력의 그림자가 차고 넘치기 때문이다. 그래서 그 시작이 누구에 의해 어떻게 만들어졌는지가 중요하다.

'국가 공권력'이 폭력의 씨앗을 사회 곳곳에 뿌리고 부채질한다. 경찰청은 최근 3년간 모범 수사 사례를 발표하며 2009년 쌍용차 진압을 우수 사례로 선정했다. 노동자 21명이 죽고 1만여 명의 가족들에게 고통과 상흔의 고름으로 남은 쌍용차 진압을 우수 사례라 칭찬한 것이다. 이 자료가 일선 경찰들에 대한 설문조사 결과를 바탕으로 한 것이기 때문에 이쯤 되면 경찰 수장의 문제만이 아닌 구조의 문제로 보인다. 이런 행태는 폭력에 대한 한국 사회의 불감증을 적나라하게 보여준다. 여기에 그친 것만 아니다. 우수 사례와 함께 발표된 잘못된 수사엔 '용산 학살'이 언급조차 되지 않았다. 무리한 공권력 진압으로 무고한 시민 5명과 경찰관 1명이 죽은 이 참극에 대한 경찰의 무반응은 무엇을 의미하는가. 곳곳에서 벌어지는 노동자·철거민·학생들에 대한 탄압 경쟁을 용인하는 신호가 아니고 무엇인가. 국가 공권력이 앞장서 폭력의 씨앗을 분양하는 마당에 노동 현장에서 마름들이 흉포해지는 것은 어쩌면 수미일관된 연쇄반응일지 모른다. 범죄인을 다루듯 노동자와 학생들을 대하는 중간관리자와 교직원의 모습이 그리 낯설지 않은 이유가 여기에 있다.

마름들이 보여주는 최대치, KEC

노동 현장 탄압 사례는 널렸지만, 머릿속을 떠나지 않게 각인된 사업장이 하나 있다. 경북 구미에 있는 KEC라는 반도체공장이다. KEC 자본은 그동안 '인력 구조조정 로드맵'을 통해 극심한 노동 탄압을 차근차근 진행해왔다. 또한 '관리자 처우 개선'이란 이름으로 파업 노동자를 내쫓은 대가로 생긴 돈을 활용해 임원과 관리자의 연봉을 인상했다. 노동자를 짓밟고 마름을 육성한다는 이 계획이야말로 마름이 흉포해지는 또 하나의 배경인 셈이다. 더욱 놀라운 사실은 KEC 자본이 파업 참여 정도에 따라 노동자들에게 옷 색깔을 달리 입혀 정신교육을 한 사실이다. 역사의 박물관에나 있는 줄 알았던 홀로코스트가 2012년 대한민국 노동 현장에서 버젓이 벌어지고 있다. 이처럼 노동자를 대하는 저급한 인식과 살 떨리는 탄압이 지금도 독버섯처럼 소리 없이 자라며 번져가고 있다.

　동국대 학생들은 심리치유 뒤 마음의 안정을 되찾아 폭력을 휘두른 교직원들과 마주치더라도 그들의 심장은 안정감 있는 박동을 유지할까. 폭력의 깊은 상흔을 남긴 교직원들은 죄책감을 느끼고나 있는지 궁금하다. 구미 KEC에서 옷 색깔을 달리 입혀 정신교육을 했던 그 관리자는 지금 또 어떤 계획서를 만들며 머리를 싸맬까. 완장 찬 마름에 불과하다는 사실을 본인들은 알고나 있을까.

　학생 탄압이 존재 이유인 교직원과 노동자 탄압에 온 정열을 바치는 중간관리자라는 마름들은 앞으로 잘 살아갈 수 있을까. 앞으로 대학 구조조정에 박차를 가하기 위해 더 악랄한 교직원 마름이 필요할 것이다. 900만 비정규직 노동자의 문제는 더 악랄한 마름을 요구할지 모른다. 정리해고로 10만 3,000명이 길거리로 내몰린 구조조정의 늪에선 경륜 있는 마름이 더 절실할지 모른다. 노동자는 언제까지 피해자로서 용서와 이해의 역할을 담당해야 하는가.

앙상한 말보다 강한 법적 권리

'시키는데 어쩔 수 없다'는 말은 반은 맞고 반은 변명이다. 부당한 인권침해와 인간존엄 파괴를 알면서도 '어쩔 수 없다'는 말이 통용된다면 마름은 사라지기보다 확대될 뿐이다. 내부고발자를 법적으로 보호하듯, 이 시대의 슬픈 마름들에게도 윗선의 지시를 거부할 권리가 부여돼야 하지 않을까. '양심에 따라 행동하라'는 앙상한 말보다 법적 거부권을 부여하는 편이 폭력에 찌든 현실을 훨씬 빠른 속도로 개선할 것이다. 부당한 공권력을 거부하는 경찰과, 학생 탄압을 몸으로 막는 교직원과, 경영진의 부당함을 거스르는 중간관리자들에게 분명한 거부권이 있어야 한다. 마름이라 조롱받으며 살아간다는 것은 분명 슬프고 처연한 일이다. 영혼이 빠진 채 자본의 대리인으로, 권력의 충견으로 살아가는 마름들을 구원할 방법을 고민하는 이들 또한 피해자라는 사실이 더욱 슬픈 일이다.

한겨레21 904호, 2012.4.2.

노동자가 죽어간다

순자와 명자의 수난시대

봄이다. 모든 것이 땅 위로 존재를 드러내려 애쓰고 낡은 것은
자연히 아래로 밀려 내려간다. 만약 아이를 갖게 된 이들이라
면 이름 짓기가 여간한 일이 아님을 알 것이다. 한창 진행 중
인 총선에서 슬로건을 정하는 것만큼이나 신중에 신중을 기하
기 마련인 이유다. 그런데 지금은 많이 사라졌지만 예전엔 여
자 이름에 '자(子)'가 많이 들어갔다. 일제강점기 창씨개명 당
시 일본 이름이 직수입되면서 벚꽃처럼 전국에 퍼진 게 이유
일 것이다. 일본 여자 이름엔 유독 '코(子)'가 많이 들어간다.

며칠 전 서울 혜화동에서 두 여자를 만났다. 한 명은 순자
였으며 또 한 명은 공교롭게도 명자였다. 올해 56살인 순자 씨
는 그렇다 쳐도 이제 마흔을 갓 넘긴 명자란 이름은 유행과는
조금 먼 이름으로, 아직도 부모님을 향한 타박이 있는 듯했다.
20년 가까이 차이 나는 이들은 작은 키와 야무진 모습은 참 많
이 닮아 있었다. 오랜 기간 투쟁을 한 경험으로 이들은 만나는
순간부터 눈과 손을 떼지 않고 있었다. 엄마와 딸처럼 정겹게
보였고, 시간을 오래 공유한 끈끈한 동지애가 느껴질 만큼 그
들은 착 달라붙어 있었다. 처음 만난다는 사실이 무색했다.

김순자. 진보신당 비례대표 1번이며 울산과학대 청소 노동
자다. 평범함이란 이런 걸까 싶을 정도로 평범했다. 아니 주변
에서 흔히 보는 청소 노동자 모습의 전형인 것 같았다. 말솜씨
는 화려하지 않았고 표현엔 에두름이 없었다. 옳고 그름이 분
명했고 진영을 가리지 않는 직설은 가끔씩 위험해 보이기까지
했다. 후보라는 느낌보다 엄마의 느낌이 더 강한 김순자 씨였

다. 그는 왜 후보가 된 것일까. 그가 청소 노동자들을 잘 대변할 수 있을까란 생각은 그를 직접 만나고 사라졌다. 그는 대변자가 아니라 청소 노동자 그 자체란 사실을 새삼 알게 된 것이다.

유명자. 전국학습지노조 재능교육지부장이며 특수고용노동자의 노동자성 인정을 위해 1,568일째 투쟁을 이어가고 있는 노동자다. 눈물이 많고 정이 많아서인지 주변엔 늘 사람이 많다. 예의 그 좋은 낙천적 웃음이 힘일까, 속절없이 흐른 1,568일에도 그는 여전히 잘 웃고 잘 운다. 학습지교사 유명자 씨는 1,500일을 넘기지 않겠다고 결을 세우고 투쟁을 벼렸었다. 그러나 곧 1,600일의 문 앞에 서 있는 자신의 모습을 보게 될지도 모른다. 관심과 애정, 연대와 투쟁이 부족했다기엔 지난날 함께한 이들의 발걸음이 적지 않았다. 그럼에도 사태 해결은 미궁에 빠진 탐정놀이처럼 실마리를 찾지 못하고 있다. 유명자 씨는 개인의 안락을 원했다면 이처럼 긴 싸움은 하지 않았을 것이다. 특수고용노동자의 노동자성이 인정되지 않는 현실이 지속되는 한 그의 싸움은 계속될지 모른다.

김순자 씨는 작은 정당 진보신당의 비례후보 1번이기에 심심찮게 사표(死票) 논쟁의 한가운데 서게 된다. 이명박 정부 심판을 위해 힘을 한곳으로 모아도 시원찮을 판에 표 분산이 우려되는 진보신당엔 표를 줘선 안 된다는 이야기다. 과연 그런가. 청소 노동자를 국회로 보내고 가치 중심의 진보정당이 존립하는 것이 어찌 사표란 말인가. 오히려 다양한 이들의 목소리가 넓게 대변되는 것을 위해 노력하는 이들이야말로 사표(死票)의 저주가 아닌 사표(師表)로 존중돼야 하지 않을까.

지난여름 나는 김진숙을 사랑했다. 부산까지의 희망버스가 지루할 틈 없이 설렘으로 가득 찼던 이유다. 2012년 4월 나는 다시 사랑에 빠졌다. 김순자와 유명자가 그들이다. 비난과 냉대에도 꿋꿋하게 자기 자리에 충실한 이들은 내게 스승이다. 순자와 명자의 수난시대를 마감하고 이들에게 더 의미 있는 사회적 이름을 지어주는 건 어떨까.

한겨레, 2012.4.5.

작업복 대신 상복을 입는 우리들

밤늦게 오는 문자는 달갑지 않다. 언젠가부터 생긴 이 버릇은 시골집에 홀로 있는 어머니 때문이었다. 연세는 일흔다섯 살을 넘기셨지만 아직 일을 하는 어머니가 고향에 계시다. 큰 병 있을까 병원 가기 주저하는 심정이랄까? 밤늦게 오는 전화나 문자가 가끔 두려울 때가 있다. 그날도 저녁 늦게 문자가 왔다. 늦은 시간에 온 문자 한 통이 전화기 액정에 찍혔고 부고라는 메시지가 떴다. 내용을 확인하기 전에 고향집이나 가족의 문자가 아니라 안도했다. 그 안도감도 잠시, 쌍용자동차 노동조합 명의의 문자임을 확인하자 손이 떨렸고 심장은 요동쳤다. 스물두 번째일까? 설마라는 우려 속에 찬찬히 액정 화면을 읽어 내려갔다. 눈물은 아래로 흐른다 했던가, 액정 화면에 눈물이 후드득 떨어졌다. 또 이렇게 되는구나. 또 이런 죽음이 반복되고 있구나. 자그마치 스물두 번째 생목숨이 끊겼다. 부패한 물고기 배가 부풀어 오르듯 불어나는 죽음의 숫자는 여전히 부풀어가고 있다. 부풀어 오르다 터져버린 물고기 내장이 얼굴을 뒤덮은 양 한동안 넋이 나가고 말았다.

서른여섯, 젊은 노동자가 남긴 사회적 유서

스물두 번째 쌍용차 해고 노동자는 투신자살을 선택했다. 그는 투쟁을 함께하고 모진 탄압에도 묵묵히 동행한 동지며 친구였다. 이 해고 노동자의 3년간 족적을 알량한 기억의 퇴적물과 몇 번의 전화 통화, 그리고 몇 잔의 술로 더듬기엔 부족

쌍용차지부는 스물세 번째 살인을 막기 위한 투쟁을 선언하는 긴급 기자회견을 열고 쌍용차 평택공장 정문 앞에 분향소를 설치했다. ⓒ 금속노조 쌍용차지부

하다. 부족한 기억은 추측을 강화할 뿐, 왜 투신자살을 했는지 어쩌면 나는 알 도리가 없다. 그가 남긴 단서의 부족을 탓하기 전, 그의 깨끗한 주변 정리에 더욱 마음이 아리다. 죽어간 쌍용차 노동자들은 어떤 단서도 제공해주지 않는다. 살아남은 사람들이 이 죽음의 실체를 추적해 밝혀달라는 역설의 메시지를 남기겠다는 작심이라도 한 듯 살아남은 사람들에겐 잔인하다. 늘 주변은 깨끗하고 투명할 정도로 관계 또한 앙상했다. 서른여섯 살 초록빛 젊음에 미혼이던 젊은 노동자가 유일하게 남긴 건 사회적 유서밖에 없다. 해고자의 삶의 고단함과 관계 단절이 개인의 의지와 노력만으로 넘어서기엔 너무나 힘겨웠을까. 스물두 번째 반복되는 사회적 유서는 조용히, 그러나 또

박또박 초록빛 젊음이란 붓으로 검게 써내려졌다.

　쌍용차 해고자 이○○은 1995년 쌍용차에 입사해 15년을 일했다. 2009년 기술 유출과 정리해고 반대 파업 당시 77일 동안 파업에 참가했으며, 이후에도 희망퇴직을 거부했다. 해고 이후 경기도 평택의 집을 처분하고 임대아파트를 구해 김포로 이사했다. 운명이 멈춘 2012년 3월 30일, 자신의 임대아파트에서 투신자살했다. 3층인 자신의 아파트에서 23층까지 걸어 올라가며 그는 무슨 생각을 했을까. 생각의 무게가 추락의 속도를 높인 건 아닐까. 부당해고 무효소송의 1심 패소가 공장 복직의 꿈을 완전히 앗아가고 사회 속 유령의 삶을 강요한 건 아닐까. 그러나 이승과 저승의 경계가 가장 얇다는 새벽 3시 15분에 투신으로 생을 마감한 이○○ 노동자의 생각을 난 아직 알지 못한다. 알아간다는 것이 오히려 두려움과 공포이기 때문일까. 더는 묻고 싶은 생각도, 캐고 싶은 마음도 없다. 다만 다른 해고자들에게 이 죽음이 전이되지 않도록 차단해야 한다는 절박감이 가슴을 짓누를 뿐이다.

삶은 유령이 되고, 복직의 꿈은 무너졌을 때

쌍용차 다큐멘터리 영화 〈당신과 나의 전쟁〉 2부는 〈낙인〉이다. 이 영화는 고 이소선 여사가 주인공인 〈어머니〉를 만든 태준식 감독의 작품으로 쌍용차 노동자들의 일상을 좇는다. 산업은행 노숙농성과 이어지는 죽음의 행렬이 영화 〈낙인〉의 주된 줄기다. 쌍용차 노동자의 일상 가운데 한 장면은 상여를 메는 모습으로 나타난다. 일하던 노동자들이 상여를 태연하게 메고 상복을 예사로 입는다. 담배를 물고 상복을 입을 정도로 상복과 상여는 우리에게 친숙한 존재가 돼버렸다. 3년의 시간 동안 향냄새에서 벗어나지 못하는 노동자들은 죽음의 늪에 깊게 잠겨 있다. 감각기관은 무감각의 껍질로 딱딱하게 변했고, 눈물샘은 갈수기 하천 바닥처럼 갈라진 채 온몸으로 눈물이 줄줄 샌다. 죽음의 맷돌이 끝없이 돌아 사망과 자살을 만들어 내고 있으나 아직 이 죽음의 맷돌을 멈출 방법을 찾지 못했다.

쌍용차 투쟁을 말할 때 매번 고립을 언급한다. 그러나 공장 파업 당시 우리는 고립됐던 것일까? 물과 의약품, 식량이라는 물리적 생존을 위협하는 면에선 고립이 맞다. 그러나 자신의 인생을 걸었던 면에선 고립이란 단어로 그 상황을 설명하기는 불가능하다. 회사 쪽의 각종 회유와 가족들의 전화 통화, 언론의 일방적 몰아세우기에도 우리는 '함께 살자'를 주장하며 기술 유출과 정리해고 저지를 위해 싸웠다. 우리가 인생을 걸었던 2009년 투쟁은 고립이 아니라 인간으로 우뚝 선 경험이었다. 물리적 공간의 고립은 애당초 존재하지 않았다. 그러나 해고 이후 해고자의 삶은 철저하게 고립과 단절로 치달았다. 면접에선 쌍용차 출신이란 꼬리가 문제가 됐고, 지역과 사회에선 강성노조란 낙인이 삶을 유령화했으며 결국엔 황폐화의 길로 인도했다. 아픔을 품어줄 것 같던 사회에서의 이런 고립은 공장 안으로의 복직 욕구를 강하게 부채질했다. 그리고 복직의 꿈이 사라지는 순간, 세상은 무너졌다. 관계 단절이 개인의 노력으로 회복되는 것이 아님을 3년 동안 우리는 뼛속 깊이 알아가고 있다. 죽음이라는 부유물과 함께.

민간인 불법사찰이 이명박 정부 들어 전방위적으로 행해졌고, 특히 노동부 관료들이 사찰의 중심 역할을 했다. 쌍용차 파업에 대한 국무총리실의 보고와 조처, 그리고 청와대의 개입이 명백히 드러났다. 쌍용차 회사 쪽이 노동자 22명의 잇따른 죽음에도 여전히 버티고 '개기는' 이유가 어디에 있는지 속속 드러나고 있다. 이명박 정부의 '기업 프렌들리' 정책의 잔인성이 쌍용차 노동자 자살과 죽음으로 수면 위에 떠올랐다. 더 이상 이 죽음의 책임이 누구에게 있는가를 말하는 건 소모적일 뿐만 아니라 사태 해결을 지연할 뿐이다. 이명박 정부의 사과와 책임자에 대한 분명한 처벌이 쌍용차 죽음의 행렬을 멈출 우선 조처임을 다시 한 번 확인한다.

2009년 5월부터 유입된 죽음의 지뢰를 걷어내는 노력은 쌍용차 노동자만을 위한 것이 아니다. 죽음의 지뢰가 터지고 그 파편에 맞아 아파하는 사람이 어찌 죽어가는 쌍용차 노동자들뿐이겠는가. 이 사회도 해고로 인한 죽음의 병과 함께 시름시름 앓고 있다. 반복되는 죽음을 방치하는 나라가 어찌 나라일 수 있단 말인가. 공기 속 죽음의 바이러스가 빠르게 확산되는 상황에서 이를 방지하기 위한 조처를 이처럼 무디게 하는 정권이 세상 천지에 또 어디 있겠는가.

추신. 별이 된 친구에게⋯⋯

친구야 이런 글 더는 쓰지 않을게. 그런데 약속은 할 수 없을 것 같아. 사력을 다해 노력한다는 말은 꼭 해주고 싶어. 스물두 번째 친구야 안녕.

한겨레21 906호, 2012.4.16.

해고일기 3

여기
사람이 있다

일곱 살 주강이의 불안감

산골에서 자라 목욕탕 갈 일 많지 않던 나는 목욕탕을 애써 자주 간다. 부자지간 목욕탕 회동쯤은 있을 법도 한데, 그런 기억이 거의 없다. 이젠 그런 추억 하나쯤 만들 수 있게 됐지만 아버지가 기다려주지 않으셨다. 만들고 싶던 추억의 공간은 사라졌고, 목욕탕은 아이와 함께 추억을 만들어가는 장소가 돼버렸다. 주말에 가던 목욕탕을 어젠 평일에 갔다. 유치원에 다니는 아이도 유치원을 포기한 채 함께 갔다. 동네 작은 목욕탕은 아이에겐 놀이터다. 물안경과 튜브는 아이의 목욕 필수품이다. 목욕보단 물놀이가 더욱 신나기 때문인데, 이젠 목욕탕 주인도 인정하는 동네 말썽꾸러기가 돼가고 있다. 그런데 어젠 평소와 달리 물놀이엔 관심이 없고, 온갖 재롱과 아양을 떨더니 급기야 고사리손으로 등을 열심히 밀어주는 게 아닌가. 이 아이에게서 불안감을 느낀 건 그때였다.

4월 21일 쌍용차 범국민 추모대회가 평택 쌍용차 공장 앞에서 열렸다. 벌써 22명이나 되는 쌍용차 노동자의 생목숨이 떨어졌다. 생지옥의 공장 앞에서 더 이상의 희생자를 막고자 회사 쪽에 대화를 요구하던 과정에서 경찰과의 물리적 충돌이 일어났다. 결국 나를 포함해 2명이 연행됐고, 이후 구속영장이 신청됐다. 쌍용차 파업으로 징역살이를 했기에 가족들의 걱정은 컸다. 다행히 쌍용차 사태의 해결을 바라는 많은 분들의 마음으로 열여섯 시간 만에 4,000장이 넘는 탄원서가 쌓였고 구속영장은 기각됐다. 유치장을 나서는 순간, 3년 전 똑같은 장소에서의 기억 때문일까, 아이는 비 오는 날 창문에 붙은 청개

구리처럼 내게 착 달라붙었다. 꽉 잡은 손엔 두려움마저 배어 있었고, 불안감은 이 녀석의 나이만큼 더 커져 있었다.

　이름 이주강, 허당 주강선생이라 불리는 일곱 살 먹은 아들 녀석이다. 쌍용차 파업 관련 사진과 영상에 자주 보였다. 파업 이후 경찰버스의 두려움 때문에 버스를 못 탄다던 그 아이, 2년 가까이 아직도 놀이치료를 받고 있다. 내가 연행되기 며칠 전 주강이는 아빠의 이부자리를 곱게 펴고 잤으며, 또 그 며칠 전에는 아빠 베개를 베고 잤다고 했다. 경험 많은 어른들이 먹구름 몰려오면 비설거지한다지만 이 녀석은 도대체 어디서 그 불안을 느꼈을까. 막연하게 밀려오는 불안감에 이부자리와 베개를 안고 속으로 얼마나 울고 또 기도했을까를 생각하면 너무나 죄스럽고 가슴 아프다.

　이런 아이와 부모가 어찌 우리 가족뿐이겠는가. 쌍용차 아이들과 어른이 겪고 있는 공포와 불안감은 일상에 가깝다. 구속자 96명, 검찰 조사 240명에 달하는 쌍용차 파업의 생채기는 수백 가정에 불안과 공포라는 시한폭탄을 안고 살게끔 하고 있다. 파업한 쌍용차 아빠를 빨갱이라 부르던 어느 교사의 생각 없음을 단순한 실수로 넘기기엔 쌍용차 가족들의 면역력은 너무나 취약하다. 명예회복과 원직복직은 허물어진 면역력을 키우는 응급처방에 지나지 않는다. 건강한 한 인간과 평범한 가정으로 회복되기 위해선 우리가 돌보고 가꿔 나갈 것이 너무나 많다. 보이지 않는 파괴된 일상 위에 불안과 공포는 경계 없이 우리와 동거중이기 때문이다. 대한문과 쌍용차 평택공장 앞엔 분향소가 차려졌고, 사람들이 오고 있다. 죽음을 막기 위한 노력 못지않게, 새싹들에게 가해지는 응고되지 않는 불안감의 공포 또한 절박함으로 다가온다.

목욕탕에 다녀온 주강이는 요리를 하겠다고 부산하게 움직였다. 계란프라이를 그럴싸하게 만들어 떡하니 내놓으며 먹어보란다. 케첩도 뿌리고 치즈도 넣고 양배추까지 넣은 초특급 요리를 보며 의기양양이다. 내가 보고 싶은 것은 이런 우리들의 일상의 평화다.

한겨레, 2012.4.26.

대한문, 여기 사람이 있어요

봄이라 그런지 마음이 싱숭생숭하다. 지나가는 사람들의 옷과 불어오는 바람 냄새와 땅 위를 굴러다니는 꽃잎에서 완연한 봄을 느낀다. 공장 안에서 일하고 있었다면 못 느꼈을 눈의 호사지만 마음은 영 진정되지 않는다. 사람이 오고 사람이 간다. 출근과 퇴근이 반복되는 서울 중구 덕수궁 대한문에서의 일상은 드라마 혹은 영화 속 화면처럼 고정된 나와 움직이는 타인으로 구별된다. 따뜻하다 못해 더운 오후. 선선하다 하기엔 아직 선듯한 새벽녘 한기. 노숙농성하는 이들의 몸과 마음은 천근만근 늘어진다. 그러나 이야기로 한 근, 웃음으로 두 근, 울음과 분노로 또 한 근 덜어내고 깎아내 정상치로 돌리려 안간힘을 쓴다. 힘겹게 만든 정상치는 반복이 아닌 새로움의 연속이며, 다른 시작점의 출발이다. 하루하루 버티고 살아가는 것이 단순 반복의 연속이라면 이건 너무 잔인하고 가혹하다.

매일 빵을 가지고 오는 열사의 동생

지난 2012년 4월 4일 스물두 번째 쌍용차 노동자의 죽음과 쌍용차 사태 해결을 위해 대한문에 분향소가 설치됐다. 분향소엔 수많은 사람들의 분향과 헌화가 이어지고 있다. 꽃을 두고 가는 사람, 떡·빵·음료수 등 여러 가지 먹을거리를 바리바리 싸오는 사람들이 늘 분향소에 있다. 한쪽엔 쌍용차 노동자들이 상복을 번갈아 입으며 자리를 지킨다. 간간이 터지는 웃음과 폭포수처럼 떨어지는 울음 줄기가 대한문의 하루를 오롯이

2012년 4월 4일 스물두 번째 쌍용차 노동자의 죽음과 쌍용차 사태 해결을 위해 대한문에 분향소가 설치됐다. 분향소엔 수많은 사람들의 분향과 헌화가 이어지고 있다.

채운다. 경찰의 호시탐탐은 24시간 이어지고, 하루에 두세 번 있게 마련인 경찰들과의 푸닥거리는 이제 일상이 돼버렸다. 연행도 되고, 짓밟히기도 했으며, 병원에 실려 가기도 했다. 먼지 속의 소음은 자장가가 됐고, 사람들의 무심한 시선과 어딘가 가는 종종걸음은 이어지는 생각을 끊임없이 가위질하고 편집한다. 밤새 맞은 이슬을 침낭에서 툭툭 털어내고 양초를 갈고 향을 다시 올린다. 더러워진 주변을 청소하고, 냄새 나는 양말을 갈아 신는다. 대한문의 하루는 이렇게 시작된다.

분향소가 차려지던 날부터 지금까지 우리와 함께 분향소를 지킨 사람이 있다. 작은 체구의 어디선가 본 듯한 얼굴, 마이크를 쥔 손은 늘 떨렸고 이야기는 담백한 사람. 전태일 열사의 동생 전태삼이다. 지난해 돌아가신 이소선 어머니의 아들이다. 침낭 하나와 깔판 한 장뿐인 한뎃잠을 마다하지 않는다. 매일 오는 것도 면구스러운데, 올 때마다 빵을 잔뜩 사서 온다. 영정사진 앞에 빵이 늘 쌓여 있는 이유다. 왜 매번 빵을 가지고 오시냐고 감히 묻지 못했다. 배고픈 노동자를 생각하는 그 마음을 짐작하는 건 몇 마디 말로 충분했기 때문이다. 죽지말고 싸우자는 말 속엔 열사를 형으로 둔 이의 아픔이 묻어난다. 가족사가 한국 현대사가 돼버린 사람의 마음을 난 아직 안다고 할 수 없다. 그것이 지닌 역사적 무게의 힘겨움도 가늠하기 어렵다. 그런데 빵에 담긴 그 마음만큼은 알 것 같다. 전태일 열사가 40년 전 여공들에게 사준 풀빵이 시공을 넘어 전태삼의 빵으로 대한문에서 우리 손에 전해지고 있다.

일과를 대한문에서 마치는 이들

1년 전, 그러니까 2011년 3월이다. 쌍용차 무급자 임무창 씨가 죽었다. 열세 번째 죽음이었고, '쌍용 남매'라 불리는 두 아이가 덩그러니 세상에 남겨졌다. 많은 이들이 마음을 보태고 안타까움에 연대의 손길을 보내왔다. 가수 박혜경 씨는 기꺼이 아이들의 누나가 돼줬고, 정혜신 박사는 심리치유를 시작했으며, 레몬트리 공작단은 3개월 넘게 주말을 포기하고 경기도 평택으로 달려와 아이들과 조합원을 위해 시간을 쏟았다. 사회자 김제동은 웃음으로, 작가 공지영은 물심양면으로 우리를 도왔다. 명진 스님은 아이들의 할아버지가 돼 때가 되면 용돈과 학용품을 사주었다. 투쟁하는 동지들은 또 어떤가. 그들이 지금껏 쌍용차 노동자들과 함께 맞은 건 비와 눈뿐만이 아니다. 벌금과 연행을 밥 먹듯 함께했고, 서러움의 길바닥 밥을 또 얼마나 먹었던가.

그리고 또 한 부류의 사람들. 일과를 대한문에서 마치는 이들이 있다. 정보기술(IT) 업계 대표이사, 건축사, 아이들을 가르치는 분, 강원도에서 오신 분, 학원강사, 강남 직장인 등 이른바 '연대인'이라 불리는 사람들이다. 궂은일을 가리지 않고 이들은 늘 자리를 지켜준다. 내 일처럼 아파하고 눈물을 흘린다. 분향소가 침탈당한 날, 연대인은 우리와 함께 울었다. 이뿐만이 아니다. 안타까운 소식을 매일 트윗으로 알리고, 수줍게 찾아와 침낭과 음식을 놓고 이내 자리를 뜨는 이들도 있다. 우리 이야기를 글로 알리는 르포작가는 또 얼마나 많은가. 이 모든 사람이 지금 대한문 분향소에 있다.

쌍용차 노동자들의 죽음과 사태 해결을 위한 노력이 빠르게 속도를 내고 있다. 노동, 학계, 종교, 언론, 문화예술, 시민사회, 정치권 등이 주축이 된 '범국민추모위원회'는 이번에야말로 쌍용차 문제를 풀어야 한다는 공감대를 넓혀가고 있다. 이어지는 토론회와 기자회견, 쌍용차 100인 지킴이운동, 지난 4월 1일 대한문 상주단과 4월 21일 범국민추모대회는 더 많은 사람과 함께하기 위한 자리다. 쌍용차 노동자들의 이어지는 죽음과 진실 규명을 위해 우선 할 일은 무엇보다 정부의 공

이창근의 해고일기

식 사과인데, 이를 누가 어떻게 이끌어낼 것인가. 결국 여론의 압력이 결정할 것이고, 요지부동인 상황을 사람만이 변화시킬 수 있다. 쌍용차 노동자들 가슴속에 쌓인 피의 응어리를 우선 풀어줘야 정상적 삶을 살아갈 희망도 근거도 생기지 않겠나. 그러려면 더 많은 사람들이 쌍용차 문제 해결을 위해 마음과 힘을 모아야 한다. 대한문 분향소는 사람들을 기다리는 외로운 고도가 아닌, 사람들과 함께하는 희망과 연대의 광장으로 바뀌어야 한다.

85호 크레인의 온기, 쌍용차 공장의 한기

외롭게 부산 바닷바람을 맞으며 사계절을 버틴 85호 크레인은 처음엔 쇳덩어리에 불과했다. 죽음의 공간이었고 과거를 향한 아픈 기억이 존재하는 장소였다. 그런 85호 크레인에 살이 붙고 핏줄이 돌기 시작한 건 사람들의 발걸음이었다. 결국 수많은 사람이 사람을 살렸고 희망을 쐈다.

쌍용차는 어떤가. 죽음을 찍어내는 공장으로 나날이 속도를 높이고 있지 않은가. 공장 안팎으로 죽음의 공포가 엄습하는 '자동차 절망 공장'의 대명사가 되지 않았는가. 인면수심의 괴물로 변해가는 회사 쪽을 따라 공장 안 노동자들도 어느새 그 대열에 함께하고 있지 않은가. 사람으로 살아간다는 것을 망각한 인간들의 출퇴근 행렬은 죽음의 행렬만큼이나 끔찍하다. 이들은 두 부류가 있다. 이 죽음의 행렬을 모르는 사람과, 알면서도 어쩔 수 없이 꾸역꾸역 대열을 따라 걸어가는 사람이다. 파괴된 인간성은 보이지 않는 법이라 했던가. 이들도 점차 인간성을 잃어가고 사람의 온기를 상실한 냉혈한이 돼버리고 있지는 않은가.

대한문에 사람이 모여야 하는 이유는 죽음을 막고 해고 노동자의 복직을 위한 것만이 아니다. 공장 안팎으로 파괴되는 쌍용자동차 노동자들에게 사람의 온기와 인간의 핏줄을 만들어줘야 하는 절박함이 있기 때문이다. 이대로 방치한다면 우리는 점점 더 많은 무감각의 괴물을 생산하는 것에 동의할지 모른다. 대한문엔 사람이 있어야 한다.

한겨레21 908호, 2012.4.30.

어버이날 날아온 해고 통보

낮부터 마신 막걸리에 불콰해진 아버지는 쇠죽 끓이는 일도 잊은 채 동네 어른들과 술잔을 기울인다. 술 취한 주인 따라 카네이션도 덩달아 덜렁거렸지만 오늘만은 주인에게 소보다 귀한 것이 카네이션이다. 어머니는 연신 웃는 얼굴로 가끔 술잔을 홀짝거렸다. 누나 다섯에 아들 둘인 집이라 카네이션 일곱 송이를 모두 달긴 어려웠다. 작은 화분과 조카 녀석들이 만든 종이 카네이션이 총동원돼 시골집 흑백 텔레비전 둘레를 온통 천연색으로 물들였다. '쓸데없이 돈 쓴다'고 타박하던 어머니도 몇 날이고 카네이션을 달고 다닌다. 보무도 당당하게 어깨는 폈고, 자식 많은 것이 이날만은 뿌듯한지 카네이션 수가 줄어드는 해는 서운한 눈치다. 잔업 특근이 잡혔어도 이날만은 열 일 제쳐두고 작은 선물이라도 준비해 고향으로 달려갔다. 어버이날은 내게 소중한 일상 가운데 으뜸이다.

꺾인 카네이션, 짓밟힌 일상

2009년 5월 8일 어버이날, 쌍용차는 여전히 법정관리 상태였다. 벌써 250여 명이 희망퇴직을 강요당한 뒤였고, 남은 사람에게는 정리해고 투쟁이 임박해 있었다. 어버이날인 그날, 쌍용자동차는 고용노동부에 2,405명에 대한 정리해고 신고서를 제출한다. 하필 이날을 선택한 회사의 대범한 도발에 '개 같은 놈들'이란 분노가 현장을 가득 메웠다. 고용노동부로 향하는 항의 집회는 어느 때보다 격렬했고, 참가 인원도 훌쩍 늘었다.

이날만은 피해줄 거라 기대했던 것일까. 배신감과 분노로 가득 찬 조합원들은 고향 대신 광장으로 모였고 누구도 고향에 가지 못했다. '수십 년 일한 회사가 이럴 줄 몰랐다'는 한탄은 가슴 한켠에 남아 있던 눈곱만큼의 기대마저 분노로 변하게 만들었다. 회사 쪽은 왜 하필 5월 8일 어버이날을 택해 정리해고 신고를 강행한 것일까? 정말 피도 눈물도 없는 놈들이라서 인가, 아니면 실무자의 단순 실수일까? 나는 지금도 그것이 궁금하다.

공장의 평화가 있던 시절, 어버이날이면 우리는 가슴에 카네이션을 달고 일을 했다. 부모 가슴에 달아주던 카네이션이 이젠 우리 가슴으로 옮겨온 것이다. 조그만 고사리손들은 종이 카네이션을 만들었고, 더 큰 아이들은 이날을 위해 용돈을 모아 부모를 행복하게 했다. 아이들이 부모에게, 부모가 또 그 부모에게 고마움을 표하는 어버이날 풍경은 이렇듯 즐거움과 기다림이었다. 그런데 회사는 이 행복한 일상을 보기 좋게 짓밟았다. 제아무리 잘났건 못났건, 가난하건 부자건 아이에겐 충분히 존경과 사랑을 받을 대상이 부모가 아니던가. 세상에서 가장 자랑스러운 사람이 엄마, 아빠가 아니던가. 아이들이 뺏긴 건 카네이션이 아니라 일상의 평화와 생활의 즐거움이었다. 고향에 못 간 우리처럼 준비한 카네이션을 달아주지 못한 우리 아이들은 2009년 어버이날을 어떻게 기억하고 있을까.

회사가 짐승으로 느껴졌다

"인간의 탈을 쓴 자들이라면 적어도 오늘만은, 적어도 오늘은 아니어야 했습니다. 그러함에도 굳이 오늘 노동자 사형선고를 한 것은 인간이기를 포기한 행위입니다. 2,405명의 인원을 노동부에 신고한 공동 관리인은 집으로 돌아가 떳떳하게 자기 가슴에 꽃을 달겠지요……"

2009년 5월 8일 급히 낸 촌평의 일부다. 성명서 내기엔 어이없었고, 규탄서 작성하기엔 저들의 질이 너무 낮았기 때문이다. 그래서 촌평으로 대신했다. 돌이켜보면 짧은 촌평을 쓰며 느낀 분노와 좌절은 작지 않았다. 인간에 대한 환멸과 함께 회사가 짐승으로 느껴졌다. 지금도 이들은 다가오는 어버이날 어떤 선물을 주고받을지 고민할 것이다. 군사독재 정권 때 밤새 잔인하게 고문하다 아침이면 딸아이와 다정한 대화를 나눴다는 인간 백정들을 보는 기분이 이런 것일까.

"이번 수능에서 대학에 합격해 온 가족이 자랑하던 자식놈 등록금을 강탈하겠다고 합니다. 긴병에 효자 없듯, 몇 백만 원 들어가는 자식 병원비를 지급 못하겠다고 합니다. 아파트 대출금 돌리려고 퇴직금 중간정산 하려는데 그것도 일방적으로 막았습니다. 난생처음 부모님 해외여행 시켜드린다던 약속은 거짓말로 변했습니다. 새벽녘 쏟아지는 잠 줄여 하나둘 모아둔 연월차가 이제는 휴지 조각이 돼버렸습니다. 회사 사정이 어렵다니 야식으로 지급되는 라면을 안 먹을 수 있고, 떨어진 작업복은 꿰매 입을 수 있습니다. 그러나 명백한 임금 강탈인 승호 중단과 승격 중지는 우리 아이의 밥그릇을 뺏는 비열한 짓입니다. 경조금, 검진, 선물, 생계보조금, 위안금, 장기근속자 포상 등 사측은 14개의 단협 위반과 20개가 넘는 별도 합의서를 휴지 조각으로 만들어버렸습니다……"(2008년 12월 노조 선거 결선 홍보물 가운데)

회사는 2008년 노조 선거가 진행되는 가운데 단협 파기라는 도발을 한다. 차기 집행부의 선택의 폭을 앗아간 것이다. 손발 다 잘린 채 필사적으로 지켜온 모든 복지와 생계비마저 중단해버렸다. 함께 살자는 노조의 제안에 콧방귀도 뀌지 않은 이유를 우리는 뒤늦게 알게 된다. 회사는 처음부터 정리해고를 강행할 목적으로 노조를 벼랑 끝으로 몰아붙인 것이다.

자본이 이기지 못하는 인간의 질서

돌이켜보면 회사는 우리의 일상부터 공격해 들어왔다. 어버이날 정리해고 신고를 강행한 것은 실수였을 수 있다. 신고하고 보니 어버이날임을 알고 화들짝 놀랐을 수도 있다. 고의였다면 악랄한 것이고, 실수였다면 노동자의 일상엔 관심 없다는 방증이다. 그래서 고의건 실수건 자본이 노동자를 '발톱에 낀 때만큼도 생각하지 않는다'는 말은 적확한 표현이다. 회사가 잘나갈 때는 '가족'이라 부르지만 쫓아낼 때는 '가축'보다 못한 대접을 하는 것이 자본이다. 그들이 파괴한 일상의 생태계엔 아이가 있고, 부모가 있고, 가족이 있다. 고단한 노동에도 숨 쉴 수 있는 허파 같은 공간이 가족인데, 자본은 이 가족을 철저히 공격 지점으로 선택했다. 부모도 아이도 아내들도 모두 숨 쉴 수 없을 만큼 괴로운 이유가 여기에 있다.

그러나 그들이 모르는 것이 있다. 아무리 우리의 일상을 파괴하고 짓밟아도 우리는 다시 일어설 것이고 삶을 복원해나갈 것이다. 아픈 곳을 아는 우리는 자본의 질서가 아닌 인간의 질서와 관계로 즐겁게 다시 살아 숨 쉴 것이다.

한겨레21 910호, 2012.5.14.

잔인한 죽음, 지독한 이별

지난 주말 부산엘 갔다. 부산역 쌍용차 분향소 추모대회를 마치고 다음날엔 경남 양산 솥발산으로 향했다. 벗이자 동지였던 두산중공업 사내하청 노동자 변우백 동지의 4주기 행사에 참석하기 위해서다. 특정 시기 각인된 기억이 후각마저 왜곡했을까. 양산으로 향하는 동안 포르말린 냄새처럼 아카시아 향이 코를 찔렀다. 변우백 동지는 2008년 5월 16일 두산중공업 사내하청 노동자로 지게차에 깔려 10여 미터를 끌려간 뒤 현장에서 사망했다. 사고 당시 현장엔 지게차 신호수도 없는 허술한 작업여건이었다. 노동재해를 막기 위해 마창거제산재추방운동연합에서 활동한 고인이 노동재해로 사망한 것이다. 원청인 두산중공업은 '협력업체'의 일이라며 발뺌했고, 아무런 책임을 지지 않았다.

그렇게 4년이 흘렀다. "너의 존재가 나의 과거였다면 너의 부재는 또 다른 이와 연결의 고리"라던 선배의 추모 편지글처럼 변우백 추모위원회는 매년 투쟁 사업장 후원을 한다. 크지 않은 금액이지만 고인이 나누고자 했던 마음을 살아 있는 이들이 나누고 있다. 기륭과 한진 그리고 쌍용차에 이어 올해는 재능지부에 후원하기로 했다. 잔인했던 죽음의 기억이 지독한 이별의 시간을 넘어 사랑의 연결고리가 된 것이다.

서울에 올라와 다시 대한문 쌍용차 분향소로 향했다. 5월 19일 열리는 쌍용차 범국민대회 준비가 한창이었다. 시민들에 대한 홍보와 에스엔에스(SNS)를 통한 선전활동이 분주하게 이뤄지고 있었다. 쌍용차 노동자들의 스물두 번째 죽음으로 더 이상의 죽음은 막아야 한다는 사회적 공감대가 넓어지고 확대되고 있다. 마음을 잇는 공감과 연대의 자리였던 지난 5월 11일 대한문 바자회와 '악' 콘서트는 쌍용차 투쟁의 질적 변화를 잘 보여줬다. 희망버스를 거치면서 투쟁과 연대의 '자발성'이 강해졌다는 문화연대 신유아의 말처럼 쌍용차 투쟁은 너와 나의 문제로 자리 잡았다. 그도 그럴 것이 정리해고의 살인적 압박은 이젠 온 국민이 고루 느끼는 '공유압'이 되었기 때문이다. 양산되는 비정규직과 거침없이 밀려드는 정리해고의 문제가 어찌 개인의 저항의지만으로 가능한가. 용산과 쌍용차로 이어진 공권력에 의한 폭압적 살인 진압이 어떻게 개인사의 굴곡만으로 이해돼야 하는지 깊이 돌아봐야 한다. 우리들의 무감각한 외피가 지금 죽어가는 이들의 고통과 분노를 혹시라도 막는 구실을 한다면 이참에 깨야 한다.

단 한 번의 이별조차 그것을 통한 성찰은 있다. 창원 두산중공업 하청노동자로 생을 마감한 변우백의 벗들은 그와의 이별에 낙담하지 않았다. 벗을 잃은 울분과 분노를 사회에 대한 깊은 애정과 투쟁 사업장으로의 조용한 연대로 전환시켰다. 쌍용차 노동자들과의 스물두 번째 이별이 코앞으로 다가왔다. 그동안 눈물과 비참함으로 얼마나 많은 시간을 보냈나. 반복되는 죽음 앞에 무력감과 죄책감은 또 얼마나 깊었던가. 이제는 죽음을 넘어 사회적 연대의 힘과 용기로 죽음과 깨끗하고도 지독스런 이별을 해야 할 때다.

그사이 우리에겐 수많은 사회의 벗이 생겨났고 더 이상 좌절할 이유가 사라질 정도의 연대의 힘이 충분하게 모아졌다. 5월 19일 오후 4시 서울역에서 열리는 쌍용차 범국민대회는 정리해고의 아픔과 죽음을 넘어서는 사회적 힘과 성숙도를 가늠하는 자리가 돼야 한다. 쌍용차 노동자들의 잔인한 죽음과의 질긴 악연을 끊기 위해서라도 이제는 추모 분위기에서 본격적인 해결의 방향으로 전환을 서둘러야 한다. "살인정권 규탄! 정리해고 철폐! 쌍용차 해고자 복직!" 5월 19일(토) 오후 4시 서울역 범국민대회는 쌍용차 문제 해결의 새로운 분수령이 돼야 한다.

한겨레, 2012.5.17.

쌍용차, 스물두 개의 세계가 사라졌다

16년 동안 한 회사에서 일한 노동자가 있다. 그는 보디빌더를 능가하는 체격과 체력을 갖춰 동료들이 부러워했다. 그는 회사나 집에서 싫은 소리라곤 듣지도 하지도 않던 자상한 두 아이의 아빠였다. 화목한 가정의 파괴 전주가 시작된 것은 2009년 5월이었다. 정리해고 칼바람이 들이닥친 것이다. 노동조합의 파업 소식에 득달같이 달려갔다. 그러면서도 벽에 걸린 부모님 사진 앞에 큰절 드리는 것을 잊지 않았다. 일곱 살, 네 살된 아이들과 함께 이불보따리를 싸들고 공장으로 들어갔다. 여름날의 공장 안은 쇠도 녹일 듯이 무더웠다. 그 숨 막히는 공간에서도 부지런하고 성실한 그의 천성은 어쩌지 못했다. 청소와 밥 짓는 일을 도맡아하면서 동료들에게 가족의 소중함을 일깨우는 역할을 했다.

마침내 싸움이 격화되고 경찰특공대가 공장 옥상으로 컨테이너 박스를 투입하는 상황이 되었다. 최루액이 장대비처럼 쏟아지고 고무총과 대형 새총으로 무장한 용역과 구사대의 공격으로 전쟁터를 방불케 했다. 그 상황에서 동료를 지키겠다며 도망치지 않고 끝까지 자리를 지킨 그는 경찰특공대의 표적이 되었다. 경찰특공대는 먹잇감을 발견한 승냥이 떼처럼 그를 짓밟았다. 의식을 완전히 잃은 상태가 수십 분 흐르고서야 늘어진 그의 몸뚱이를 질질 끌고 사라졌다.

의식이 돌아오자마자 그는 병원에서 곧바로 구속 수감되었다. 워낙 덩치가 크고 체격이 좋다보니 면회를 하려면 다른 수감자의 부축을 받지 않고서는 할 수가 없었다. 그래서 그는 다른 이들에게 피해를 준다며 가족에게까지 면회를 오지 말라고 했다. 그때 그의 심정은 오죽했을까. 쌍용차 다큐 영화 〈당신과 나의 전쟁〉과 쌍용차 진압과정의 수많은 영상에서 5·18 광주를 연상시키게 하는 장면의 이야기다.

출소 후에도 계속되는 육체적, 심리적 고통으로 그는 병원에서 장기치료를 받았다. 병원의 진단은 '폭행으로 인한 후유증'과 그에 따른 '공황장애'였다. 그는 입원 기간 중 여러 차례 자살기도를 했고, 별 차도도 없이 병원 생활만 길어지자 스스로 퇴원을 해버렸다. 퇴원 후 그가 접한 건 위로가 아니라 건강보험공단의 보험금 환급 서류와 500만 원의 병원비 고지서였다. 공권력에 의해 죽기 직전까지 내몰린 사람에게 국가가 보낸 첫 응답이었다. 아무도 찾는 이 없는 그를 찾아오는 건 30분 간격으로 반복되는, 대바늘로 찌르는 듯한 통증뿐이었다. 혹시 이러다 걷지 못하는 건 아닐까. 고사리손으로 하루도 거르지 않고 자신의 몸뚱이를 주물러주는 아이들에게 자신의 상태가 악화되는 것을 보여주는 게 죽기보다 싫다.

최근 상태가 더 심각해졌는데 좋은 분들의 도움으로 MRI를 찍었다. 40대 초반 남성들에게서는 찾아보기 어려울 정도로 허리뼈 4개가 온통 까맣게 나왔다. 진료를 담당한 전문의는 "무지막지한 부상 후유증과 일을 무리하게 많이 한 탓"이라고 진단했다. 전문의도 폭력당한 뒤의 통증을 잊기 위해 끊임없이 몸을 움직여야 했던, 죽고 싶은 한 노동자의 몸부림을 알아차리지 못했다. 요즘 한창 뽕잎이 연할 때라며 마당에 심은 뽕나무에서 장아찌 담그라고 뽕잎을 봉지 한가득 따주던 그다. 쌍용차 해고 노동자의 이야기다. 우리는 또 하나의 세계를 잃고 있는 것이다.

기타노 다케시는 일본 지진 피해에 대한 언론보도에 다음과 같이 일갈했다. "이 지진을 '2만 명이 죽은 하나의 사건'으로 생각하면 피해자를 전혀 이해하지 못한다. '한 사람이 죽은 사건이 2만 건' 있었다"라고. 정혜신 정신과 전문의도 "온전한 하나의 세계가 스물두 개나 사라진 끔찍한 사건"이라고 쌍용차 죽음을 정의한다. 지금 우리는 온전한 하나의 세계를 또 잃을 수 있는 지극히 위험한 상황과 직면하고 있다.

경향신문, 2012.5.18.

쌍용차는 나와 당신의 문제

시간의 양이 기억 층의 퇴적 깊이를 결정하지 않을 때가 종종 있다. 짧은 기간에도 압축된 기억이 많을 수 있다. 내겐 2009년 쌍용차 파업이 그런 경우다. 기자회견이 100번을 넘었고, 기자들의 질문은 쓰나미처럼 몰렸다. 입에선 단내가 났고, 온몸의 신경이 곤두섰다. 아직 압축파일을 풀지 못한 탓일까. 어지러운 파업의 기억이 정리하지 못한 옷장 속 옷가지처럼 파편으로 내 머릿속에 박혀 있다. 기쁨과 행복, 즐거웠던 천연색 쌍용차 노동자들의 지난 투쟁의 색깔이, 다양한 색상을 섞을수록 검은색으로 변하듯 짙은 슬픔으로 변했다.

이젠 겨울이 지나 봄과 여름을 맞는다. 슬픔과 분노의 기억을 차곡차곡 정리하고 화사한 기억의 옷가지를 꺼내 입고 싶다. 죽은 이들이나 살아가는 우리들이나 조금 가벼운 발걸음으로 하루를 살아갈 수 있게 하는 힘이 될 수 있도록. 기억을 조심스레 꺼내본다.

출근길 하얀색 무쏘 스포츠 차량 한 대가 눈앞을 지나간다. 무심히 본 차량번호가 2580이다. '어! 2580이네' 하는 생각도 잠시. 운전자가 친한 형이다. "형, 차 바꿨어?" "응, 새로 뽑았지." "번호가 죽이네, 시사매거진 2580도 아니고 하하하." "그렇게 됐어."

2008년 말로 기억한다. 쌍용자동차 노동자 엄인섭은 그렇게 새 차를 뽑았다. 회사 안팎으로 대량해고가 임박했다는 소문이 꼬리를 물고 있었다. 어수선한 느낌을 감지한 까닭일까. 7년 가까이 타던 차를 먼저 쌍용차로 바꿨다. '자사 차를 사면 해고 명단에서 벗어날 수 있지 않을까'라는 순진한 생각으로 많은 이들이 너도나도 차량을 바꿀 즈음이다. 그러나 차량 구입과 해고는 아무런 관련이 없었다. 시간이 지나 2009년 5월이 되었다. 아직 해고자 명단은 발표되지 않았지만 숨 막히는 하루하루가 타들어가듯 지나갔다. 해고자 명단은 우리에겐 사형선고 명단이다. 긴장과 떨림, 서로 눈치 보는 경우가 부쩍 늘어났다.

공장에서 새로운 세상을 꿈꾸다

2009년 5월 22일 노조는 전면 파업에 돌입할 수밖에 없었다. 희망퇴직이란 이름의 강제적 정리해고로 이미 1,000여 명이 넘는 조합원이 회사를 떠나고 있었기 때문이다. 그리고 운명의 5월 27일. 엄인섭 조합원이 돌연 사망했다. 8년을 함께 일한, 친했던 형이 죽은 것이다. 갑작스러운 뇌출혈이 사망 원인이었다. 쌍용차 두 번째 사망자였다. 형수의 이야기로는 2009년 초반부터 해고에 대한 중압감이 컸다고 한다. 늦장가를 든 인섭 형은 당시 세 살, 네 살짜리 두 아이를 둔 아빠였다. 담배 피우는 모습이 새벽녘에 자주 보였고, 파업 중인 나와 동료들에게 미안하다는 이야기도 많이 했다. 그런데 공교롭게도 이 형의 장례 모습을 MBC 〈시사매거진 2580〉이 촬영하고 방송에 내보냈다. 해고되지 않으려고 새로 구입한 2580 차량은 번호판이 말짱한 채 아파트에 주차돼 있었다. '쌍용차 22명 죽음'의 본격적 시작이었던 셈이다.

쌍용차 파업에서 가장 공포스러운 장면은 경찰특공대의 진압 장면이었다. 쇠 느낌이 섬뜩했던 컨테이너 박스, 고무총탄

182

2009년 5월 27일 엄인섭 조합원 촛불 추모대회에 내걸린 현수막. 공교롭게도 이 형의 장례 모습을 MBC 〈시사매거진 2580〉이 촬영하고 방송에 내보냈다. 해고되지 않으려고 새로 구입한 2580 차량은 번호판이 말짱한 채 아파트에 주차돼 있었다. ⓒ 금속노조 쌍용차지부

그리고 테이저건은 우리가 처음 겪는 절대적 공포였다. 먹잇감을 찾아 길길이 날뛰는 것처럼 보였던 무장한 경찰특공대는 마치 1980년 5·18 현장의 공수부대처럼 노동자를 짓밟았다.

물리력에 대한 두려움과 공포는 시간에 씻겨갔다. 내가 가장 두려웠던 공포가 다른 곳에 있다는 걸 안 건 죽어가는 쌍용차 조합원이 늘어나면서부터다. 동지를 믿지 못했던 자신의 이중성과 마주하면서 나는 내가 무섭고 두려웠다.

우리는 2009년 5월 21일 파업 돌입을 선언했다. 같은 날 오후 4시 모든 조합원을 집으로 귀가 조치하고 22일 오후 2시까지 짐을 챙겨 공장으로 복귀할 것을 지침으로 내린다. 그때부터였다. 조합원이 귀가하고 텅 빈 쌍용차 공장을 몇몇 간부

들이 다음날 오후 2시까지 지켰다. 밤이 다가올수록 초조하고 긴장됐다. 회사 측 구사대가 몰려오면 어떡하나, 귀가한 조합원이 복귀하지 않으면 어떡하지 하는 생각이 꼬리를 물었다. 밤이 깊을수록 새벽은 더디게 오고, 속은 타들어갔다. 날이 밝을 때까지 두려움과 무서움에 몸서리쳤고, 뜬눈으로 밤을 새웠다.

다음날 700여 명 조합원이 속속 복귀했다. 작은 인원이었지만 눈물 나게 고마웠고, 밤새 동지들을 믿지 못한 내 자신이 한심했다. 쌍용차 노동자들은 700명으로 공장 점거 파업을 시작했지만 지속적으로 인원이 늘어 나중에는 1,700명까지 불었다. 회사로부터 온갖 회유와 협박을 받으면서도 이를 견디고 지도부를 믿으며 뚜벅뚜벅 공장으로 모여준 700명의 노동자들이 진정한 투쟁의 주인공이었다. 난 이 주인공을 처음에는 믿지 못했다. 믿지 못한 것에 대한 죄스러움과 미안함이 지금까지 내가 투쟁을 이어가는 이유인지도 모른다.

파업 초기 700명으로 시작한 우리는 모든 것이 서툴렀다. 먹는 것, 자는 것, 근무 서는 것까지 좌충우돌했고, 우왕좌왕했다. 그러나 '정리해고 철회와 상하이 먹튀자본 처벌'이라는 공동 목표를 확인한 이후 놀라울 정도로 빠르게 안정을 찾아갔다. 같은 부서에서 함께 컨베이어를 타며 일을 하면서도 서로의 속사정을 알 수 없었던 우리는 공장 파업으로 하나가 되었다. 서로의 꿈과 미래를 얘기했다. 생소했던 토론도 집행간부들보다 훨씬 수준 높게 진행했다.

"당신들 잘못이 아니야"

아이들의 육아와 교육, 부부 사이의 시시콜콜한 이야기까지 여태껏 한 번도 나눠본 적 없는 이야기로 밤을 지새우기도 했다. 스스로 규율을 만들고, 그 질서를 스스로 지키는 모습이 일상이 되었다. 회사의 끊임없는 회유책이 얼마나 비열하고 허무맹랑한 짓인지 토론하면서 알아갔다. 그렇게 난생처음 인생을 건 싸움을 했다. 먹고사는 문제로 파업에 돌입했지만 얻고 느낀 건 그뿐만이 아니었다. 소중한 동지를 얻었고 삶의 의미를 되찾았다. 수박을 함께 나눌 때의 웃음, 살아가는 참된 의미와 사람에 대해 알아갔다. 새로운 세상을 꿈꿨고, 그 세상을 향한 약속을 굳게 했다. 아직 이 약속은 완전히 깨진 것이 아니다. 언젠가 다시 만나 미뤄뒀던 꿈과 기쁨과 즐거움에 대해 우리는 다시 이야기할 것이기 때문이다.

파업 이후 나는 구속되었다. 출소 후 모든 것이 불안정했다. 여전히 지부장을 포함한 실장들은 구속된 상태였다. 어디서 무엇부터 해야 할지 갈피를 못 잡았다. 이어지는 죽음과 점점 잊혀가는 쌍용차 투쟁은 무겁게 어깨를 눌렀다. 정혜신 선생을 만난 건 그때였다. 만나자는 연락을 받고, 빨리 만나고 싶었다. 그때 노동조합 조끼를 입고 만나고 싶었다. 혹시라도 쌍용차 투쟁을 잘 모르는 건 아닐까 하는 우려가 있었기 때문이었다. 나는 혼자 한참을 얘기했다. 20여 분이 지났을까. 정 선생은 내게 한마디를 했다. "이 실장, 심리치유하면 투쟁이 잘돼!" 그 말에 팽팽한 긴장의 끈이 뚝 끊겼다. 난 어린아이처럼 펑펑 울었고, 정혜신 선생은 눈물을 기다려줬다.

정혜신 선생과 이명수 마인드프리즘 대표는 쌍용차 노동자들과 가족에게 엄마와 아빠 같은 존재다. 심리치유센터 와락이라는 정신적·심리적 지지 기반을 만들어줬으며, 투쟁하는 우리들의 든든한 버팀목 구실을 자청했다. 만약 두 분을 만

185

나지 못했다면 어땠을까. 모진 탄압의 후유증을 견딜 수나 있었을까. "당신들 잘못이 아니야"라는 깊은 공감의 치유를 받을 수 있었을까. 쌍용자동차 노동자들에게 정혜신 선생과 이명수 대표는 잊을 수 없는 분이다. 무릎 꺾이지 않고 다시 일어나 싸울 수 있게 한, 심리적 허파 같은 존재다.

쌍용차 파업 기간에는 비가 내리지 않았다. 연일 쏟아지는 최루액이 비를 대신했고, 시원한 바람을 대신해 경찰 헬기가 거세게 바람을 일으켰다. 곳곳에서 환자가 발생했다. 그때의 후유증으로 여태 병원 신세를 지는 동료가 부지기수다. '노동 탄압 종합백화점'으로 불리는 쌍용자동차 진압은 수많은 상처와 고통을 남기고 3년이란 세월을 지나고 있다. 인간 존엄과 공공성을 무시한, 국가 공권력에 의한 폭력은 쌍용차를 둘러싸고 외부로 드러난 모습이다.

무분별한 해외 매각과 상하이 먹튀자본의 기술 유출 그리고 회계 조작 의혹, 뒤이은 강제 정리해고는 그 속살에 해당한다. 겉과 속을 동시에 치료하기 위해서는 무엇이 필요한가. 또한 쌍용차 사업장 하나의 문제로 접근해서 풀 수 있는 것인가. 쌍용차 스물세 번째 죽음을 막는 문제가 시급하고 절박하다. 그렇기 때문에 근본적인 접근이 절실하다. 비정규직의 확산과 정리해고의 일상화라는 지긋지긋한 현실을 바꾸려는 끊임없는 힘과 연대야말로 쌍용차 아픔을 근원적으로 치료하는 방법이 아닐까.

현재 모아지는 범국민 추모와 연대의 힘은 노동자가 존엄을 잃지 않고 당당하게 다시 일어서 싸울 힘을 준다. 우리는 그동안 잊고 지냈던, 잠시 미뤄둔 소중한 꿈과 기억을 하나둘 되살리며 공장으로 돌아갈 것이다. 공장에서 함께 꿨던 꿈을 잃지 않기 위해 발버둥치는 것. 쌍용차 노동자들이 오늘을 사는 이유다. 쌍용차 문제는 당신과 나의 문제다.

시사인 244호, 2012.5.23.

여기 사람이 있다

웃음의 향을 피운 바자회

솔방울을 줍고 따는 일로 산골 농부 아버지의 겨울 준비는 시작된다. 사과농사와 논농사를 마치고 나면 겨울에 할 뻥튀기 장사를 위한 채비다. '갈비'라 부르는 마른 소나무 잎도 잔뜩 끌어 모아둬야 한다. 뻥튀기의 땔감 연료로 사용되는 솔방울과 갈비를 많이 준비할수록 그해 겨울은 따뜻하기 마련이다. 아버지에겐 뻥튀기 기계 한 대가 있었다. 숟가락 2개로 시작한 가난한 신혼살림이 마음에 걸렸던지 대구 외할아버지께서 마련해주셨다고 한다.

동네 바자회가 열렸던 집 마당

주전부리가 없던 시절이라 옥수수와 쌀로 튀긴 튀밥은 긴 겨울 좋은 먹거리였다. 뻥튀기 기계는 우리 집 마당으로 마을 사람들은 물론 인근에 사는 사람까지 불러 모았다. 이들은 순서를 기다리며 세상 사는 이야기를 했고, 돈이 없으면 콩이나 쌀로 물물교환도 했다. 어릴 땐 겨울 한철 뻥튀기 장사가 창피했다. 창피함에도 면역력은 있는 법. 불똥 튄 바지 구멍 사이로 겨울바람이 들어가던 아버지의 머리에도 하얀 서리가 내리자, 난 사람 사는 것 같은 우리 마당이 좋아졌다. 뻥튀기 기계가 지금은 돌아가신 아버지의 흰머리처럼 하얀 세월의 먼지를 쓴 채 시골집 한 귀퉁이에 주인을 잃고 얌전히 앉아 세월을 보내고 있다. 돌아보면 옷가지가 교환되고 먹거리도 나눴던 것 같다. 뻥튀기 기계의 '뻥' 하는 소리는 볼거리임과 동시에 답답한 산속 생활에 시원한 마음 구멍을 내줬다. 우리 집 마당은 동네의 유일한 바자회 장소였다.

지난 2012년 5월 11일 서울 대한문 쌍용자동차 분향소 주변에선 쌍용차 해고 노동자 돕기 바자회와 '악' 콘서트가 열렸다. 본래 바자회는 '자선사업이나 사회사업 등의 기금을 모으기 위해 벌이는 일종의 시장'이다. 시민사회나 아파트 중심으로 열리던 바자회가 최근엔 노동운동 쪽에서도 많이 열리고 있다. 연대운동이 늘어난 것도 있겠지만 노동운동의 문턱이 조금 낮아진 것도 이유다. 다르게 보면 노동운동이 독야청청하기엔 너무 가혹한 시련기를 맞고 있는 면도 있다. 전국이 후원과 지원 바자회로 넘쳐나는 건 기쁜 일이지만, 그만큼 투쟁하는 이들의 고통이 빠르게 확산되고 있어서 마냥 좋지만은 않다. 쌍용차 해고자를 위한 바자회가 올해만 벌써 세 번째다. 그런데 지난 5월 11일의 바자회는 이전과 사뭇 달랐다. 기쁨의 기운이 슬픔의 마음을 여지없이 밀어냈던, 이상할 정도로 흥분된 바자회였다.

사람의 질서가 판치던 장터, 콘서트

그날 오후 4시에 시작한 쌍용차 해고 노동자 돕기 대한문 바자회는 흐린 날씨 탓에 준비하는 이들이 처음부터 마음을 졸였다. 기증품은 충분했지만, 행사 때마다 하늘의 도움을 받지 못한 터라 습관적으로 하늘을 쳐다본다. 오후 4시가 넘자 사람들이 모여들기 시작했다. 학생들은 쪼그려 앉아 핀과 머리띠 등 액세서리에 먼저 눈길을 줬다. 몇 번의 만지작거림, 드디어 하나를 집는다. 맘에 들지 않는 눈치인데도 얼굴엔 웃음꽃이 피

대한문에서 '쌍차 희망장터'가 열렸다. 어둡고 무거운 대한문 분향소 옆에서 끝없이 웃음과 마음을 분향했던 이들이야말로 바자회의 의미를 가장 잘 아는 이들이다.

었다. 물건을 산 기쁨 때문인지, 팔아준 보람 때문인지 분간할수 없는 웃음꽃에 파는 이들도 덩달아 신이 났다. 지나가는 아가씨가 느닷없이 물건을 판다고 자리에 앉는다. 판매하는 이들의 웃음이 좋아서일까, 행사의 취지에 공감해서일까. 한 시간을 열정적으로 웃으며 액세서리를 팔더니 가던 길을 간다. 이들이 사고판 건 단순한 물건이 아니지 않았을까. 그동안 줄 곳몰라 서성이던 마음의 터를 대한문에서 발견한 건 아닐까. 어둡고 무거운 대한문 분향소 옆에서 끝없이 웃음과 마음을 분향했던 이들이야말로 바자회의 의미를 가장 잘 아는 이들이다.

1,000원짜리 티셔츠 한 장 팔려고 30분을 노력하는 이들, 3,000원짜리 옷가지 하나 사려고 한 시간 넘게 고르는 사람들

사이엔 마음의 시간이 공존했다. 이야기는 자연스레 이어졌고, 웃음과 행복이 넘쳐났다. 1분 또는 5분이면 사고팔기에 충분한 시간인데 이들은 왜 그곳에서 시간을 기쁘게 낭비하고 있었을까. 대한문 분향소가 그들이 보내는 시간의 길이만큼 외롭지 않기를 바랐던 걸까. 머리가 하얀 노신사 한 분이 여성 맞춤구두 판매대 앞에서 전화기를 꺼내든다. 아내에게 전화를 걸며 신발 치수를 묻고 이내 끊을 줄 알았더니, 이야기가 길어진다. 자기가 여기에 왜 있는지를 한참 동안 웃으며 이야기했다. 바자회의 물건보다 이곳이 어디인지가 더 중요한 분이셨다. 이분처럼 누구를 돕는지를 먼저 생각하는 사람들이 대한문 주변을 몇 시간 동안 가득 메웠다. 자본주의 상품 소비와는 다른 소비를 즐기는 사람들을 본 것이다. 사람의 질서를 만들려는 열정과 희망이 대한문 분향소의 촛불처럼 너울너울 타오르는 걸 그날 봤다. 그동안 마음 풀어놓을 곳을 못 찾아 힘겹게 지고 있던 각자 마음의 짐 보따리를 맘껏 풀어놓는 것을 함께 확인했다. 힘과 용기를 주러 왔다가 응원을 받고 간다는 사람들의 말의 의미를 이제는 조금 알 것 같다.

쌍용차 노동자는 스물두 번째의 자살과 스물두 번째 생이별과 스물두 번째 장례를 마쳤다. 5월 11일 대한문 바자회와 콘서트는 더 이상의 죽음을 막으려는 마음의 결의대회였다. 스물세 번째 희생을 막기 위해 우리가 스물세 번째임을 선언해야 함을 시인 심보선은 시로 말했다. 죽음의 공포와 반죽음의 상태에서 희망과 미래를 거세당한 쌍용차 해고 노동자인 나는 전율하며 시를 들었다. 기쁨과 행복의 감정마저 잃어버린 목석 같은 몸뚱이에서 눈물이 샜고 환청이 들려 멍하니 서 있었다.

온몸으로 부른 스물세 번째 인간

대한문은 스물세 번째를 자청하는 이들로 항상 북적인다. 조금만 더 가면 고지가 보일까. 연무에 잠긴 분향소, 새벽에 벌떡 일어나 주변을 본다. 안개는 걷히고 있는 것인가. 이 안개만 걷히면 우리는 고지를 밟을 수 있을까. 사람들이 모일수록 마음은 급해진다. 평온한 척 감정을 드러내지 않지만, 들썩임과 북적거림 뒤엔 감정의 롤러코스터에 어김없이 오른다. 일시적 흥분일까, 해결의 전조일까. 이 죽음을 넘는 진정한 힘은 무엇일까. 분명한 건 사람들의 마음이 움직이기 시작했다는 점이다. 한번 움직인 마음이 다시 돌아가지 않을 것임을 우리는 의심치 않는다. 해고가 살인임을 우리 모두가 깊이 공감하고 있기 때문이다. 그날 밤 심보선·김선우·진은영·송경동 시인은 함께 '스물세 번째 인간'을 온몸으로 불렀다. 너와 내가 스물세 번째 인간이라고, 이제 우리가 답해야 할 차례다.

"…이제 우리는 연대와 평등의 이 밤을, 세계의 무릎 위에 아기처럼 고이 눕히고, 부드럽고 떨리는 목소리로 당신을 부릅니다. 스물세 번째 인간이여, 첫 번째 인간의 동지여, 두 번째 인간의 동생이여, 세 번째 인간의 친구여, 스물두 번째 인간의 부활이여, 죽음의 죽음이여, 삶의 삶이여, 이 죽음은 멈추지 않을 것입니다. 이 삶은 다시 시작할 수 없습니다. 당신이 아니라면, 당신이 아니라면."(심보선 시인의 〈스물세 번째 인간〉)

한겨레21 912호, 2012.5.28.

해고는 살인보다 더하다

난 어린 시절을 깡촌에서 보냈다. 시골 생활이 여러모로 좋았지만 장마가 시작되면 상황은 달라진다. 비가 오래 올수록 주변은 축축한 습기뿐이었고, 아침저녁으로 불편함의 연속이었다. 비에 젖은 나무는 잘 타지 않아 부엌은 매캐한 연기로 가득했고, 말릴 곳 없는 젖은 옷은 집 안에 그냥 걸려 있기 일쑤였다. 그 당시 따뜻하고 정갈한 집을 가진 친구들이 너무 부러웠다. 지금 쌍용차 해고 노동자들이 따뜻한 일상으로 복귀하는 걸 희망하고 바라는 것처럼.

아카시아 잎이 상복 색을 닮아 누렇게 변하는 5월이다. 쌍용차 해고 노동자들은 범국민대회를 마치고 다시 투쟁을 준비한다. 아직 해결된 것도 마무리된 것도 없는 현실 앞에 다시 시작이다. 그동안 얼마나 많은 시간을 달려오고 뛰어왔던가. 몸을 추스르고 맘을 다독여본다. 파괴되지 않은 일상이 아직 남았기에 그것을 기반으로 소생하려 몸부림치는 것이다. 관계의 복원과 회복이 말처럼 쉽지 않다는 걸 경험을 통해 안다. 적을 향한 분노가 내부와 동지를 향할 때 난 이곳이 절망의 깊은 트라우마 늪임을 자각한다.

지난해 4월 쌍용차 노동자 실태 조사를 한 바 있다. 열네 번째 노동자 사망 직후였다. 결과는 참혹했고, 오늘까지 이어지는 스물두 번째 노동자들의 비극을 결과는 예견하고 있었다. 최근 1년간 쌍용차 노동자 자살률은 일반 인구의 자살률보다 3.74배 높았고, 심근경색 사망률은 일반 인구의 18.3배 높은 것으로 조사되었다. 정리해고 이후 노동자들의 사회관계는

악화되었다. 부부관계는 노동자의 95.9퍼센트가 악화되었다고
답했으며, 구조조정 후 1년 반 만에 노동자 7.3퍼센트가 이혼
하거나 별거 중이었다. 자녀의 문제 역시 매우 심각한 상황이
었다. 응답자의 78.5퍼센트가 자녀의 성격이 나빠졌다고 응답
해서, 구조조정의 피해가 한 세대에서 끝나는 것이 아니라 다
음 세대까지 영향을 미칠 수 있음을 알 수 있었다.

도를 넘은 경제적 고통

쌍용차 노동자들은 경제적 고통 또한 경계를 넘었다. 대부분
일용직이나 직업이 없는 상태이며, 평균수입은 82.28만 원으
로 해고 전보다 약 74퍼센트 정도 줄었다. 보건복지부 고시
2011년 최저생계비나, 고용노동부 고시 2011년 최저임금 수
준에도 미치지 못하고 있다고 한다. 소위 트라우마는 심리적
정신적 문제만이 아니란 사실이다. 경제적 고통이 심리적 위
축과 경제적 압박으로 실질적인 고통의 실체인 것이다. 우리
는 트라우마를 말할 때 지난 상처에 대해 과거형으로 말하는
경우를 더러 본다. 그러나 트라우마는 과거가 아닌 현재의 상
황과 섞일 때 그 고통이 배가 된다는 사실이다. 뜰 수 없는 사
람에게 뛰어보라는 얘기는 하나 마나 한 얘기에 머물지 않는
다. 열패감은 물론 무력감만을 심어줄 뿐이다. 쌍용차 노동자
들에 대한 트라우마 치유에 대해, 굳이 진상규명 책임자 처벌
그리고 국가배상을 말하는 이유는 여기에 있다.
　　정부와 지자체는 쌍용자동차 노동자들의 고통을 사실상
외면하고 방치했다. 우리가 겪는 모든 고통을 스스로 해결하
라고 하는 것은 국가의 기능을 포기한 것이다. 복지국가를 부

르짖는 지금, 쌍용차 노동자들에게 국가와 지자체가 내미는 손에 들려 있어야 할 것이 어찌 말뿐이겠는가. 그나마 쌍용차 심리치유를 위한 와락센터는 막힌 숨을 터주는 역할을 하고 있다. 그러나 쌍용차 노동자들의 죽음과 고통의 문제를 아직 민간의 착한 양심에게 맡겨서 될 일인가를 깊게 돌아봐야 한다. 사회적 부조로 유족이 살아야 하는지 우리는 준엄하게 물어야 한다. 와락은 쌍용차 노동자들의 심치리유를 위한 소중한 공간이다. 이것을 빌미 삼아 국가나 지자체가 할 일을 다한 양 뒷짐 지고 있는 것은 파렴치의 극치다. 양심 있는 분들의 노력이 배가 될 수 있도록 지금이라도 국가와 지자체는 쌍용차 노동자들이 일상으로 복귀할 수 있도록 발 벗고 나서야 한다. 당신들이 생각하는 것보다 쌍용차 노동자들의 상태는 훨씬 심각하고 위험한 상태에 있기 때문이다.

연대의 힘으로 해법과 방법을 찾아야 할 때

어쩌면 알지 말았어야 할 단어가 트라우라였다. 해고 이후 숱하게 듣게 되는 트라우마라는 단어. 접하지 말았어야 할 단어였다. 주저앉는 가족들을 보며, 죽음과 반죽음의 경계가 흘러내려 허물어지는 동지들을 보며 도대체 우린 무엇 때문에 이 고통의 한가운데 있는가를 생각해본다. 왜 유독 쌍용차 노동자들에겐 아직 장마가 계속되고 있는가를 생각해본다. 공장 파업 당시 구사대와 용역깡패 그리고 공권력이 쏴대던 무수히 많은 폭력의 무기들의 유효 살상 기간이 이리도 긴 이유가 무엇인가를 생각해본다. 상하이 먹튀자본이 만들어놓은 예견된 대량의 정리해고가 죽음의 화살이 되어 쌍용차 동지들을 과녁

195

삼아 쉴 새 없이 날아들고 있다. 아직 막을 방법과 해법을 찾지 못했다. 이제는 이어지는 죽음에 대한 추모를 넘어 사회적 연대의 힘으로 해법과 방법을 찾아야 할 때다. 쌍용차 트라우마를 해결하는 방법은 이 싸움을 이기는 것이다. 장마를 끝낼 수 없다면, 장마를 대비한 준비를 하는 것처럼 말이다.

참여사회, 2012년 6월호.

작은 별들의 금빛 은하수

급한 마음을 택시미터기는 비웃고 있었다. 넉살 좋은 기사분의 이야기도, 늘어지는 오후의 풍경도 뜀박질하는 가슴을 누르진 못했다. 강연시간이 조금 늦은 탓도 있었지만 화이트칼라 노동자들 앞에 선다는 게 내겐 어지간히 거북스런 일이기 때문이다. 도착한 곳은 골든브릿지증권 노동자들이 농성을 위해 모여 있는 민주노총 서울본부 1층. 떨리는 마음도 잠시, 길게 이어지는 박수 소리에 따뜻한 온기를 느끼며 이야기를 시작했다. 43일째 투쟁하는 동지들의 표정치곤 무척 밝았다. 조합원 106명 가운데 육아휴직 등 12명을 제외한 94명이 단단하게 뭉쳐 있었다. 이들은 소위 모래알 조직이라고 폄훼하는 금융권 노동자들에 대한 세간의 시선을 점차 넘어서고 있었다.

골든브릿지투자증권 노조는 오늘로 파업 47일째를 맞는 증권사 사무직 노동자들이다. '넥타이 노동자'들이 장기 파업을 벌이고 있는 것이다. 저간의 이 회사 사정을 보면 부침의 역사였다. 브릿지 외국자본의 '먹튀' 경영으로 극심한 고용불안을 겪었던 그들은 노조와 우리사주조합을 통해 회사와 함께 경영에 참여한다. 대주주의 배임행위와 불법 경영을 감시하기 위함이었고 그것을 약속했다. 회사와 노조가 '공동경영 약정'을 마련한 것이 대표적이다.

그러나 이젠 이 약정이 투쟁하는 이유가 되고 있다. 노동운동 경험이 있다던 이상준 회장은 인수 당시 약속을 지키지 않는 것은 물론, 단체협약마저 깨고 있다. 넥타이를 맨 이들이 단체협약을 지키려 머리띠를 맨 것이다. 산업 현장에서 시작

된 노조 무력화와 단협 파기는 여름 감기처럼 금융노동자들의
생존을 심각히 위협하고 있다.

　다가오는 6월 11일은 희망버스가 출발한 지 꼭 1년이 되는
날이다. 한진중공업 조남호 회장으로 대표되는 탐욕적 재벌에
대한 전 국민적 분노는 한보그룹 정태수 회장의 국회청문회
이후 13년 만에 그를 국회에 불러 세웠다. 삶의 나락으로 끊
임없이 떠밀리는 900만 비정규직 문제는 더는 용인될 수 없는
문제였다. 2011년 한 해 동안 10만 2,000명의 정리해고자는
98년 아이엠에프 이후 최고치다. 이 두 가지 사실만으로 지금
의 사회시스템으로는 정상적인 생활이 불가능함을 알리는 지
표와 상징으로 충분했다. 희망버스는 나락으로 떨어지는 열차
를 개인들의 힘으로 막아선 새로운 운동이었다. 무정형의 역
동적 에너지를 발산하며 즐겁고 유쾌하게 자본과 권력의 독주
를 막아선 당돌한 운동이었다. 개인들의 힘이 유감없이 발휘
되고 연대의 상상력이 끊임없이 샘솟았다.

　작년 말부터 시작된 희망버스 참가자에 대한 사법적 탄압
수위가 날로 높아지고 있다. 대학교수, 문화예술인, 노조간부,
일반시민, 종교인을 가리지 않고 전방위적 짓누름으로 개인의
삶을 옥죄고 있다. 사람을 살리고 인간의 가치를 확인한 사회
적 연대 운동인 희망버스에 대한 탄압은 들불처럼 번지는 연
대의 힘을 막기 위함이 아닌가. 그러나 우리는 결코 모래알의
부서짐으로 탄압에 굴복하지 않고 돌려차기로 맞설 것이다.
모래알의 기적을 만드는 골든브릿지증권 노동자들의 힘찬 싸
움처럼, 작은 별들의 금빛 은하수인 희망버스는 다시 출발할
것이다.

　6월 16일 우리는 여의도공원에서 대한문까지 평화적으로

'걷자' 행사를 진행한다. 가족과 친구와 연인과 조합원과 함께
누구나 가볍게 걸을 수 있는 평화적인 행사다. 걷기 행사 뒤엔
1박 2일의 난장을 대한문 쌍용차 분향소 부근에서 신명나게
열 것이다. 작은 별들의 은하수 물결을 우리는 다시 만들 것이
고 만들어야 하지 않을까. 당신이라면 능히 사람의 은하수를
만들 수 있다. 당신과 함께하고 싶다.

한겨레, 2012.6.7.

여기 사람이 있다

한상균의 달은 어디에 뜨는가

얼마 전 음력 사월 초파일, 부처님 오신 날이었다. 때마침 월요일에 오신 부처님 은덕으로 부처님의 가사장삼 황금빛처럼 3일간은 황금연휴였다. 더구나 화창한 날씨는 많은 사람들을 집 안에만 있을 수 없게 만들었다. 산과 들, 그리고 유원지로 나들이를 나선 이들이 적지 않았다. 그런데 이 연휴가 반갑지 않은 이들도 있다. 감옥이라는 좁은 공간에 있는 사람들이다. 감옥은 연휴가 되면 폐방(운동과 면회가 되지 않고 연휴 기간 방문을 허용하지 않는 것)을 하기 때문에 답답함이 가중된다. 서울 용산 참사로, 쌍용차 파업으로 아직도 많은 이들이 감옥에 갇혀 있다. 각자의 달은 아직 완전히 차지 않았기 때문일까. 이번 사월 초파일도 특사는 없었다. 창살 넘어 보게 됐을 달이 완전히 익으려면 아직도 시간이 많이 남은 것인지. 저달이 차기까지 우리는 지금 무엇을 하고 있는가.

프리랜서 아나운서 투입은 위헌이다

언론사 파업이 100일을 넘어 장기화의 길로 접어들고 있다. 한국방송, 문화방송, YTN, 국민일보, 연합뉴스는 이명박 정부의 언론 장악에 맞서 힘겨운 투쟁을 이어가고 있다. 언론 노동자에게 길거리 투쟁이 익숙할 리 없다. 거리와 현장은 기자들에게 취재의 공간이지, 투쟁의 공간은 아니었기 때문이다. 더구나 사 쪽과 정부의 무대응은 날로 이들의 어깨를 누른다. 다양한 논리로 파업 대오를 이탈하는 이들도 있지만, 오히려 파업에 동참하는 언론 노동자의 세는 늘어나는 추세다. 그만큼 이번 파업의 의미는 크다. 투쟁하는 노동자들과의 만남이 이어지고 격려와 쓴소리를 거리낌 없이 주고받는 관계가 되는 모습을 자주 보게 된다. 밤늦은 시간 이들도 하늘을 보게 될 것이다. 빛나는 별과 이지러지는 달은 때론 상념을 부채질하고 고민을 선물한다. 저 달이 차기 전에 마무리 짓겠다는 다짐을 몇 번이고 했겠지만, 아직 달은 차고 기움만을 반복하고 있다.

　문화방송 아나운서였던 김성주 씨가 파업 중임에도 복귀를 선언했다. 프리랜서는 신분상 노조원이 아니다. 그렇기 때문에 탓할 수 없다는 지적도 있다. 그러나 이것은 노조원이냐 아니냐라는 문제가 아니다. 헌법엔 파업 기간에 대체인력을 투입하지 못하도록 강제하고 있다. 파업에 대한 최소한의 보호를 위해 이렇게 법으로 규정하고 있는 것이다. 그럼에도 그동안 방송사들이 임시 기자와 임시 아나운서를 마음대로 투입했다. 더 큰 문제는, 이렇게 뽑은 사람들에 대해 계약 해지마저 너무나 천연덕스럽게 하고 있다는 것이다. 대체인력 투입에 대한 잘못된 인식을 공공의 전파를 활용해 전국에 확산시키고 있다. 여기에 김성주 전 아나운서 같은 사람이 있다. 프리랜서를 선언할 때나 다시 파업 중인 문화방송으로의 복귀를 선언할 때나 돈 때문이라는 세간의 평이 가혹하다고 본인은 자신 있게 말할 수 있을까. 굳이 돈이 아니라면 다른 무엇 때문인지 도무지 이해할 수 없는 처사다. 올림픽 중계를 위한 '어려운 결단'이라는 설명은 납득은커녕 변명거리도 되지 못할 뿐이다. 공정언론을 지키려는 옛 선후배들의 '어려운 결단'인 파업에 기대 자기 잇속만 챙기는 사람으로 매도당해도 마땅한 변명을 찾을 수 없다. 노동자의 파업이 내부 몇몇의 부역자로 어려움을 겪고 회사의 이익으로 귀결되는 모습을 자주 봤다. 김성주 전 아나운서의 복귀는 그간 애정을 갖고 그를 봐 온 많은 이들에게 충격적인 일이다.

무려 3년, 창살 아래서 달을 보는 사람

파업으로 한상균 전 민주노총 금속노조 쌍용차 지부장은 3년 형을 선고받았다. 노동 문제로서는 가혹하리만큼 긴 시간이다. 그사이 그는 40대에서 50대로 바뀌었고, 아이는 대학생이 되었다. 한상균 전 지부장은 어려운 시기에 지부장으로서 한 치의 흔들림 없이 쌍용차 정리해고 저지 투쟁을 이끈 사람치곤 순박하다. 개인적 욕심이 없었고, 곁눈질하지 않았다. 지부장으로 당선되며 했던 말을 끝까지 지킨 유일한 사람이기도 하다. "조합원만 보고 가겠다"는 그 말의 무게를 감히 내가 가늠할 수 있을까. 지부장으로서 홀로 결단했을 그 긴 시간도 모자라 벌써 감옥생활이 3년째를 맞이하고 있다. 떠난 동지가 늘어나는 만큼 몸무게는 빠져갔고, 푸른 수의는 헐렁해졌다. 약속했던 것이 무력화되는 것을 보며 또 얼마나 답답했을지 생각하면 지부장의 생각을 넘겨짚는다는 것 자체가 죄스럽다. 회사를 살리겠다는 그럴싸한 말로 공장 안 기업노조 위원장이 회사 사장과 신차 옆에 서서 포즈를 취하는 모습을 그는 또 어떻게 느끼고 있을까. 지금의 쌍용차 기업노조 위원장은 당시 사사건건 시비를 걸었고, 파업에 들어가자 철저히 회사 편의 부역자로 돌아섰다. 아니 돌아선 게 아니라 원래 그럴 목적이었다. 쌍용차 기술 유출이 사회적 쟁점이던 2007년, 기업노조는 결국 기술 유출 문제를 회사와 짜고 없던 일로 했다.

쌍용차 공장 점거 파업을 다룬 다큐멘터리 영화 가운데 〈저 달이 차기 전에〉(2009)가 있다. 이 제목은 파업 중인 조합원이 '저 달이 차기 전엔 끝나겠지······'라고 혼잣말로 지나가듯 한 것에서 따왔다. 그 조합원의 달은 지금 어디쯤 찼을까. 무수히 봤던 그 달은 지금 어디에 와 있을까. 한상균 지부장의 달은 또 어디에 있을까. 파업 중인 언론 노동자들은 오늘 하늘에 뜬 달을 보며 무슨 생각에 잠길까. 방송 혹은 언론사에 개별 복귀하는 사람들은 맘 편하게 하늘의 달을 보고 있을까. 반칙과 편법으로 올라선 자리는 결국 무너지기 마련이다. 그것이 지금은 달콤한 유혹일지라도 시간이 흐르면 악마의 유혹임을 알게 될 것이다. 많은 이들의 가슴에 대못을 박고 두 발 뻗고 잘 수 있겠는가.

그러나 순리대로 달은 차고

생존권을 위한 싸움이 곳곳에서 벌어진다. 승리하는 곳도 있고 패배하는 곳도 있다. 승패를 떠나 가장 큰 아픔은 동료와 동지의 배신으로 인한 절망감이다. 긴 싸움을 하다보면 싸움의 상대보다는 지엽적인 문제에 더 집착하기 마련이다. 그것으로 싸움이 약간 뒤틀린 형태로 바뀌는 경우도 종종 본다.

그러나 결국 싸움은 차고 지는 달처럼 순리대로 가기 마련이다. 눈앞의 이익을 좇아가는 이들보다, 멀리 보고 함께 가는 이가 훨씬 많다. 개인의 탐욕이 대세를 바꿀 순 없다. 우리가 바라는 저 달은 점차 차고 있다. 지금 이 순간 정열적인 삶을 불사르고 있는 투쟁하는 모든 사람에게 이 말을 전하고 싶다. '당신의 삶과 투쟁을 사랑합니다.'

한겨레21 914호, 2012.6.11.

뜨거운 가운데, 기자회견이 진행됩니다.

서서히 달궈지고 있습니다.

16일 우리 일 한번 냅시다. 어때요?

페이스북, 2012.6.12.

은행 카피가 눈에 들어온다.

"기업이 살아야 일자리가 늘어납니다!"

정말? 원래는 이런 거 아니야?

"기업이 살아야 일자리가 줄어듭니다."

"그래야 자본의 몫이 늘어납니다."

페이스북, 2012.6.14.

길 위에서 길을 만들다

나는 중학교 시절 난전에서 파는 운동화를 신고 다닐 정도의 가정형편이었다. 초등학교 때는 느끼지 못한 옷과 신발에 대한 창피함이 읍내로 중학교를 옮기자 사춘기의 몽정처럼 온몸으로 느껴졌다. 읍내 아이들의 가방과 옷, 신발이 부러웠다. 예민한 나이에 옷과 신발에 신경 쓰는 건 어쩌면 당연했다. 그러던 차에 내게도 핑크빛 줄무늬가 들어간 하얀색 리복 신발 한 켤레가 생겼다. 리복이란 상표가 아직 대중화되지 않았을 정도로 수출만 하는 고가의 신발이었다. 누이가 내게 준 선물이었다. 눈치 빠른 읍내 녀석들이 여성용임을 눈치 채고 놀려대도 신줏단지 모시듯 1년 6개월을 신고 다녔다. 뒤축은 닳고, 하루가 다르게 커지는 발을 감당하기엔 신발이 점점 작아지고 있었다.

누이의 고단함에 대해 나는 아직 묻지 못했다

내겐 손위 누이가 5명 있다. 중학교를 졸업하고 자연스럽게 군대 가듯 모두 부산에 있는 신발공장으로 떠났다. 신발공장으로 떠나는 누이가 늘어날수록 시골집 논과 과수원은 조금씩 평수가 늘어났다. 없던 가전제품이 명절이면 하나씩 생겼다. 냉장고가 들어왔고, 텔레비전이 점차 커졌다. 옷장이 마련됐으며, 가스레인지와 세탁기까지 들어왔다. 내 공부방이 만들어지고 책상과 책꽂이까지 갖게 됐다. 누이들의 하루하루 공장생활은 주름진 시골집 가정형편을 점차 펴게 했다. 몇 시간을 일하는지 야근은 또 얼마나 하는지 나는 그때 알지 못했고, 관심조차 없었다. 새로운 물건이 생기는 게 그저 신기하고 기쁠 뿐이었다. 낮엔 일하고 밤에 야간고등학교까지 다녀야 했을 그 고단함에 대해 나는 아직까지 묻지 못한다. 남동생 공부시킨다는 주입된 사명감에 고스란히 10대와 20대의 청춘을 보낸 누이들에게 나는 아직까지 미안함이 많다.

2011년 7월 1일 '소금꽃 찾아 천릿길'을 떠났다. 한진중공업 정리해고 사태는 1차 희망버스 이후에도 해결은커녕 더욱 꼬여만 갔다. 한진중공업 사 쪽은 노조와 기만적인 합의서를 흔들며 상황은 끝났다고 언론 플레이를 했고, 노조 합의에 분노한 적잖은 사람들은 희망버스가 또 필요한지에 대해 수군거렸다. 그러나 해고자들의 투쟁 의지가 굳건하고 김진숙 민주노총 부산본부 지도위원의 크레인 농성이 존재하는 한 희망버스는 중단될 수 없었다. 우리는 2차 희망버스는 김진숙 지도위원의 크레인 농성 185일째에 맞춰 185대를 만들자고 제안했다. 그러면서 쌍용자동차 노동자들이 185대 희망버스의 디딤돌이 되겠노라 호기롭게 외쳤다. 경기도 평택에서 부산까지 9일 만에 410킬로미터를 폭풍질주하겠다는 '소금꽃 찾아 천릿길' 계획을 낸 건 그 때문이었다. 공수부대 시절 천리행군을 경험한 나는 걷는다는 것이 얼마나 고된 일인지 잘 안다. 천릿길 대장을 맡았을 때, 함께 걷는 동료들에게 좋은 신발을 선물하고 싶었던 이유다. 돈 없는 해고자가 그런 생각을 한 건 예전이나 지금이나 누이라는 믿는 구석이 있었기 때문이다. 누이에게 이런저런 계획을 얘기하고 도움을 청했다. 흔쾌히 허락한 누이에게서 신발 살 돈을 받아 동료들에게 좋은 신발을 신겼다. 스스로 걷고 있다 자부하는 나는, 아직 스스로 걷는

것이 아닌 듯하다. 도움과 부축으로 지금 걸어가고 있는 건 아
닌지 가끔 누이들의 신발이 생각난다.

풍산마이크로텍 노동자들의 대장정

2012년 6월, 풍산 동지들이 700킬로미터를 걸어 대한문까지 왔다. 풍산마이크로텍은 7년 동안 임단협이 항
상 해를 넘겨 마무리될 정도로 노조 탄압이 일상화된 사업장이었다.

풍산마이크로텍(현 PSMC) 노동자들이 정리해고와 비정규직
없는 세상을 향해 지난 2012년 5월 30일 부산을 출발해 서울
로 '700킬로미터 국토 대장정'에 나섰다. 발바닥에 불이 날 정
도로 더운 이 여름에 이들이 대장정을 선택한 이유는 무엇일
까. 이들의 사연을 들으면 기가 막힌다.

2010년 말 전 직원을 휴가 보낸 뒤 풍산그룹은 그해 12월

29일 야밤에 계열사인 풍산마이크로텍을 매각했다. 직원들이 다음날 아침 인터넷을 통해 매각 사실을 알게 될 정도로 기습적이었다. "고용 및 단체협약 등 모든 것을 승계했다"고 언론플레이를 했지만, 풍산마이크로텍은 생산직 노동자 58명(생산직 노동자의 29퍼센트)을 지난해 11월 7일 정리해고했다. 2003년 풍산마이크로텍지회 설립 뒤 구조조정 5번에 7년 동안 임단협이 항상 해를 넘겨 마무리될 정도로 노조 탄압이 일상화된 사업장이다.

풍산그룹 류진 회장은 2008년 창립 40돌 기념식에서 2018년까지 세계 일류기업으로의 도약을 목표로 하는 '비전 풍산 50'(매출 12조 원, 경상이익 1조 원 달성)의 사세 확장 계획을 밝힌 바 있다. 또한 2011년 12월 17일 본사를 서울 충무로 극동빌딩에서 풍산빌딩으로 이전해 창립 43년 만에 신사옥 시대를 열었노라 기염을 토했다. 그러나 사옥 이전의 밑바탕엔 수십 년간 함께한 노동자들의 해고와 계열사 매각이 있었다. 매각 대금이 신사옥을 짓는 데 들어갔다는 이야기가 나오는 이유다. 부산 해운대구 반여동의 (주)풍산 부지 43만 평은 개발제한구역(그린벨트)으로 묶여 있는데, 이 땅이 용도 변경돼 개발되면 엄청난 시세차익이 발생한다. 그러나 이 땅이 개발되려면 그린벨트 해제와 부지 내 공장들의 이전이 필요했다. 풍산마이크로텍이 지난해 말 급작스럽게 매각되고 해고가 이뤄진 이유는 철저하게 풍산의 계산 때문이었다.

풍산마이크로텍 노동자들의 '700킬로미터 국토 대장정'이 6월 18일로 19일째를 맞는다. 아직 10여 일을 더 걸어야 한다. 19일 동안 그들의 이야기와 사연은 우리에게 온전히 다가오고 있는가. 그들이 왜 부산에서 서울까지 정리해고와 비정규직 없는 세상을 위해 걷고 있는지 나 또한 제대로 안다고 할 수 있을까. 해고자와 비해고자가 함께 걷는 그 절박함의 걸음걸이에 우리는 무엇을 보태고 도울 수 있는지 생각해볼 때다. 해고 뒤 노동과 강제적으로 분리된 채 오로지 걷고 선전하는 일에 전념하는 해고 노동자들의 심정을 우리는 알아야 하지 않을까. 걸어서 삶의 숨구멍을 만들 수 있기에, 한 걸음 한 걸음으로 막힌 해결의 벽을 넘을 수 있는 가능성이 있기 때문에 오늘도 걷는다. 전국을 연결하는 촘촘한 통신망처럼 정리해고와 비정규직 문제는 삶의 혈관을 짓누르고 있다. 무던히 내딛는 해고자들의 걸음걸이는 막힌 삶의 혈관을 뚫고 자본의 일방적 대로에 난 작은 샛길일지 모른다. 그것이 결국 삶을 지탱하는 모세혈관의 건강을 회복하는 길이란 걸 알고 있다.

삶의 신발 잃고 맨발로 걷다

중국의 문인 루쉰은 이렇게 말하지 않았던가. "무엇이 길인가? 그것은 바로 길이 없던 곳을 밟아서 생겨난 것이고 가시덤불로 뒤덮인 곳을 개척해 생겨난 것이다. 예전에도 길이 있었고, 앞으로도 영원히 길은 생길 것이다." 해고자들은 지금 길 위에서 길을 만들고 있다.

삶의 신발을 잃어버린 채 맨발로 걷고 있는 풍산 노동자들에게 당신이 건넬 한마디는 무언인가. 그 한마디를 지금 우리는 준비해야 하지 않을까.

한겨레21 916호, 2012.6.25.

해고자의 나이테

신랑 신부는 초조했다. 결혼식이 빨리 끝나기를 바랐다. 그러나 신랑의 경력에 관한 주례 선생님의 친절한 소개가 탈이었다. 긴장 속에 유지되던 두 사람의 기대는 일순간에 무너졌고 예식장은 술렁거렸다. 신랑이 서울지하철 해고자라는 사실이 밝혀진 것이다. 신혼여행은 갑자기 가족들 앞에서의 비상설명회로 전환됐고, 신혼의 며칠 동안은 눈물바람의 친지들을 달래는 데 보내야 했다. 옹근 13년 1개월의 해고 기간. 7개월의 수배 기간과 68일간의 구속. 기륭전자 공동대책위원회 집행위원장으로 익숙한 황철우의 결혼 이야기다. 마침내 지난 2012년 6월 1일 그는 서울지하철에 원직 복직했다.

1987년 6월 민주화를 향한 시대의 열망은 평범한 고등학생을 서울지역고등학생연합회에 참여하게 했다. 고교시절의 명동성당 농성 경험은 그의 삶의 전조가 된다. 학력과 학벌에 대한 문제의식은 그를 대학 대신 노동 현장으로 뛰어들게 한다. 스물다섯 나이에 서울지하철에 입사한 그는 성실과 근면이라는 발품으로 가장 어린 나이에 노조 교육부장을 맡는다. 지하철은 필수공익사업장이라는 이유로 직권중재로 파업을 무력화할 수 있어 파업은 엄두를 내기 어려웠다. 하지만 1999년 4월 19일 조합원들은 굴복하지 않고 노동자들의 권리인 파업권을 행사한다. 지하철 노동운동의 역사를 바꿨다는 평가를 듣는 파업이었다. 그러나 쌍용자동차처럼 곧바로 들어선 어용노조 집행부는 파업의 성과를 회사 쪽에 하나둘 헌납한다. 이를 묵인하고 방조할 수 없었던 그는 민주노조 깃발을 놓지 않고 현장을 지키며 싸운다. 그 때문에 다른 집행간부들이 순차로 복직됐지만 늘 명단에서 빠졌다. 13년 1개월, 세월의 나이테가 그렇게 만들어진 것이다.

특수고용노동자 싸움의 상징인 재능 농성장에서 그는 기륭전자 노동자들을 만난다. 2007년 당시 비정규직 노동자들의 요구가 사회적 봇물을 이루던 시절이었다. 어려운 이들의 싸움을 외면 못하는 그의 정서는 자연스럽게 비정규직 노동자들과 함께 어울리게 한다. 기륭전자 김소연 분회장의 단식이 94일에 이르렀을 즈음 눈물로 중단을 요청하며 "단식을 중단하면 끝까지 함께하겠노라"고 약속한다. 기륭공대위 집행위원장을 맡은 건 그 약속의 실천이었다. 이후에도 정리해고와 비정규직 없는 세상 만들기를 향한 실천을 함께하며 정규직과 비정규직의 벽을 스스로 넘고 지웠다. 지하철 기관사로 복귀교육 중인 지금, 그는 의외로 담담하다. 외려 긴 해고 기간 경험했던, 약자 사이의 공감을 현장 노동자들과 어떻게 나눌까를 고민하고 있다.

논바닥이 거북 등처럼 쩍쩍 갈라지는 102년 만의 극심한 가뭄. 이 가뭄은 나무들의 나이테를 검게 만들 것이다. 생장 조건과 변화를 나무 스스로 기록하는 나이테는 기후조건이나 환경 변화, 특정한 사건의 압축 기록물이자 블랙박스이다. 1997년 외환위기 이후 일자리 가뭄과 정리해고, 비정규직이라는 사회적 해충의 부화가 가파르게 늘어나는 지금, 이 땅의 노동자들의 나이테는 어떤 상태일까. 특히 몇 달, 몇 년이 아닌 10년을 넘기기도 하는 해고 노동자의 그것은?

힘겨운 상황에서 인간 존엄을 지키며 연대하는 해고자들의 안간힘이 막강한 자본의 힘 앞에 초라하게 보일지 모른다.

그러나 건강한 나무 한 그루가 울창한 숲의 기본을 이루듯, 해고 노동자 하나하나가 연대의 숲을 이루는 밀알이 될 수 있다. 13년 1개월이란 긴 해고 기간에 옹이 박히고 뒤틀릴 법도 한데 결 좋은 나이테를 간직한 그를 보면, 해고의 세월이 연대의 가치를 성숙하게 할 수 있음을 깨닫는다. 둥글둥글 어깨 겯고 걸어가는 동심원의 나이테처럼.

한겨레, 2012.6.28.

공병 줍는 무급자

아침에 일어난 정씨는 어깨가 결렸다. 무릎과 허리는 욱신욱신했다. 그저께 유리에 벤 손가락엔 아직 반창고가 덜렁덜렁붙어 있다. 한 달째 고물상 일을 하는데도 일이 손에 익지 않는다. '그래도 출근할 수 있는 게 어디냐'며 끙 소리 한 번 내고 오늘도 일어선다. 고물상 일은 생각보다 출근을 서두르지않아 좋다. 새벽 인력시장은 얼마나 일찍 나갔던가. 한겨울 쨍한 새벽 공기 속에서 오돌오돌 떨며 조금만 더 늦게 출근하면얼마나 좋을까 생각했던 때보다 지금은 얼마나 호강에 겨운가. 긴 줄로 늘어선 인부 사이에서 젊은 축에 껴 간택받아 올라탄 봉고차에서의 단잠은 꿀맛이었다.

삥삥이 일감, 고립된 나날

고물상 일은 아침 8시에서 오후 5시까지 했다. 공병을 분리하는 게 주로 하는 일이다. 먼저 부대에 담긴 소주병, 음료수병, 맥주병 등 다양한 병들을 한곳에 쏟아 붓는다. 그다음 산을 이룬 공병을 종류별로 하나둘 박스에 담는다. 공병에 담배꽁초가 들어 있거나 휴지가 박혀 있는 녀석을 보면 예전 회식 자리가 떠오른다. 재떨이가 있음에도 빈 병에 재를 떨었던 기억과함께 소주잔을 기울였던 동료들의 얼굴이 떠올랐다. 담배꽁초와 휴지가 박힌 병은 따로 취급했다. 공병 세계지만 여기에도급이 있었다.

쓰레기 더미처럼 쌓인 공병이 내 신세와 꼭 닮았다는 생각을 할 때쯤 또 한 무리의 공병이 사정없이 쏟아진다. 하루 종일 공병들 속에 파묻혀 분리 작업을 하고 나면 시계는 오후 5시를 가리킨다. 집으로 돌아가야 하지만, 해가 중천에 걸려 있어 그냥 집으로 들어가기엔 좀 머쓱한 시간이기도 하다. 소주 생각이 나서라기보다 어둑해지는 밤을 기다려줄 친구가 소주밖에 없어 술집에서 몇 개의 공병을 만든다.

출퇴근길에 지나치게 되는 회사를 볼 때마다 울화통이 터진다. 몇 차례 회사가 보이지 않는 곳을 택해 돌아가기도 했다. 그러나 알량한 자존심은 시간의 흐름과 함께 무력해지고, 언젠가부터는 출퇴근길 경로가 원래의 길로 바뀌어 있었다. 공병을 분리하는 일에 익숙해질 무렵, 6개월 정도가 되자 고물상 일도 더는 못하게 됐다. 젊은 청년들이 그 자리를 치고 들어왔기 때문이다. 새벽 인력시장에서 젊다는 이유로 내가 나이 든 형들을 본의 아니게 밀어냈던 것처럼. 다시 쌍용자동차 무급휴직자 동료들처럼 노가다, 대리운전, 항만 일 등 닥치는 대로 해야만 하는 뺑뺑이 일감들이 기다리고 있었다.

날씨는 더웠다. 김씨의 이마에서 흐른 땀이 티셔츠를 흥건하게 적셨다. 쥐어짜면 금방이라도 물이 주르르 흐를 정도로 목에 두른 수건은 완전히 젖어 있어 무겁다. 덤프트럭 운전이 시원한 에어컨 바람을 쐬고 다니는 일인 줄 알지만 실은 더위와의 싸움이다. 차에서 오르내리기를 하루에도 수없이 반복하고, 적재물에 언제나 신경이 곤두선다. 고속도로 길 옆에 길게 늘어선 대형 트럭 안에서 잠을 청하던 기사들을 이젠 좀 이해할 것 같다. 쏟아지는 햇살만큼의 고통이 졸음이기 때문이다. 화물차를 '달리는 흉기'로 취급하는 일각의 시선은 당사자가 느끼는 공포에 비하면 한가할 정도다. 차량 안쪽 거울에 달린

'아빠, 오늘도 무사히'라고 기도하는 소녀의 모습은 '오늘도 무사할 수 있을까'란 두려움으로 다가온다. 아내와 아이들과 떨어진 시간이 길어질수록 두려움의 아르피엠(RPM)은 높아만 간다.

회사에 뒤통수 맞은 무급자들

좁은 길에서 차량이 기우뚱하기라도 하면 소스라치게 아찔한 나머지 식은땀 위에 식은땀을 쌓는다. 운전한 지 1년 가까이 다 돼가지만 신경은 더 예민해지고 살은 더 빠졌다. 김씨는 원래 주방장 일을 했다. 서울의 유명 호텔 한식 조리부에 있었는데, 좀 더 안정적일 것 같아 이 회사에 들어왔다. 그러나 지금 생활은 생각했던 평범한 일상에서 많이 떨어진 듯한 느낌이다. 가뭄으로 강바닥이 말라 갈라지는 뉴스를 보며 통장 잔고가 바닥나는 것이 떠오른다. 더 열심히, 더 악착같이 살았는데 평수 작은 곳으로 이사는 계속되고 있다. 쌍용차라는 회사가 지금이라도 불러준다면 들어갈까도 고민이지만 하던 일도 있고, 예전 동료들과의 관계로 돌아갈 자신이 없다. 그래서 요즘 운전대를 잡으면 딴생각을 자주 한다. 마주 달려오는 트럭의 경적과 헤드라이트 불빛에 깜짝 놀라 운전대를 다시 잡는 경우가 부쩍 많아진다.

지난 6월 13일 회사는 3년 전의 약속을 지킨다는 언론 플레이를 시작했다. 쌍용차 노사가 무급휴직자에 대한 지원 방안을 합의했다는 보도였다. 기업노조와 회사가 마련한 이 방안을 접한 무급휴직자(1년 뒤 복직 약속을 받은 461명)의 첫 반응은 뒤통수를 맞은 얼떨떨함이었다. 쌍용차 회사가 말하는 무급휴직자 지원 방안은 자녀 학자금 지원과 명절 선물 지급, 회사 주식 150주 지급, 협력업체 취업 적극 알선이 핵심 내용이다. 무급휴직자는 엄연히 조합원 신분이다. 따라서 당연히 해야 할 일을 뒤늦게 한 것뿐인데 마치 새로운 것인 양 호들갑을 떤다.

당장 쌍용차 무급자 위원회는 성명서를 통해 "무급휴직자는 사측과 공장 복직을 위한 단 한 번의 협의나 대화도 없었다. 합의 주체, 당사자가 빠진 실체 없는 합의는 인정할 수 없고 당장 폐기할 것을 촉구한다"고 발표했다. 그동안 22명의 노동자와 그 가족이 자살하거나 죽어갔다. 회사가 합의서 내용을 지키지 않아 벌어진 일치곤 비극적이다. 회사는 무급자 실태를 조사한 결과 자녀 학자금 지원이 가장 절실한 일이라고 주장하지만 실제 대상자는 10여 명에 불과하다. 또한 협력업체에 우선적으로 취업하는 무급휴직자에게 가산점을 부여하겠다고 한다. 노동자를 길들이고 편 가를 시간이 더 필요하다는 말로밖에 들리지 않는다. 갈등 해소가 아닌 다시 갈등의 땅굴을 파겠다는 것이다.

회사에 베인 마음은 어떻게 하나

쌍용차 사태가 3년을 넘었다. 지긋지긋한 기간이었고, 치 떨리는 시간이었다. 두려움과 분노의 시간이었다. 회계 조작에 의한 강제적 정리해고로 스물두 개의 세계가 사라진, 이 끔찍한 시대를 상징하는 정치적 사건이었다. 학계, 문화, 종교, 예술, 노동, 학생, 시민 등 다양한 이들이 사태 해결을 촉구하고 있다. 이런 거리와 현장 정치에 놀란 기성 정치권도 뒤늦게 쌍용차 특별위원회를 구성하고 국정조사와 국회 청문회를 하겠다고 나서고 있다.

할머니, 할아버지가 하던 공병 줍고 분리하는 일을 쌍용차 무급자와 해고자들이 하는 시대에 우리는 살고 있다. 이 자리마저 일자리 가뭄에 시달리는 젊은 청년들이 메우고 있다. 공병을 줍다 벤 손가락은 치료할 수 있지만, 3년간 쌍용차 회사로부터 베인 마음은 어떻게 하나. 낯선 운전대를 잡으며 놓지 않았던 공장 복귀의 간절함은 또 어떤가. 쌍용차 파업이 벌써 3년째다. 이제 해결해야 한다. 공병에 어른거리는 노동자들과 운전대를 잡고 땀 흘리는 노동자들을 보며 쌍용차의 찢긴 3년 전 약속이 생각나는 지독히 더운 여름이다.

한겨레21 918호, 2012.7.9.

명백한 단서

신문을 펼치면 쌍용차 관련 뉴스를 찾으려고 습관처럼 사회면부터 먼저 본다. 3년이 지난 오늘 이 습관은 손에 밴 군살처럼 굳어졌다. 사회면을 읽은 뒤 칼럼과 사설란으로 넘어가는 게 나의 신문 보는 순서다. 그날도 이런 순서로 신문을 보고 있었는데, 눈에 띄는 기사 하나가 시선을 잡아당겨 손가락에 더는 침을 묻히지 않게 했다. '화성연쇄살인사건'에 대한 기사였다. 영화 〈살인의 추억〉의 장면을 떠올리며 새로운 내용이 있나 싶어 살펴봤다. 2006년 4월 2일에 발생한 마지막 10차 사건의 15년 공소시효가 만료됐음에도 범인을 다시 잡겠다고 나선 경찰관들에 관한 이야기였다. 정말 범인을 잡을 수 있을까 하는 의문을 가진 채 기사를 읽어 내려갔다. '화성연쇄살인사건'은 10명의 부녀자가 4년 7개월이라는 짧은 기간에 그야말로 감쪽같이 소멸된 희대의 사건이다. 그러나 범인 검거는커녕 사건의 실체는 미궁에 빠져 영화 속 하수구 어디쯤에 있다.

범인 검거를 위해 공소시효 소멸시점까지 군경 205만여 명이 동원돼 화성 일대에는 탐침이 닿지 않은 곳이 없다. 또한 잠재적 범죄자로 취급돼 조사받은 사람만 2만 1,280명이었다. 여기에 4만 116명은 지문을 뜨였으며, 180명의 머리카락은 범인 검거를 위한 제단 위에 강제로 뽑혀 올려졌으나 범인의 털 끝 하나 찾아내지 못했다. 이 사건을 두고 한편에선 과학수사의 필요성을 제기했고, 다른 한편에선 검경의 민생치안 불안과 무능을 말하기도 했다. 영화 〈살인의 추억〉에서처럼 범인은 그 어떤 단서도 남기지 않았다. 우연처럼 '비 오는 날'만이 이 사건의 범인을 추정하고 추적할 수 있는 유일한 단서라면 단서였다. 영화적 장치가 아닌가 싶을 정도로 단서는 없었다. 처음부터 부인할 수 없는 분명한 단서가 이 사건엔 존재하지 않거나 찾을 수 없는 영역에 있었는지도 모른다.

그러나 여기, 분명한 '단서가 있는' 사건이 있다. 어느 날 멀쩡하던 사람이 죽는다. 이 죽음이 스물두 번째까지 이어진다. 고향은 제각각이었고 나이 차도 컸다. 성도 달랐고 이름도 달랐다. 남은 가족은 물론 문상객 수도 달랐다. 2009년 5월 쌍용자동차에서 함께 근무했다는 점만 빼곤. 또 한 가지 닮은 게 있다. 속이 타들어갔기 때문일까, 죽어서도 검은 얼굴의 영정만을 남겼다는 점이다. 해외매각 만능주의에 빠져 무조건 팔아넘겨야 한다는 오만한 관료들의 도도한 결재가 낳은 버섯구름의 재앙이 노동자의 얼굴에 낙진으로 남는다. 그때의 낮게 뜬 경찰특공대 헬기 소리는 어른 아이 가릴 것 없이 달팽이관 속 보청기가 되어 소리 공포를 증폭시킨다. 인간 존엄은 똥오줌과 뒤섞인 채 짓밟혔고 수치심은 돼지우리 속에 처박혔다. 그라인더 자국 선명한 진압용 컨테이너 박스는 날짐승의 피부와 발톱을 경험하게 했다. 포획당하지 않으려고 발버둥치는 악몽 같은 시간을 3년이나 보냈지만 새벽이면 어김없이 삶과 죽음의 경계가 얇아지는 것을 느낀다. 술로 잊고 약물로 버티지만 혈관 따라 흐르는 그날의 기억은 분해되지 않고 오히려 응고된다.

죽음의 단서가 명백하고 가해자가 또렷한 이 사건은 아직 풀리지 않았다. 이 사건의 공소시효는 언제까지인가. 이보다 단서가 차고 넘치는 사건이 또 어디 있는가. 쌍용자동차 노동자들이 이 이상 더 무슨 단서를 찾고 제시해야 하는가. 영화

장르 가운데 미스터리는 관객을 사건 해결에 동참시키고 스릴러는 사건의 당사자로 만들어간다. 미스터리가 '왜' 살해당했는지를 주목한다면, 스릴러는 '어떻게' 살아남았는지를 주목한다. 그렇다면 쌍용차 사건은 어떤 장르에 속하는가.

요기 사람이 있다

아무도 우리를 돌보지 않는다

어린아이를 데리고 여름휴가를 떠났다. 벌써 4년이 넘은 얘기다. 처음엔 세 살밖에 안 된 아이 걱정에 계곡으로의 여름휴가를 꺼렸지만 모처럼 가족 모두의 휴가여서 빠질 수 없었다. 누나들은 물 좋은 계곡에 자리를 예약해뒀고, 우리는 부랴부랴 물놀이 용품을 준비했다. 그런데 출발하기 2~3일 전 애가 갑자기 열이 나기 시작했다. 미열이라 처음엔 신경을 쓰지 않았는데 점차 열은 올랐다. 아들 주강이의 열은 심장을 오그라들게 했고 잠을 훔쳐갔다. 열을 내리려고 젖은 수건으로 수시로 몸과 머리를 닦았다. 열이 조금 내리는가 싶더니 이내 또 오르내리기를 꼬박 하루를 반복했다. 눈곱이 끼고 몸에 작은 반점이 생겼다. 한여름 찬물로 씻겨도 열은 내리지 않았다.

초등학교에서 단체교섭 교육하는 독일

이때까지 홍역은 의심하지 않았고 미련하게도 열이 있는 아이를 데리고 계곡으로 갔다. 1차 열꽃이 핀 다음이었다. 39.9도까지 오른 열과 온몸에 번진 반점을 본 뒤 어머니는 홍역이라 말했지만 가족끼리의 휴가를 포기하기 아쉬웠다. 그 자리를 떠나지 못하는 나를 아내가 채근했다. 그때서야 사태의 심각성을 알고 우리 가족만 먼저 고향집으로 돌아왔다. 이틀간 휴식을 취하니 열은 차차 내렸고 반점은 사라졌다. 홍역은 태어나면서 반드시 예방접종을 해야 하는 기본 접종 질병이다. 접종을 하지 않으면 초등학교 입학도 거부당할 만큼 전염성이 강한 바이러스다. 평생 한 번은 겪게 된다는 홍역을 어린 주강이는 그렇게 보냈다. 그나마 예방접종을 한 덕분이 아닌가 싶다. 펄펄 끓는 아스팔트 위에서 머리띠 두른 노동자들을 보며 문득 홍역이 생각났다.

"더 나은 일자리를 제공한다." 2007년 유럽연합(EU) 보고서는 국가가 해고 노동자에게 해야 할 첫 번째 일을 이렇게 명시하고 있다. 우리나라에 이것을 적용한다면 어떨까. 아니 적용이라는 말을 갖다 붙일 수나 있나. 해고는 사회적 낙인임과 동시에 격리며 구별인데 말이다. 거슬러 올라가면 이런 인식의 지반엔 그만한 이유가 있다. 초등학교에서 적어도 고등학교 때까지 노동에 대한 혹은 노동자에 대한 인식과 경험을 우리는 갖지 못했다. 성공회대 노동대학장인 하종강 선생은 이렇게 얘기한다. "독일에선 초등학교에서 단체교섭을 교육한다. 무리를 나눠 사용자 쪽과 노동자 쪽이 서로의 견해를 가지고 교섭을 벌인다. 이 수업을 한 번만 하지 않는다. 왜냐면 노사 교섭이라는 것이 한두 번으로 끝나지 않기 때문이다." 독일과 달리 우리는 태어나면서부터 접종해야 할 노동에 대한 예방접종을 건너뛰고 있는 건 아닌가. 그 결과 전국에 해고와 비정규직, 노동에 대한 천박한 인식이 똬리를 틀고 있지만 제대로 된 대응이 없는 것은 아닌가. 노동자 머리에 펄펄 끓고 있는 이 열은 도대체 어떤 바이러스 때문일까.

노동유연화라는 말이 있다. 유연화라는 말의 온화함과는 달리 노동은 짓밟히고 천대받는 지경인데도 잘도 사용된다. 대학 경쟁력과 청소 노동자들의 처우가 어떤 상관관계이길래 청소 노동자들의 애끓는 사연은 끊이지 않는가. 비정규직의 삶으로 초대받는 83퍼센트의 대학 졸업자 앞에는 뼈마디가 녹아내릴 유연함의 미래만이 펼쳐져 있다. 시간당 받는 급료는 여전히 5,000원 아래로 묶여 있고, 최저임금에 저당 잡혀 허덕이는 인생을 살아가는 이가 240만 명이나 된다. 지금의 88만 원 세대와 달리 커나가는 중·고등학생은 어쩌면 선택마저 박탈당한 세대일지 모른다. 그런데 이런 절망의 미래와 참혹한 통계조차 소 닭 보듯 하는 이가 적지 않은 것 같다. 먹고사는 것이 가장 중요한 문제임에도 왜 노동의 문제가 이렇듯 다른 나라 얘기처럼 뒷전으로 밀려나고 있을까.

각별했던 다음 세대와의 만남

태어나면 맞게 되는 홍역 예방접종을 맞지 않는다면 어떻게 될까. 어차피 평생 한 번 찾아오는 홍역이라 뒤로 미뤄두면 어떤 일이 벌어질까. 한국의 노동 현실이 나와 내 자식은 관련 없다고 눈 한 번 찔끔 감으면 세상은 자연스럽게 돌아가는 것인가. 잔혹하리만치 무서운 창살 같은 통계와 송곳 같은 수치는 운 좋게도 나와 내 가족만 비껴가는 기적이라도 일어나는 걸까. 멀쩡하게 다니던 회사에서 하루아침에 쫓겨나는 노동자들은 지독히도 운 나쁜 사람들이란 말인가. 노동이 밀려난 그 공간만큼 자본의 하수구가 들어와 쉴 새 없이 비리와 불평등의 폐수를 방류한다. 오늘도 통제받지 않는 자본과 재벌의 하수구 공사엔 권력이 동원되고 무장한 공권력이 제복 입고 질서를 떠든다. 돈이 주인인 세상처럼 굴러갈수록 자본의 탐욕은 커져만 간다. 자본이 지배하는 이 세상에서 우리는 행복을 느끼고 있는가.

자본의 탄압과 멸시가 기승을 부릴수록 우리를 돌아봐야

하는 건 아닐까. 어느 편에 서고 어떤 주장에 편승하고 있는지 따져봐야 할 때가 되지 않았나. 한국 사회처럼 투쟁하는 이들에 대한 악랄한 탄압이 존재하는 나라도 드물다. 어쩌면 투쟁하는 이들만이 자본과 권력의 실체를 발가벗기기 때문은 아닐까. 제주도 강정마을 공동체를 파괴하며 동북아 평화를 주장하는 권력과 자본의 발파작업은 지금도 계속되고 있다. 4대강으로 평화는 끊임없이 유실되고, 경남 밀양 송전탑엔 감전된 평화의 해골이 덩그러니 매달려 있다. 정권과 자본이 주장하는 평화는 그들만의 평화이며 그네들의 안위였다.

지난주 수요일 울산의 한 고등학교에 갔다. 선생님 몇 분께서 강연 요청을 해서인데, 고등학교 강연은 처음이라 조금 설레었다. 선생님과 시민 120명 정도의 청중 가운데 고등학생도 20여 명 앉아 있었다. 해고자 이야기에 귀를 쫑긋하고 두 시간 내내 주목하던 고등학생들의 눈빛을 잊을 수 없다. 2008년 촛불소녀들이 대학생이 되어 반값 등록금과 노동자 연대를 이어간 것은 그들만의 세대 공감이 있었기 때문이다. 노동과 권력과 자본에 대한, 그리고 부당함에 대한 백신을 맞고 성장한 그들이 보여준 건 분명 가능성이었다. 너도나도 촛불을 얘기하고 앞 다퉈 촛불을 분석했다. 그러나 정작 그다음 세대에게 줄 무언가는 준비하지 않았던 게 아닐까. 노동자를 만나고 노동조합을 경험하고 투쟁하는 이들의 아픔을 함께 나누는 자리가 여전히 부족한 건 몇 사람의 게으름 때문만은 아닌 듯하다.

사회적 질병 예방 접종이 필요해

커나가는 학생들에게 노동을 알게 하고 들려주는 것은 우리 모두의 몫이다. "전선의 저항값이 높아지면 전선이 붉게 달아오른다. 그러면 무슨 일인가 사람들이 보게 된다. 어떤 대책이라도 내놓게 된다." "저항하지 않으면, 어쩌면 여러분들은 미래조차 선택할 수 없을지 모른다." 고등학교 강당에서 나에게 이 얘기를 들은 학생들은 어떤 생각을 했을까. 세상에 대한 의구심이 조금이라도 높아진 걸까. 불안정한 삶을 강요하는 사회에서 노동은 그리고 노동조합은 어쩌면 반드시 맞아야만 살아갈 수 있는 홍역 예방 접종인지 모른다. 강연을 마치고 올라오는 기차 안에서 머리에 약간의 미열이 났다.

한겨레21 920호, 2012.7.23.

이창근의 해고일기

미안하다는 말 이제는 하지 않을게요

오늘 재판정에서 문득 편지를 쓰고 싶다는 생각을 했어요.

비정규직 노동자의 불법 파견에 관련된 재판이었는데, 제가 증인으로 나갔거든요. 증언을 준비하려고 입사한 때부터 지금까지 지난 시간을 기억해내고 장면들을 떠올려야 했어요. 재판정 증언대에서 선서를 한 뒤 답변을 하다보니 제 기억과 실제 기록 사이에 차이가 있더군요. 해고된 지 많은 시간이 지난 것도 아닌데 벌써부터 이러면 어떡하나 싶었네요. 그런데 이상하게도 또렷하게 떠오르는 장면 하나가 있었어요. 연도가 정확하지 않아 한참 동안 곰곰이 돌이켜보았는데, 형이 5월까지 두꺼운 겨울 작업복을 입고 다녔던 모습이 떠오른 거예요. 왜 그렇게 미련하게 더운 작업복을 입느냐는 제 말에 야간에는 춥다고 대답하며 계면쩍게 웃던 형의 모습이 눈앞에 나타났지요. 그래요, 형은 왜 그렇게 두꺼운 작업복을 5월까지 입고 일했을까, 정말 궁금해졌어요. 지금도 그 작업복을 입고 계신지도 궁금하군요. 그래서 형에게 편지를 쓰고 싶다는 생각을 하게 됐어요.

지금 쌍용차 노조를 보며 떠올리는 형의 쓴소리

우리가 이야기를 나눈 지도 벌써 3년이 지났네요. 아, 미안해요. 계산이 철저한 형이었죠? 3년하고도 석 달이 정확하겠군요. 그동안 어떻게 지내셨어요. 형수님 건강하시고 아이들은 잘 크고 있는지 궁금해요. 한번 찾아뵙는다면서도 여태 그러지 못하고 있습니다. 사는 게 바쁘다는 핑계치고는 3년이란 시간이 꽤 길었네요. 형도 알다시피 저는 계속 노조일을 하며 살아요. 네 살이던 주강이도 벌써 일곱 살이고요. 아내는 계속 요가를 합니다. 형이 매번 제수씨라 부르던 아내는 흰머리가 많이 늘었어요. 형수님은 어떠신가요. 여전히 아름다우시죠. 늘 형수님 자랑을 하던 형 얼굴을 생각하니 피식 웃음이 납니다. 팔불출이란 소리를 들으면서도 형은 끝까지 형수님 자랑을 했죠. 처음엔 늦장가 가서 그런가 싶기도 했는데 형수님 대하는 걸 보니 많이 사랑하셨던 것 같아요. 고된 야간일을 마치고 아이 데리고 병원 가는 일부터 콩나물, 두부 사고 설거지와 밥까지 하는 모습은 저와 많이 비교됐던 것 같아요. 지금은 어떠신지 궁금합니다.

제가 노조 간부가 됐을 때 축하해주던 형이 생각나요. 형이 추궁했지요? 중국 상하이자동차가 쌍용차를 인수하며 약속했던 투자를 차일피일 미룰 때 노조는 도대체 뭣들 하느냐고. 노조 간부들 하는 짓을 보면 조합비가 아까울 때가 많다고도 했고요. 전 그때 형처럼 조합원이었지만 뜨끔했어요. 이른바 노동운동을 한다는 사람들에 대한 질책이었기 때문이죠. 저라고 당시 노조에 대해 답답한 구석이 왜 없었겠어요. 그래도 형이랑 맞장구치며 누워 침 뱉을 순 없어서 이런저런 사정이 있지 않겠느냐고 했는데 지금 생각하면 형 말이 맞았네요. 형 같은 현장 노동자의 쓴 목소리가 노동조합에 직접 닿지 않았기 때문에 지금처럼 쌍용차 공장 안에 어용노조가 생긴 게 아닌가 싶어요. 우리가 2009년 쌍용차 공장 점거 파업을 한 이유는 회계 조작에 이은 강제적 정리해고를 막아내고 조합원의 생존권을 지켜내기 위해서였죠. 그건 노동조합의 존재 이유이기도

했고요. 그런데 지금 공장 안 기업노조는 회사와 한통속이 돼 조합원들을 기만하고 노동 강도를 부추기는 마름 노릇을 충실히 하고 있잖아요. 노조의 이름을 팔며 노조의 존재 이유를 배반하고 있다고나 할까요? 노조를 향한 형의 질책이 필요할 때가 지금이 아닌가 싶어요. 지금 그 역할을 하고 계시죠? 그러실 거라 믿어요.

'와락'부터 국회 모임까지 이어진 연대

2012년 4월 대한문 풍경. 형이 잘 알고 있듯이 우리는 4월 5일부터 서울 대한문과 공장 앞, 그리고 평택역에 천막을 치고 쌍용차 문제 해결을 위한 농성을 이어가고 있어요.

해고자 문제가 어떻게 되는지 궁금하다고요. 형이 잘 알고 있듯이 우리는 4월 5일부터 서울 대한문과 공장 앞, 그리고 평택역에 천막을 치고 쌍용차 문제 해결을 위한 농성을 이어가고 있어요. 지난 2012년 7월 10일엔 쌍용차 회계 조작과 그것에 빌미를 둔 정리해고 문제가 KBS〈시사기획 창〉이라는 프로그램에서 다뤄졌어요. 3년 동안 줄기차게 외쳤던 우리의 목소리가 처음으로 공중파를 탄 것이죠. 상세하게 다루지 않아 아쉬웠지만 조금씩 진실이 밝혀지고 있어요. 형이 답답하게 생각하던 부분이 이제 조금씩 풀려나가는 것 같아요. 그리고 공지영 작가라고 아시죠. 왜 형이 틈틈이 읽던 소설을 쓴 작가 말이에요. 예, 그분이 쌍용차 사태의 진실을 알리는 최초의 르포《의자놀이》라는 책을 발간해요.《의자놀이》에 담긴 뜻을 짐작하시겠어요? 의자가 하나씩 줄어들어 앉을 의자가 없는 사람이 하나씩 쫓겨나는…… 책이 8월 6일 나오는데 형에게 제일먼저 선물할게요. 아이들이 많이 컸을 테니 가족과 함께 읽어도 좋을 듯합니다. 국회에서도 작은 변화가 있어요. '쌍용차 문제해결을 위한 의원단모임'이 구성돼 활동하고 있어요. 그런데 환경노동위원회 쌍용차 소위 구성을 새누리당이 반대하는 바람에 난항을 겪고 있어요. 집권 여당과 이명박 정부가 쌍용차 문제를 어떻게 생각하는지 알 수 있는 대목이죠. 그래도 우리는 실망하거나 포기하지 않아요. 쌍용차 문제 해결을 위해 수많은 사람들이 연대하기 때문이에요.

아이들 '와락'에 한번 데리고 놀러오세요. 많은 매체에서 다뤄서 이미 알고 있을 텐데 쌍용차 '와락'이란 곳이 있어요. 어른들 심리치유는 물론 아이들의 놀이공간으로도 좋은 곳이에요. 부담 갖지 마시고 형수님과 함께 와요. '와락'은 해고자나 무급자, 희망퇴직자, 공장 안 근무자까지 누구나 올 수 있어요. 참, 형 이가 안 좋았죠. 이참에 치과 치료 한번 해요. '와락'에서 매월 한 번씩 건강치과의사협회 분들이 와서 정기 진료를 해주고 있어요. 형도 치료받으면 좋겠어요. 얼마 전엔 '와락'에서 영수를 만났어요. 3년 만이었죠. 사는 게 무척 힘들어 보였어요. 그동안 살아온 얘기를 나누다보니 형 생각도 나대요. 해고자들 어찌 사나 싶겠지만 서로 잘 살아보려고 노력하고 있어요. 그러니 너무 짠하게만 보지 말아요.

상균이 형 이제 나옵니다. '벌써 3년이 지났구나' 생각하시겠죠. 밖에 있는 시간과 감옥 안의 시간은 흘러가는 속도가 다른 것 같아요. 저도 6개월 동안 감옥에서 살다 나왔지만 3년은 너무 가혹합니다. 태어나면서 각자의 지게는 타고난다지만 한 사람에게 너무 큰 지게를 지운 것 같아요. 한상균 지부장이 구속된 뒤 면회 한번 못 갔다고 너무 자책하지 말아요. 한 지부장은 형의 마음을 누구보다 잘 알고 있을 테니까요. 8월 4일 밤 12시에 화성교도소에서 출소하는데 그 자리에 함께 못하는 사정도 이해해요. 가장 먼저 달려가고 싶은 형의 마음을 우리는 알고 있어요. 이참에 형이 있는 그곳으로 우리가 못 가는 마음도 조금은 이해해줘요. 형에게 처음 쓰는 편지여서 좀 어색하네요. 마음속으로는 많은 이야기를 했는데 글로 옮기려니 무척 어렵네요. 어떻게 마무리 인사를 해야 할지도 엄두가 나지 않고요.

울지 않고 싸울게요, 형

저녁이면 별빛 되어 찾아오고 아침이면 사라지는 형을 보며 오늘도 살아갑니다. 사람이 죽어 별이 된다는 말을 언젠가부터 믿기 시작했어요. 대한문 앞에서 검은 얼굴로 늘 제 곁에 있어주는 형을 통해 힘을 내고 싸울 용기를 얻어요. 형의 온전한 하나의 세계를 지켜주지 못해 너무 미안해요. 미안하다는 말, 이제는 하지 않을게요. 쌍용차 노동자들이 2009년부터 겪고 있는 탄압과 수모를 오롯이 되돌려주는 날까지 울지 않고 싸우렵니다. 언젠가부터 익명화된 형을 보며 마음에 돌덩이 하나 매달고 살아가요. 이 사회가 쌍용차 스물두 분에 대해 기록하고 기억함으로써 다시는 이런 일이 일어나지 않도록 하기 위한 노력을 멈추지 않을 겁니다. 우리가 그때 그곳에 있었음을, 형이 그곳에 함께했음을 우리는 잊지 않을 겁니다.

마침 밤하늘에 인섭 별이 빛나고 있네요. 아직도 두꺼운 겨울 작업복은 입고 있나요. 이제는 가벼운 옷으로 갈아입어요. 더운 여름이잖아요. 잘 있어요, 형.

쌍용차 두 번째 희생자 엄인섭을 사랑하는 동생 창근이로부터.

한겨레21 922호, 2012.8.6.

한상균은 나왔지만…

두 주 전 춘천엘 갔다. 친구 결혼식에서 사회를 맡아달라는 부탁을 두 달 전에 받은 터라 일정 수행하듯 졸린 눈을 비비며 고속도로를 달렸다. 결혼식이 끝나고 피로연장에서 친구들과 오랜만에 술 한잔을 했다. 이야기하며 찬찬히 바라본 얼굴들. 시간의 흐름이 물결마냥 얼굴에 조금씩 묻어가고 있었다. 그러던 중 유독 한 친구의 얼굴이 들어왔다. 앞니는 벌어졌고 치아 전체가 뒤틀렸다. 얼굴 피부는 피곤에 절어 흘러내리듯 처져 있었다. 치아는 건강의 상태를 말해준다는데, 그동안 무척이나 고달픈 일이 있었던 모양이었다. 두 해 만에 보는 친구의 얼굴에 놀란 것은 내가 아닌 아내였다. 도대체 이 친구에겐 무슨 일이 있었기에 멀쩡하던 입가가 뒤틀렸을까. 아들 녀석에게 용돈 쥐여주며 바삐 멀어지는 친구에게 더는 물어보지 못하고 우리는 집으로 향했다. 돌아오는 차 안에서 바라본 무더운 하늘에 친구 얼굴이 오래도록 걸렸다.

지난 8월 4일 자정이 넘는 순간, 어떤 이가 감옥 문밖으로 성큼 걸어 나왔다. 단 1초의 감형 없이 옹근 3년을 감옥에서 살고 마침내 우리 품으로 걸어온 사람. 그는 2009년 쌍용차 파업을 이끌었던 한상균 쌍용차지부 전 지부장이다. 그날도 난 사회를 봤다. 지금까지 진행한 어떤 사회보다 긴장되고 설렜다. 교도소 앞에선 한 전 지부장을 맞기 위해 밤 9시부터 300명가량이 모여 문화제를 열었다. 때마침 문화제 시작과 함께 떠오르는 달이 시간의 흐름을 알려줬다. 달은 3년이란 시간만큼이나 너무도 천천히 움직였다.

마침내 우리 곁에 선 한 전 지부장. 무척 마른 모습이었다. 문화제부터 눈물을 닦던 이들의 손수건은 더 바삐 눈가를 훔쳤다. 3년 만에 듣는 그의 연설은 2009년으로 우리를 되돌려 났다. 몰려든 기자와 연신 터지는 플래시에 조금은 당황한 모습이었지만, 그동안 잘 벼린 느낌의 연설을 했다. 말랐다기보다 뼈의 무게가 줄어든 느낌의 몸으로 변한 모습을 보고 건강이 염려됐다. 한 전 지부장은 끝까지 온 힘을 다해 연설을 하고 있었다.

회계 조작에 의한 정리해고를 막고 노동자의 생존권을 지키기 위해 쌍용차는 2009년 공장 점거 파업을 벌였다. 중국 상하이자동차의 '먹튀' 문제는 2009년 초반만 하더라도 모든 매체의 1면 기사였다. 그러나 점차 기사의 논조가 바뀐다. 파업하면 으레 등장하는 숱한 비난의 화살이 봇물처럼 노조로 흘러들었다. 여기에 공권력의 살인적 진압이 정점을 이룬다. 갖가지 신종 무기의 시험장으로 변한 쌍용차 공장. 최루액은 헬기를 이용해 농약처럼 뿌려졌고, 쌍용차 노동자들을 대상으로 테이저건의 임상시험이 이뤄졌다. 그 당시 머리 위로 쏟아진 최루액과 뺨에 꽂힌 테이저건은 기한 없는 유통으로 지금도 기억의 회로에 저장돼 있다. 기술 유출 논란은 유야무야 넘어갔고, 강제적 정리해고로 인해 벌써 스물두 명이나 생목숨을 잃어야만 했다.

쌍용차 문제는 아직 해결의 실마리를 찾지 못하고 있다. 왜 그런가. 왜 이토록 쌍용차 문제는 풀릴 기약이 없는가. 정부와 새누리당 그리고 국회 환경노동위원회의 구성이 이 궁금증의 실마리를 제공한다. 새누리당 국책자문위원은 쌍용차 진압의 책임자인 조현오 전 경찰청장이다. 쌍용차 문제를 모르는 초선 의원이 많아 쌍용차 소위 구성을 반대하는 환노위 의원들. 쌍용차 문제는 개별 기업의 문제라며 모르쇠로 일관하는 이명박 정부. 이들의 뻔뻔함을 꺾지 않는다면 쌍용차 사태 해결은 쉽지 않아 보인다. 쌍용차 노동자들은 새누리당 앞에서 조현오의 국책자문위원 해촉과 환노위 쌍용차 소위 구성을 요구하며 72시간 공동행동을 벌이고 있다. 새누리당은 답해야 한다!

한겨레, 2012.8.10.

여기 사람이 있다

반복되는 오심, 정권의 편파판정

펜싱은 잘 모르기도 했지만 그다지 관심이 가지 않는 종목이었다. 그러나 이번 런던올림픽을 보며 펜싱이 꽤나 재미있다는 걸 알았다. 펜싱 경기 오심 논란 때문에 뒤늦게 관심이 생긴 것이다. 지난 2012년 4월 5일부터 서울 대한문 천막농성을 이어가다보니 올림픽을 볼 시간도 여건도 되지 못했다. 예전 같으면 새벽 시간을 적당히 즐기며 올림픽을 봤을 텐데, 해고자가 되고 나선 스포츠 경기에 몰입이 되지 않는다. 이런 사정에도 펜싱 경기를 다시보기 기능을 이용해 몇 번 본 이유는 어떤 부분이 오심이었을까 궁금했기 때문이다. 명백한 오심에 눈물을 떨구던 신아람 선수의 모습을 반복해 보며 '정말 억울하겠구나'란 생각이 들었다. 올림픽을 준비하는 선수들의 땀방울이 심판의 순간적 판단과 실수로 정정당당하게 겨뤄보지도 못한 채 꺾일 때의 박탈감이 고스란히 마음으로 느껴졌다. 반복되는 오심을 어떻게 바로잡을 수 있을까. 오심도 경기의 일부이기 때문에 운에 맡기면 되는 것인가.

편파적인 심판에 대한 철석같은 믿음

올림픽 개막이 있던 날 새벽부터 전화기는 쌓이는 문자로 몸살을 앓았다. 급박한 상황이 수시로 들어왔고 상황은 점점 심각해졌다. 7월 27일 새벽 4시를 기해 전격적으로 경기도 안산 반월공단의 자동차부품업체 SJM 공장에 용역이 난입한 것이다. 컨택터스 로고가 선명하게 박힌 방패를 들고 헬멧과 곤봉으로 중무장한 컨택터스는 경찰과 구분이 되지 않았다. 300여 명의 용역은 위험하기 그지없는 새벽 시간을 틈타 공장 접수 작전을 벌였다. SJM 조합원 70여 명과 금속노조 조합원 80여 명이 공장 안에서 농성을 벌이고 있었지만 버틸 재간이 없었다. 용역들은 잡히는 대로 던지고 짓밟았다. 곤봉으로 두들겨 패고 쇳덩어리와 소화기를 던진 것은 물론 심지어 자리를 피하는 조합원을 따라가 폭행하기도 했다. 용역들의 SJM 공장 접수 작전으로 조합원 34명이 중경상을 입었다. 이 가운데 11명은 팔다리가 부러지고 치아 함몰까지 발생했다. 새벽에 벌어진 컨택터스 용역 활극은 두 시간이 지난 아침 7시가 돼서야 끝났다.

곧바로 SJM 사 쪽은 아침 7시 직장폐쇄를 고용노동부 안산지청에 신고한다. 직장폐쇄도 하기 전 용역을 투입해 폭행을 저질러 노동자들을 공장에서 밀어낸 것이다. 명백한 불법임을 알면서도 이들은 보란 듯이 반칙을 했다. 또한 경비업법 제18조에 따르면 용역 투입 24시간 전에 관할 경찰서에 신고하도록 돼 있다. 그러나 이들은 신고하지 않았다. 출전 선수 명단을 제출하지 않은 것이다. 올림픽으로 치면 부정선수였다. 자격 박탈은 물론 선수 생명이 끝나는 일이다. 그러나 이들은 이름만 바꿔 지속적으로 출전하고 있다. 그렇다면 폭력이 일어나던 두 시간 동안 경찰은 도대체 뭘 하고 있었을까. 마치 격투기 심판인 양 옆에서 지켜만 봤다. 조합원들의 112 신고엔 늑장 출동했고, 살려달라는 호소는 팔짱 긴 채 듣지 않았다. 사 쪽은 어떤 배짱으로 이렇게 움직였을까. 이들은 어떤 출발의 총성을 들었기에 미친 듯 새벽에 공장을 질주한 걸까. 어떤 상황에서도 가진 자들의 편을 들어주는 이 사회에 수두룩한 편파적인 심판에 대한 철석같은 믿음 때문은 아니었을까.

안산 SJM 공장에 용역이 난입한 날 오후 이명박 대통령은 휴가 전 국정현안점검회의를 한다. 안산 SJM 공장에서 벌어진 용역들의 폭행으로 노동자들의 팔다리가 부러지고 치아 함몰이 있었음에도 일절 언급하지 않는다. 오히려 같은 날 오후 3시 직장폐쇄를 단행하고 용역을 투입한 만도에 대해 고액 연봉과 귀족 노조라는 프레임으로 원색적인 비난을 퍼부었다. 연봉이 높은 귀족 노조가 나라 경제가 어려운데 무슨 파업을 벌이느냐는 것이다. 국정현안점검회의 시간이 오후 5시임을 고려하면 직장폐쇄 사실이 실시간으로 보고되고 있었음을 미뤄 짐작할 수 있다. 국정현안점검회의에서 다뤄진 노동 문제가 실은 노동 현안이 아니라 자본 현안으로 다뤄졌던 것이다. 노동자 피해 상황에 대한 점검이나 조처가 아니라 자본의 억울함과 신속한 대응을 위한 유관기관 대책회의였던 것이다. 만약 국정현안점검회의에서 용역경비업체와 폭력의 문제가 지적됐다면 어땠을까. 팔짱 낀 채 사태를 악화시킨 경찰에 대해 바로잡았다면 어땠을까. 그러나 이런 바람은 무망할 정도로 폐기된다. 언제나 노동자들의 목소리는 그들의 표현대로 마사지되고 삭제됐다.

편들기 넘어 잘못된 신호 주다

지난 8월 6일 런던올림픽에서 발생한 일련의 오심 논란에 대해 이명박 대통령은 라디오 연설을 통해 강한 불만을 제기했다. 이 대통령은 "이번 올림픽은 영광의 순간만큼이나 안타까운 일도 많았다" "경기에 최선을 다했고 판정은 심판이 하는 것이니 선수로서 결과에 승복한다고 했지만, 솔직히 저 개인적으로는 그 판정을 도저히 받아들일 수 없다"고 했다. 연설을 접하면서 SJM과 만도, 그리고 용역업체 컨택터스가 생각났다. 노동자들이 겪고 있는 불법과 편파 판정, 일방적 탄압을 도저히 받아들일 수 없기 때문이다. 올림픽에서의 오심까지 대통령이 직접 나서 불만을 제기했다. 오심이 일었던 종목과 선수를 일일이 지목해 구체적 사례까지 들었다. 그러나 일상적으로 편파 판정에 시달리고 동일한 출발선도 보장받지 못하는 노동자들에 대해 왜 아직까지 단 한마디도 언급하지 않는 것인가. 쌍용차 노동자 22명과 백혈병 등에 걸린 삼성전자 노동자 56명이 목숨을 잃었다. 제주도 강정에선 신부가 용역에 폭행당하고 성체마저 짓밟히고 있다. 경남 밀양에선 송전탑으로 인해 마을 공동체가 무너지고 있다. 이 죽음과 고통, 탄압과 억울한 노동자의 사정은 왜 조목조목 말해지지 않는가. SJM과 만도에 용역이 투입된 날 정부는 일방적으로 자본의 편을 들었고 결국 자본에 잘못된 신호를 줬던 책임은 없는가.

열대야에도 마음 졸이며 지켜봤을 런던올림픽이 8월 13일 폐막된다. 선수들은 또다시 4년을 준비할 것이고 4년 뒤 또 다른 드라마가 누군가에 의해 만들어질 것이다. 그러나 오심이 점점 늘어나고 결과를 승복하기 어려운 상황이 지속된다면 과연 올림픽의 가치는 유지될 수 있을까. 이번 런던올림픽은 공정무역을 표방해 모든 음식에 공정무역 제품을 사용하는 등 '공정'에 무게를 뒀다고 한다. 그러나 올림픽 공식 마스코트 인형을 만드는 중국 공장에서 노동 착취가 발생했다는 보도는 공정무역을 무색하게 했다. 얼마 전 정부는 공정한 사회를 주창한 바 있다. 결코 공정하지 않은 제도와 법의 적용 속에서 노동자의 삶이 나락으로 떨어지는 것을 보며 어떻게 공정한 사회라 말할 수 있겠는가.

심판이 상대 팀의 일원으로 뛰는 꼴이니

심판이 있는 상황에서도 오심이 있고 페어플레이를 기대하기 어려운데 정작 심판을 봐야 할 당사자들이 심판은커녕 한 팀의 일원으로 게임을 뛴다면 어떻게 될까. 지금 우리는 심판 없는 게임을 강요당하고 출발선은 제각각이며 달려야 할 거리도 도약할 도약대도 모두 다른 세상에 살고 있다. 자본과 권력에 의해 일방적으로 밀리는 자본의 게임에서 적어도 조건과 기회는 함께 주어져야 하지 않는가. 여름 올림픽 오심보다 심판을 자임하는 자들의 일상적인 편파 판정 속에서 무덥다.

한겨레21 924호, 2012.8.20.

전태일다리 '묻지 마 멱살잡이' 사건

지난 28일 오전 전태일다리 위. 느닷없는 멱살잡이 사건이 벌어졌다. 새파랗게 젊은 사람이 반백의 노동자 멱살을 잡아챈 것이다. 박근혜 새누리당 대통령 후보의 갑작스런 방문으로 전태일 동상이 서 있는 청계천 전태일다리 위는 순간 아수라장이 됐다. 박정희 시절 산업화라는 장밋빛 아래 스러져간 붉디붉은 장미들이 그동안 얼마였던가. 국가동원체제에 가깝게 진행된 숨 막히던 현실에 구멍을 낸 전태일이 1970년 노동 현실의 절박함과 잔혹함에 온몸으로 항거한 곳.

전태일다리 방문 전 박근혜 후보는 전태일재단을 방문하려 했으나 유족과 쌍용차 노동자들의 거센 항의를 받고 일정을 전태일다리로 급히 돌렸다. 사전 협의가 충분치 않았고 산적한 노동 현안에 대한 어떤 입장표명도 없이 난데없이 전태일재단 방문이라니, 거센 항의는 자초한 면이 있다. 이런 행보에 대해 적반하장격으로 박 후보 캠프 쪽은 '국민대통합'이라고 주장한다. 누구를 위한 국민대통합인지 묻지 않을 수 없다. 특히 헌화를 막아섰다는 이유로 멱살잡이를 당한 이는 다름 아닌 쌍용자동차 지부장이다. 스물두 명의 동료와 가족을 떠나보낸 만상주다. 그는 지난 8월 8일부터 새누리당 당사 앞에서 쌍용차 국정조사 실시를 요구하며 박근혜 후보 면담을 요구하던 인물이다. 면담 요구엔 차갑게 나오더니 헌화를 막아섰다고 뜨겁게 멱살잡이를 한 것이다.

영국의 역사학자 카는 역사는 과거와 현재의 끊임없는 대화라고 했다. 그러나 박 후보는 전태일을 산업화 과정에서 벌어진 하나의 지난 사건쯤으로 인식하고 있다. 그렇지 않고서야 과거와 현재를 끊임없이 단절하고 분리하려 했겠는가. 쌍용차 문제가 그렇고 용산참사를 대하는 모습이 그렇다. 아픈 현실의 문으로 들어가 과거를 보지 않고 몰래 담장을 넘어 과거에만 손을 내미는 행위는 과거에 대한 반성이라기보다 현실을 기망하는 모습이다.

지금의 노동 현안은 어떤가. 70년대보다 낫다고 할 수 있는가. 용역깡패가 밤낮 가리지 않고 노동 현장을 유린하고 폭력을 일삼아도 처벌을 받기는커녕 공권력의 비호를 받는다. 법치를 세우겠다는 박 후보의 '줄푸세' 공약은 이처럼 현실에서 헛공약이 되고 있다. 대화와 통합의 의지가 있다면 노숙농성으로 면담을 요구하는 쌍용차 노동자를 만나야 한다. 아직 새누리당이 국회 환경노동위원회 내 쌍용차 소위 구성을 당론으로 반대하고 있다. 이는 쌍용차 노동자들에 대한 탄압을 이명박 정권의 실정만으로 치부할 수 없는 주요한 근거다. 박 후보가 포장 행보, 덮기 행보, 막무가내 행보로 국민대통합만을 주장할 것이 아니란 얘기다. 쌍용차 문제에 대해 우선적인 입장과 해결책을 내놓지 않고 일정으로 만들어지는 국민대통합 행보는 결국 '국민 대사기' 행보로 읽힐 수밖에 없다.

투쟁하는 노동자가 전태일이다. 노동자는 과거에만 존재하는 것이 아니라 현재에도, 미래에도 살아 있다. 전태일재단을 방문하고 예의를 갖춘다는 의미는 어떤 것인가. 재벌과 자본 편에 선 정책에서 벗어나는 것이며, 집권여당의 노동 정책 방향을 노동자 쪽으로 트는 것이다. 현실에서 핍박받는 노동자들을 백안시하고 유령화하면서 무슨 전태일재단 방문이며 전태일 동상 헌화란 말인가. 박근혜 후보의 널뛰기 국민대통합 행보에 조금이라도 진정성이 담기길 기대한다.

몇 해 전 이명박 대통령이 5·18 묘역을 방문하며 표지석을 밟아 지탄을 받은 적이 있다. 행위라는 것이 따지고 보면 실수가 아닌 인식의 반영이기 때문인데, 이번 전태일다리 위 묻지 마 멱살잡이 사건이 단순한 실수로 보이지 않는 이유다.

한겨레, 2012.8.30.

쌍용차 청문회에서 밝혀야 하는 것들

"상하이차는 쌍용자동차의 핵심 기술을 확보한 후 자본 철수 명분을 만들기 위해 쌍용차가 심각한 부실상태에 있는 것처럼 보이도록 국내 자비 경영진, 그리고 회계법인들과 공모하여 유동성 위기를 조장하고 회계를 조작하여 인위적으로 경영위기 국면, 즉 긴박한 경영상의 필요성을 만들어낸 것이라는 주장이 상당한 설득력을 얻고 있다."

— 대국민토론회 권영국 변호사 발제

2008년 말 노조 선거가 한창인 가운데 쌍용차 대주주인 상하이자동차는 갑작스럽게 유동성 위기를 유포하며 각종 단협을 일방적으로 파기한다. 그동안 유동성 위기에 대한 어떤 신호도 없었음을 감안하면 갑작스럽다는 표현이 적절할 것 같다. 특히 차기 집행부 선거에서 새로운 집행부를 향한 선전포고의 성격이 컸으므로 모든 선본은 회사와 상하이차를 직접 겨냥했다. 그동안 먹튀 논란에서 자유롭지 못한 상하이자동차가 적반하장격으로 나온 것에 대한 조합원들의 분노는 대단했다. 그러나 조직되지 않은 분노는 그리 오래가지 못한다는 걸 시간이 지나면서 뼈저리게 느꼈다. 당선 후 바로 천막농성에 돌입한 집행부는 강경하게 나오는 회사와 상하이를 향해 단협 복원을 요구했다. 그러나 회사는 믿기 힘들 정도로 막무가내였고, 책임 있는 논의를 할 수 있는 자리는 마련되지 않았다. 혹자는 이때부터 쌍용자동차지부와 회사가 평행선을 달렸다고 하지만, 평행선의 레일을 놓은 건 회사였다. 여지를 주지 않았고 곧이어 임금을 체불했다. 본격적인 위기조장을 한 것이다. 2009년 1월 9일 모두의 예상을 깨고 상하이자동차는 무책임하게 법정관리를 신청했다. 그동안 정리해고 규모에 관심이 집중되건 조합원과 노조는 뒤통수를 맞는 기분이었다. 회사의 주장은 현금 보유액이 74억밖에 남아 있지 않아 어쩔 수 없이 법정관리를 신청한다는 것이었지만 객관적 자료는 늘 자본이 제공하는 것이 기준이었다.

회계 조작에 의한 정리해고를 밝혀야 한다

2009년 2월 6일 서울 지방법원 파산4부는 쌍용차 회생개시결정을 내리고 법정관리를 받아들인다. 꼼꼼하게 따지지 않고 회계법인과 회사가 제공하는 자료를 근거로 법정관리를 받아들였으며, 특히 그 회생개시결정의 이면엔 대규모 정리해고를 내포하고 있었던 것이다. 본격적인 싸움이 준비되는 시점이었다. 이것을 간단히 정리하면 다음과 같다.

2008년 하반기 이후 쌍용자동차는 유동성(경영) 위기를 유포했다. 채무에 지급 여력이 없다는 것이었다. 2009년 1월 기준 상환 예정 지급어음이 932억이었으며 기용현금은 74억이라 발표했다. 또한 2009년 4월 25일 1,500억의 공모사채가 만기도래 예정이었다. 회사는 2009년 1월 9일 법정관리 개시 신청을 하며 2008년 9월 말 결산재무제표를 인용하는데 여기엔 손상차손을 인식하지 않은 자료가 포함된다. 2009년 2월 6일 서울중앙지법 파산4부는 회생절차 개시결정을 내린다. 회생절차 개시결정의 이유로 유동성 위기를 드는데 이는 회사의 주장을 그대로 받아들인 것에 불과하다. 2월 20일 2008년도 재무제표를 확정한다. 여기엔 손상차손 5,177억 원이 감안된 재무제표가 등장하는데 주식회사의 외부 감사에 관한 법률, 즉 외감법에선 '자산의 장부가액이 회수가능액에 미달할 경우 순매각가치 또는 사용가치를 고려 손상차손을 계상'되도록 돼 있다. 이 부분이 외감범 위반 의혹을 받고 있는 것이다.

3월 10일 한국감정원으로부터 자산간정평가서를 제출한다. 감정평가 기준일은 2009년 2월 5일이며 시가가 반영된 부동산 감정평가로 주요 부동산 평가액 2008년 말 장부가액 대비 5,047억 증액이 된다. 손상차손이 미 반영된 토지가 상승 3,707억 때문이다. 이후 3월 27일 2008년 말 감사보고서를 제출하고 확정한다. 이는 안진회계법인이 담당했으며 시가가 아닌 손상차손만 감안한 재무제표를 반영하게 된다. 이 부분도 외감범 위반의혹이 짙다. 이어서 3월 31일 회사는 경영정상화 방안을 법원에 제출한다. 이것은 삼정KPMG가 맡는다. 향후 수익성 개선을 위한 기능별 전략 및 단기 유동성 확보 방안 등이 주요 내용인데 이는 채무자 회생 및 파산에 관한 법률, 즉 회생법 위반이 의심되는 대목이다. 5월 6일 법원이 파견한 삼일회계법인이 조사위원을 파견하여 조사보고서를 법원에 제출하게 되는데 핵심 내용은 인력구조조정과 신규 차입을 전제로 계속기업가치가 청산가치보다 더 크다고 판단한다.

앞서 살펴본 바와 같이 회사는 손상차손에 대한 문제와 외감법위반 회생법에 대한 위반을 한 것으로 보인다. 이 같은 사실이 밝혀진다면 쌍용자동차의 정리해고는 근거를 잃게 된다.

공권력의 국가폭력을 밝혀야 한다

2009년 1월 21일 쌍용차 노동자들은 텔레비전 뉴스를 보며 눈을 의심했다. 2001년 9·11테러가 영화의 한 장면으로 느껴졌을 만큼 현실감이 없었다면, 용산 남일당 망루에서 벌어진 공권력의 진압은 믿기 힘든 장면이었다. 흡사 자료화면이 아닌가 싶을 정도로 경악했다. 그러나 그 경악했던 장면은 꼭 7개월 뒤 쌍용자동차에서 재발한다. 일찌감치 이명박 정부는 개별 노사 문제에 정부가 할 역할은 없다고 선을 긋고 발을 빼는 모양새를 취했지만, 조직적으로 개입하고 진압계획을 함께 짰음이 드러나고 있다. 테이저건을 발사한 것도, 최루액을 농약 뿌리듯 뿌려댄 것도 단수와 단전 심지어 의사와 간호사까지 출입을 막아선 것은 쌍용차 노동자들을 고사하고 파업에 대한 뿌리 깊은 적대와 혐오가 있었음을 짐작할 수 있다. 어쩌면 자신이 내세운 경제성장 747공약이 노조의 극렬한 반대로 이뤄지지 않는다고 느낀 것일까. 이명박 정부는 쌍용차 노동자들의 파업을 잔인하게 끝까지 진압하고 탄압했다. 그 구체적 사례는 다음과 같다.

용역경비의 불법 폭력행위의 방조, 구사대와 용역경비 회사 진입 시 사복체포조 투입 등 공동작전 진행, 사측 집회는 보호하고 노조 집회와 연대 집회는 방해하면서 참가자들을 연행, 방송차량을 압수하는 등 사측의 입장에서 대응했고, 음식, 식수, 의료진을 차단했다. 또한 감금, 소환장 남발 등 가족대책위에 대한 과잉 대응, 기자회견 방해 및 연행, 물대포와 헬기를 이용한 최루액 살포, 테이저건, 고무총 등 경찰 장비의 과잉 사용과 부적절한 진압장비 사용, 연행과정에서의 폭력, 응

급 구조조치의 무시, 강제이송 연행, 취재 방해, 손배청구, 수
사과정에서 인권침해 등이 대표적인 탄압 사례라 할 수 있다.

이번 쌍용차 청문회에서 밝혀야 할 또 한 부분은 국가폭력
이다. 이성 잃은 공권력은 어떤 명령 시스템으로 움직였는지,
그 책임자는 누구이며 왜 그렇게까지 진압을 했는지를 우리는
묻고 확인해야 한다. 또한 사적 폭력이라 할 수 있는 용역폭력
또한 매듭져야 한다. 쌍용에서 이뤄진 용역폭력이 유성기업으
로 다시 SJM, 그리고 만도로 이어졌다. 노동 현장에서 더 이
상 이런 잔인한 용역의 활극을 우리가 더 봐야 하는가. 이것을
방조하고 묵인하는 공권력을 공권력이라 불러도 좋은 것인가.
우리는 이번 쌍용차 청문회가 이런 질문에 대한 사회적 답을
찾는 과정이라 생각한다.

노동자들의 죽음을 밝혀야 한다

벌써 스물두 번째의 죽음이 이어지고 있다. 지난 4월 5일부터
시작된 대한문 노숙농성이 100일을 훌쩍 넘어 계절이 변하고
있다. 그러나 아직 죽은 이들에 대한 사회적 신원이 아직 되고
있지 못하다. 왜 그런가. 한 사업장에서 22명의 노동자와 가족
들이 정리해고로 인해 목숨을 잃었는데도 왜 사회는 이리 조
용하고 차분한가. 우리는 이것을 밝혀야 한다. 새누리당 당사
앞에서 천막 하나 그늘막 하나 설치 못하는 가운데서도 우리
가 버티고 싸우는 이유는 먼저 간 동지들을 지키지 못한 죄스
러움 때문이다. 이 부분을 밝히지 못하고 어찌 우리가 두 발
펴고 살아갈 수 있겠는가. 사회적 단절과 고립 속에서 개인에
게 맡겨진 정리해고 이후의 삶이라는 것은 여느 무게와 비교

할 수 없을 만큼 무겁다. 온전한 스물두 개의 세계가 감쪽같이 사라진 희대의 사건을 우리는 어떻게 바라볼 것인가. 앞으로 발생할 수많은 희생에 대해 어떤 대책을 마련하고 준비할 것인가는 매우 중요하고 시급한 문제가 아닐 수 없다.

쌍용차 범국민대책위원회를 중심으로 그동안 수많은 집회와 '쌍용차 포위의 날', 그리고 범국민대회를 연 바 있다. 횡적 연대와 종적 깊이가 종전과는 다른 시도들이 여러 차례 이루어졌다. 그 결과 거리에서의 정치, 거리 투쟁의 함성이 결국 국회 청문회라는 작은 결과물을 만들어냈다. 이 청문회가 국정조사로 이어질 수 있도록 해야 할 것이다.

2012년 9월은 쌍용차 투쟁에 새로운 전기가 될 것임은 분명하다. 늦은 감은 있지만 여야 합의로 쌍용차 청문회가 준비되고 있기 때문이다. 청문회라는 형식이 갖는 근본적인 한계와 모르쇠로 일관하고 주어진 시간을 소비하는 증인들의 행태로 인해, 쌍용차 청문회가 쌍용차 국정조사의 기폭제 역할을 못할 가능성도 배제하긴 어렵다. 그러나 현재 조성되고 있는 쌍용차 투쟁에 대한 관심과 지지, 그리고 사회적 해결 의지는 결코 회사의 일방적인 방어로 청문회가 끝나지 않도록 할 것임을 확신한다.

불안의 판 위에 우리는 함께 서 있다

쌍용차 문제의 해결은 궁극적으로, 구조적 불안에 대해 이 사회의 대처가 어떠해야 하는가 하는 질문으로 요약될 수 있다. 이는 이른바 신자유주의의 맹렬한 질주 속에서 부속품처럼 떨어져나가는 개인들에 대해 사회가 어떻게 안전한 삶을 보장할 것인가의 문제라고 생각한다. 그렇기 때문에 쌍용차 청문회는 개별 사업장 문제에 국한되어선 안 된다. 구조적으로 벌어진 일련의 사건들을 종합적으로 이해하고 대책 마련을 강구하는 출발점이 되어야 한다. 쌍용차 투쟁 이후에도 수많은 사업장이 동일한 문제를 겪고 있고 지금도 탄압에 시달리고 있기 때문이다.

우리는 쌍용차 문제가 이 사회의 탄압의 가장 깊은 곳이라 생각한다. 생채기나 곪을 대로 곪은 이곳을 치료하지 않고 다른 부위로 번지는 정리해고의 고통을 차단할 수는 없을 것이다. 쌍용차 청문회에서 밝혀야 할 것은 그래서 매우 포괄적이다.

노동사회 166호, 2012년 9월호.

경찰은 새누리당 경비인가

그날도 비가 왔다. 때늦은 장마에 노동자들의 피켓과 밤새 잠자리 노릇을 했던 얇은 은박지가 빗물에 젖어 어지럽게 거리 위를 떠다녔다. 비 오는 가운데 출근하는 시민을 향해 선전전을 하고 있는데 일이 발생했다. 오전 8시. 차량 외관부터 새누리당 고위 관계자임을 알 수 있는 고급 승용차 한 대가 당사 앞으로 들어왔다. 문제의 차량이 들어오기 전부터 경찰은 부산하게 움직였고, 새누리당 대표나 박근혜 예비후보가 출근하는가 싶어 우리도 긴장하며 지켜봤다. 그도 그럴 것이 8월 8일부터 줄곧 그곳 앞에서 '쌍용차 국정조사' '쌍용차 특별법 제정 촉구' '환노위 내 쌍용차 소위 구성'을 요구하며 노숙농성을 하고 있던 우리로서는 좋은 기회가 아닐 수 없었다. 그 흔한 면담이나 간담회조차 노숙농성 3주 동안 단 한 번도 하지 못하고 거부당하고 있었기 때문이다.

"나는 새누리당 소속" 외치는 현직 경찰

차량이 도착하자 갑자기 경찰관으로 보이는 사람이 우산을 받쳐 들고 깍듯하게 인사하며 문을 열어주었다. 경찰 관계자가 저렇게 고급 승용차를 타고 다니나 싶어 탑승자가 누군지 물어봤다. 그러자 우산을 씌워주던 경찰관은 대뜸 반말로 "너네 뭐야?"라는 것이 아닌가. 어이가 없어 재차 물었다. "당신 경찰이냐. 경찰인데 왜 우산을 씌우고 새누리당 관계자를 당사 안으로 모시는 것이냐" 했더니 "새파랗게 어린 것이……"라는 말

253

이 튀어나왔다. 더 가관인 건 "경찰이면 관등성명을 대라" 했더니 그 경찰은 "내가 왜 관등성명을 너네들에게 대?"라고 했다. 당사 안으로 들어가는 경찰은 "나는 새누리당 소속"이라며 큰 소리로 몇 번을 외치고 사라졌다. 조금 뒤 주변 경찰은 그가 경찰임을 확인해줬다. 경찰이 새누리당 관계자에게 우산을 씌워주고 새누리당 소속이라고 말하는 저 뻔뻔하고 무지함을 어떻게 받아들여야 하나.

우리는 집회 신고를 내고 합법적으로 집회를 하고 있었다. 그러나 경찰은 집회 장소를 무단 점유한 것은 물론 수시로 집회를 방해했다. 불법 시위라는 말만 되풀이하며 끊임없이 우리의 주장을 막아섰다. 집회 및 시위에 관한 법률(집시법)은 시위자를 보호하기 위한 법이다. 그런데 언젠가부터 집시법은 시위자를 구속·검거하는 데만 사용되고 있다. 특히 새누리당 당사 앞은 집시법 자체가 무용지물인 곳이다. 집회는 허가제가 아닌 신고제다. 시간과 장소, 목적을 명시한 집회 신고서를 관할 경찰서에 신고하면 집회는 어디서든 할 수 있다. 집회 물품 또한 신고할 때 기재하게 돼 있다. 만약 경찰이 보기에 보완돼야 할 부분이 있다면 48시간 안에 보완 통보를 하는 것이 일반적이다. 따라서 보완 통보도 없었다는 것은 신고한 대로 집회를 하면 된다는 것이다. 이런 조건을 모두 갖췄음에도 우리는 지난 8월 8일부터 새누리당 앞에서 정당한 집회를 보장받지 못하고 있다. 비 온 뒤 땡볕은 살갗을 태울 정도로 강렬해 집회 신고 물품에 기재된 그늘막을 설치하려 해도 경찰은 근거 없이 방해했다. 방해 이유를 묻자 불법이기 때문이라는 대답만 할 뿐이다. 무엇이 불법인지, 왜 불법인지 따지고 물으면 불법이라는 대답을 무한 반복할 뿐이다.

공권력의 악감정, 누구를 향하나

경찰 직무집행법상 경찰은 사복을 입고 집회 장소에 드나들거나 무단으로 채증을 할 수 없다. 그러나 이런 법 규정은 현장에서 전혀 지켜지지 않는다. 사복 입은 경찰이 이름과 소속을 얘기하지 않는 경우는 허다한 일이 됐고, 수시로 집회 장소를 드나들고 있다. 급기야 정복을 입지 않은 경찰관의 출입은 불법임을 지적하자 은근슬쩍 경찰조끼를 걸치고 다시 불법 채증을 하는 경찰. 법을 준수해야 할 경찰이 스스로 경찰 직무집행법을 제멋대로 어기는 일이 다반사로 벌어진다. 급기야 지난 8월 21일 집회 장소 난입과 사복 입은 불법 채증에 항의하자 쌍용차 지부장과 연대하러 온 노동자 한 명을 경찰은 공무집행 방해죄로 연행해갔다. 경찰이 불법적인 공무를 집행했음에도 끌려가는 건 오히려 노동자다.

경찰들의 욕설도 가관이 아니다. 시위대를 향한 조롱과 비웃음, 그리고 사적 감정을 드러내는 일련의 경고방송은 이들이 공무를 담당하는 경찰인지 의심케 한다. 적법하게 신고된 장소에서 집회를 하는 우리에게 "이제 그만하고 집으로 돌아가"라거나, "선동을 멈추"라 한다. 언제부터 경찰이 시위에 대해 미주알고주알 간섭하고 방해하게 돼 있나. 특히 새누리당에 대한 비판에 일일이 간섭하는 행태를 보면 이들이 국가 공권력인지, 새누리당 경비인지 헷갈릴 때가 한두 번이 아니다. 쌍용차 국정조사 요구를 하는 우리에게 이들이 보이는 적의는 공권력의 감정이 어디에 있는지를 보여준다. 집회는 무조건 불법이며 악이라는 이들의 인식은 어디에서 기인하는가. 공권력이 사적 감정을 가질 수 있는지 묻지 않을 수 없다.

8월 22일 저녁 7시 20분께. 여의도 새누리당 당사 주변에서 흉기난동 사건이 발생했다. 당시 주변에는 경찰기동대가 상주하고 있었음에도 맨 먼저 피해자를 응급조치하고 범인을 쫓아낸 것은 경찰이 아닌 시민이었다. 특히 지혈을 도와 피해자의 생명을 구한 건 민주노총 금속노조 쌍용차지부 사무국장 김남섭이었다. 김 사무국장은 쌍용차 국정조사 촉구 저녁 문화제를 준비하던 차에 사건을 접하고 득달같이 달려가 피 흘리고 쓰러진 피해자의 지혈을 도왔다. 현장에는 경찰이 수도 없이 많았지만 코앞에서 벌어진 묻지 마 칼부림 사건은 손도 대지 못한 채 보고만 있는 꼴이 돼버렸다. 새누리당 관계자를 비 맞히지 않으려고 쏜살같이 달려가 우산 씌우는 민첩함을 민생치안에 쏟았다면 어땠을까. 시위대의 조그만 움직임에도 민첩하게 대응하는 그 기동력을 칼에 찔려 신음하는 시민에게 발휘했더라면 상황은 또 어땠을까. 윗선의 명령이 없었더라도 눈앞에서 벌어지는 사건을 보고 감정적으로라도 대응했더라면 또 어떤 결과가 나왔을까. 경찰이 시위대에 대한 민감한 반응 속도만큼만이라도 민생치안에 힘을 기울였다면 이런 일이 도시 한복판에서 일어날 수 있겠는가.

새누리 당사 앞은 오늘의 소도

삼한시대에 소도(蘇塗)라는 곳이 있었다. 제사를 관장하는 천군이 이곳을 신성한 구역으로 선정하고, 농경과 종교 의례를 주관하던 장소였다. 소도는 신성한 지역이기 때문에 죄인이 이곳에 숨으면 잡을 수 없다. 즉, 치외법권 지역을 말할 때 소도라 부른다. 현대판 소도가 여의도 새누리당 당사 앞이 아닌가 싶다. 경찰이 이곳에만 들어오면 법을 어긴 범인이 된다. 그러나 누구 하나 처벌되지 않고 문책 또한 없다. 경찰의 신분을 망각한 행태가 버젓이 벌어지고 공과 사의 구분이 불분명해진다. 합법이 불법으로 둔갑하고 있는 법조차 제 마음대로 해석된다. 법 집행을 담당하는 경찰은 이곳에선 탈법도 용인된다. 두려울 것이 없다. 새누리당 당사 앞이 어떤 이를 위한 신성지대이길래 이런 불법이 용인되는 현대판 소도가 되었나. 정작 민생은 칼부림에 유린된 채 말이다.

'쌍용차 국정조사'와 '쌍용차 특별법 제정' '쌍용차 청문회' 실시를 요구하며 노숙농성을 이어가고 있다. 마침 여야 합의로 쌍용차 청문회가 오는 9월 초 열릴 예정이다. 쌍용차 문제에서 빼놓을 수 없는 문제가 국가 공권력에 의한 폭력이다. 폭력의 한가운데서 폭력을 말해야 하는 이 비참함이 언제까지 더 이어질 것인가.

한겨레21 926호, 2012.9.3.

여기 사람이 있다

들리지 않는 목소리 듣는 쌍용차 청문회

한뎃잠을 자는 해고자에게 여름이 겨울보다 훨씬 낫다. 비를 피할 수 있고 전경보다 무섭다는 모기만 물리칠 수 있다면 어디서든 잠들 수 있기 때문이다. 여느 때처럼 서울 대한문 분향소에서 잠을 자던 중 가위에 눌려 눈뜬 뒤 잠을 이룰 수 없었다. 22명의 영정이 모셔진 분향소는 밤에 혼자 있기 두려울 때가 있다. 그날도 둘이선가 늦게 잠을 청했는데 느닷없이 얼마 전 사망한 동기 녀석이 그야말로 꿈처럼 나타났다.

청문회가 끝나면 전화번호 지울 수 있을까

이른바 '산 자'로 분류돼 얼마 전까지 공장에서 일하는 줄 알았던 녀석이다. 사망 소식을 접하고 사정을 물어보니 1년 전부터 암 투병 중이었다고 한다. 특이하게도 얼굴암에 걸렸고 1년간 병가를 냈는데 장기 요양이 필요해 연장을 요청했지만 회사는 거부했다. 결국 퇴사를 했고, 나 홀로 병마와 싸웠다는 사실을 사망한 이후에 알았다. 입사 동기 50명 가운데 죽은 이는 그 말고도 더 있다. 한 녀석이 희망퇴직 뒤 교통사고로 비명횡사한 것이다. 산 자나 죽은 자나 온전하게 살아가기 힘든 상황에 처해 있음은 매한가지다. 2011년 쌍용자동차 회사가 실시한 건강검진에서 암 판정을 받은 이가 10명이 넘었다고 한다. 멀쩡하던 자동차 공장에서 암이라니. 이것도 2009년 파업과 관련 있을까 의구심을 갖던 차에 아직 젊다고 해야 할 동기 녀석의 사망 소식을 들은 것이다. 쌍용차 문제는 지금까지 드러난 것만 보더라도 끔찍하지만 이제부터 드러날 부분 또한 앞선 고통에 비해 작을 것 같지 않다. 쌍용차 국회 청문회가 이런 속사정을 모두 파헤쳐 보여줄 수 있을까.

쌍용차 청문회가 9월 20일 열린다. 열릴 것 같지 않던 청문회가 드디어 열리는 것이다. 기다렸던 청문회지만 정작 걱정이 앞선다. 하루 청문회로 3년간의 응어리가 다 풀릴 수 있을지. 동지 22명의 억울한 죽음이 조금이라도 신원될 수 있을지. 이런 생각에 잠을 설칠 때가 많은데 그런 다음날엔 어김없이 어깨가 무겁고 머리가 뜨거울 정도로 두통에 시달린다. 회사라면 이가 갈리지만 만남의 설렘도 있다. 3년 전보다 조금은 달라져 있지 않을까, 기대도 있다. 그래도 사람이지 않을까, 일말의 기대를 버릴 수 없다. 무엇보다 나와 내 동료와 죽어간 동지들의 운명이 연관돼 있기 때문이다. 억울하게 해고되고 날품팔이 하청 떠돌이 인생으로 살아가는 쌍용차 해고 노동자들이 얼마인가. 철없던 시절 뭣 모르고 새긴 문신 감추듯, 쌍용차 출신임을 드러내지 않고 살아가는 노동자들이 또 얼마인가. 이들은 쌍용차 국회 청문회가 열린다는 사실을 알고 있을까. 안다면 어떤 반응을 보일까. 지난번 상갓집에서 만난 회망퇴직자는 쌍용차 이야기가 나오면 텔레비전을 끈다고 했다. 이번 청문회를 지켜볼 수많은 시청자 가운데 쌍용차 해고자는 많지 않을 것이다. 보고 싶지 않은 기억, 떠올리기 싫은 장면이 아프게 머리를 헤집을 테니까.

강원도에서 덤프 일을 하는 무급자 친구에게 전화 한 통을 걸었다. 안부가 궁금했고, 제수씨가 약하지만 우울 증세를 보이고 있어 걱정되던 참이었다. 잘 살고 있다는 힘없는 대답에 마음이 무거워진다. 청문회가 지닌 한계를 이미 알고 있기 때문일까. 청문회를 통해 상황이 좀 나아질 수 있을 거란 얘긴 끝내 아무도 꺼내지 않았다. 전화를 끊고 발신 목록에 남아 있는 친구의 이름을 한참 동안 들여다봤다. 22명의 사망 소식이 차곡차곡 쌓인 전화기. 사망한 이들의 이름을 아직도 기억하고 있는 전화기의 액정이 검게 변할 때까지 눈길을 멈추지 않았다. 삭제하지 않은 번호가 아직 여럿 있는데 조금만 더 참아보기로 했다. 지우더라도 청문회를 끝낸 뒤에 하고 싶었다. 3년간이나 함께한 번호며 이름이 아니던가. 이 알량한 고집이 어디서 오는 건지 나 자신도 헤아릴 수 없지만 아무튼 남겨뒀다. 어쩌면 이들이 살아 있는 사람들에게 힘과 위안을 주고 있다는 허튼 생각을 하며.

혼자 1년 싸운 친구, 네 아이의 아버지

정신병원에서 2년 가까이 지내는 친구가 있다. 파업 중간에 회사의 회유로 공장을 나선 이후 급격히 상태가 나빠졌고 결국 정신병원까지 가는 사달이 벌어진 것이다. 이 친구는 파업 과정에서 발생한 이혼으로 삶에 금이 갔고 결국 금은 점점 더 벌어져 삶을 두 동강 냈다. 파업 이후 1년이 넘는 시간 동안 아파트에서 나오지 않고 나 홀로 파업을 수행한 사람. 노트북과 망원경으로 밖을 감시하고 식량을 쟁여두고 살았다. 경찰병력의 움직임을 실시간으로 모니터링하고 회사의 움직임도 꼼꼼하게 살폈다. 쌍용차 진압 장면을 수도 없이 보며 다시 전술을 세우고 전략을 짰다. 계획을 세우는 일이 어려웠기 때문일까. 밥을 밥 먹듯 굶었다. 아무도 모른 채 갇힌 공간에서 1년 동안 싸움과 파업을 진행한 것이다. 그의 형은 지금 해고에 맞선 투쟁을 하고 있고, 팔순 노모는 두 아들의 뒷바라지로 기우뚱한 삶을 헛헛하게 살아간다. 그가 정신병원에 입원한 것을 두고 의지박약이라고 누가 감히 말할 수 있을까. 공권력의 맹렬한 탄압과 스티로폼을 녹인 최루액의 지독함이 회사의 회유와 협박에는 없었다고 누가 주장할 수 있을까.

네 아이의 아빠인 해고자도 있다. 오랫동안 격투기 운동을 한 사람으로 보일 만큼 다부진 체구와 강단진 말투의 소유자다. 그는 설움의 비정규직 투쟁을 이끌고 있는 비정규직 투쟁 3년차의 노동자다. 쌍용차 투쟁을 이른바 '77일 투쟁'이라 말한다. 그러나 이건 잘못된 기록이다. '86일 투쟁'이라 부르는 것이 옳다. 쌍용차 공장의 굴뚝 농성은 파업하기 전에 시작된다. 정규직·비정규직 공동 투쟁의 상징으로 쌍용차 굴뚝 농성은 자리 잡았다. 그러나 파업이 끝난 현재 함께 굴뚝에 올랐던 정규직 노동자 둘은 투쟁하지 않고, 유일하게 투쟁을 계속하는 이가 비정규직 노동자다. 얼마 전 쌍용차 심리치유센터 '와락'에선 재능기부로 노후된 집을 리모델링한 바 있다. 당시 이 비정규직 노동자 집의 리모델링을 담당한 이는 방문 뒤 "도저히 리모델링이 불가능하다"는 1차 판정을 내렸다. 결국 어찌어찌해 깨끗하게 리모델링을 했지만 여전히 집 안 형편은 옹색하다. 그럼에도 비정규직 노동자들의 원직 복직은 물론 비정규직의 정규직화를 위해 오늘도 우직하게 투쟁을 이어간다. 언제나 쌍용차 정규직 노동자에 가려 빛을 보지 못하는 투쟁하는 비정규직 노동자들. 그러나 2008년 말 숱한 어려움을 헤치고 비정규직 노조를 결성했던 당시의 의지는 오늘도 변함없다. 아이가 넷이란 건 의지의 낙관이 아닐까. 현실이 아닌 미래를 보고 싸우는 삶의 밝음이 아닐까. 이들의 문제는 청문회에서 어떻게 다뤄질 것인가.

희망 번데기는 부화돼 날고 싶다

쌍용차 청문회에서 밝혀야 할 일이 너무나 많다. 회계 조작에 의한 강제적 정리해고를 규명하고 회계 조작에 가담한 회계 법인과 경영진의 책임을 물어야 한다. 살인적 진압을 지휘한 조현오 전 경찰청장도 처벌해야 한다. 쌍용차 희생자 22명의 명예회복과 그 대책도 빼놓을 수 없다. 사회 안전망이 없는 한국에서 해고는 살인임이 이미 증명되지 않았는가. 해고의 바다에서 지난 3년간 조난 신호를 보낸 이들에게 한국 사회와 국회는 어떤 구조의 손길과 대책을 만들고 내놓을 것인가. 한겨울 침낭 속에서 희망을 꿈꿨던 희망 번데기들은 아직 부화돼 날지 못하고 있다. 시련과 고통의 시간이 길어도 인간 존엄을 포기하지 않고 오히려 결 좋은 해고 나이테를 만들어가는 해고자들에게 청문회는 어떤 의미로 다가올 것인가. 청문회를 넘어 국정조사로 나아가야 쌍용차 본질과 조우하게 되는 건 아닐까. 그러나 오히려 현실은 반대로 흐르는 편이다. 청문회를 바라보는 쌍용차 해고 노동자들은 또 다른 희망고문을 당하며 속이 바싹바싹 타들어간다.

한겨레21 928호, 2012.9.17.

한풀이 범죄

새벽녘에 걸려온 전화 한 통에 밤새 뒤척이던 잠을 깼다. 시간을 보니 6시가 조금 넘었다. 기다리고 있던 경찰서 전화였다. 평소 같았으면 가슴이 철렁 내려앉았을 경찰서 전화가 오늘만큼은 안도감이 들었다. 아이 아빠 실종 신고를 한 지 오늘로 꼬박 일주일이 지났기 때문이다. 사람을 찾았다는 소식이겠지. 잔뜩 기대를 하고 벨소리가 나기 무섭게 잡아채듯 전화기를 들었다. 다행히 아이들은 아직 자고 있었다. 평택에서 그리 멀지 않은 충남 보령경찰서였다. 웅웅거리며 들려오는 전화기 너머로 아이 아빠가 사람을 폭행했다는 경찰관의 말이 들려왔다. 잠적한 지 일주일 동안 대체 아이 아빠에게 무슨 일이 있었던 것일까. 그는 왜 세상과 소식을 끊고 사라졌던 것일까.

사건이 발생하기 전까지 그는 일을 하고 있었다. 부부간 말다툼과 싸움도 더러 했다. 8월 13일 밤 9시가 조금 넘은 시각에 아이 아빠인 김씨는 아내에게 전화를 걸었다. 집을 나가기 하루 전날이었다. 그는 작년까지는 복직하기 위해 열심히 투쟁하던 노조 간부였다. 작년 중반 이후에는 생계를 위해 고물상 일도 했다. 처음 해보는 고물상 일은 제대로 되지 않았다. 차츰 집안에 돈을 갖고 들어오는 경우가 줄어들었다.

그날 밤 12시가 넘었는데도 김씨는 들어오지 않았다. 아내는 조금 전 남편에게 전화상으로 잦은 술자리를 타박했던 게 마음에 걸렸다. 이 때문에 늦는가 싶어 찜찜한 기분으로 잠을 청했다. 새벽 4시. 남편이 아직도 들어오지 않은 걸 확인하고 아내는 다시 전화를 걸었다. 그런데 남편은 외려 성질을 내고 전화를 끊었다. 최근에 이런 경우가 잦았고 술도 많이 먹는 편이어서 그러려니 하고 넘겼다. 사는 것이 빠듯하고 직장에도 나가야 하는 아내는 남편의 속얘기를 들어줄 여유가 없었다. 이 짧은 다툼과 통화를 끝으로 남편과 연락이 닿지 않았다. 전화기는 꺼져 있었다. 평소 전화기 전원을 꺼놓는 사람이 아니라서 의외였지만 무슨 사정이 있는가 싶어 내버려두었다. 그러나 일주일 동안 감감무소식이었다. 주변에 수소문을 해봤지만 소득이 없었다. 8월 21일 다급한 마음에 결국 실종신고를 냈다.

실종신고를 한 지 하루가 지나지 않은 22일 새벽 경찰서에서 전화가 온 것이다. 대천해수욕장 인근에서 21일 밤에 이유 없이 예순의 어른을 폭행했다는 것이다. 사라진 동안 모텔을 전전하며 세상과 하나둘 인연을 끊는 중이었다고 김씨는 말했다. 면회 도중 '세상을 등지려고 이곳에 왔다'는 소리를 듣고 그 자리에 주저앉을 수밖에 없었다. 김씨는 19일에 차량 한 대를 렌트했던 모양이다. 그걸 보니 동료들의 죽음의 방식이 연상됐다. 벌써 몇 명이 차량 안에서 죽었던가…… 그동안 많이 봐온 방법을 생각한 것일까. 경찰관의 얘기를 종합하면 김씨는 정신 나간 사람처럼 폭행했고, 지금도 그 사실을 기억하지 못한다고 한다. 짐승을 물리치려다 스스로 짐승이 되고 있는 건 아닐까. 파업으로 실형을 살았고 지금도 집행유예 기간인 김씨는 현재 구치소에 수감되어 있다. 김씨는 이 모든 것이 꿈을 꾸고 있는 것 같다고 한다.

일본에선 1980년대부터 '길거리의 악마'라는 뜻의 '도리마' 사건이 빈번하다. 2000년 이후 10년간 모두 74건이 발생했다. 2008년 대량 해고 사태가 최고치를 기록했던 해에는 14건이

나 일어났다. 불안정한 노동시장이 한풀이 범죄를 낳는 것이다. 대상을 가리지 않는 한풀이 범죄가 늘어나는 것은 극단으로 치닫는 비정규직의 양산과 해고가 일상인 사회와 연관되어 있지 않을까. 지난 20일 쌍용자동차 청문회가 있었고 김씨는 그 회사의 해고자다.

한겨레, 2012.9.20.

해고된 노동자는 공장으로 돌아가야 한다

소나기가 내렸는지, 목욕탕에서 나오니 공기가 한결 맑았다. 소나기는 길 곳곳에 물웅덩이를 만들었다. 어른도 한 번에 뛰어넘기 힘든 물웅덩이는 집으로 가는 길을 막고 있었다. 여섯 살 아이가 물웅덩이를 넘으려다 말고 갑자기 "아빠, 이거 최루액이야" 하고 소리쳤다. 자세히 보니 물웅덩이에 노란 꽃가루가 겹겹이 띠를 두르고 있었다.

　시간이 많이 흘렀는데도 아이한테는 최루액에 대한 공포가 손오공의 금고주처럼 머리를 옥죄고 있었다. 아이 머릿속에서 노란색 꽃가루가 최루액과 어지럽게 뒤섞이던 날부터, 아이 행동을 유심히 살필 수밖에 없었다. 강아지똥 원장인 모모가 '아이 눈높이에서 바라봐야 한다'고 했는데, 그 얘기도 그제야 피부로 느껴졌다. 경찰 흉내를 곧잘 내던 아이를 보며 눈썰미 있다고 생각했던 지난 시간이 부끄럽고 미안했다. 저 작은 세계에서 폭력의 기억과 싸우고 있었다는 것을 그동안 몰랐다니 가슴이 아렸다. 폭력은 냄새와 색깔로 포장된 채 아이의 세계에 이미 침투해 있었다.

'해볼 테면 해봐라'

나는 2009년 쌍용차 파업 당시 대변인 역할을 했다. 하는 일이 이렇다보니 모든 정보를 가장 빨리 알았다. 회사가 법정관리에 들어간다는 소식도 기자를 통해 가장 먼저 알았고, 경찰 병력의 움직임과 정부 대응도 가장 먼저 알게 됐다. 정보를 빨리 안다는 것이 꼭 좋은 것만은 아니었다. 정보가 대체로 근심거리다보니 때론 두려움이 밀려왔다.

용산 남일당 망루 안 철거민들을 살인 진압했던 경찰특공대 컨테이너가 배치된 사진을 보고선 오금이 저렸다. 글라인더로 금방 간 자국이 선명한 차가운 쇠 느낌이 그대로 살아 있었고 순간 머릿속은 아득해졌다. '저것과 싸워야 하는구나' 하는 생각이 드는 순간 자신감이 뚝 떨어졌고 머릿속이 복잡해졌다.

인터뷰를 요청하는 언론에 의연하게 말해야 한다는 강박에 시달린 채 담담하게 인터뷰를 했지만 손에 배는 땀은 어쩔 수 없었다. 부당한 정리해고에 맞서 싸우는 노동자들에게 국가가 하는 대답이 경찰특공대의 진압 컨테이너 박스란 사실 앞에 무릎이 꺾였지만 오히려 분노가 곱절이 됐다. '해볼 테면 해봐라.' 점점 오기가 생겼다. 공장을 지키겠다는 우리한테 너희가 저지르고 있는 작전은 결코 정당하지 않다는 생각이 더욱 강해졌다.

밤이면 노동자들은 거의 손전화를 만지작거렸다. 뉴스에서 쌍용차 투쟁을 어떻게 보도하고 있는지 궁금했기 때문이다. 실시간으로 올라오는 소식에 절망과 희망이 엇갈릴수록, 고향집 늙은 소처럼 씀뻑이는 순한 눈을 가진 노동자들은 물끄러미 손전화 화면을 쳐다보았다.

폭도와 강성노조로 시뻘겋게 도배질하는 언론 보도를 보며 '정말 우리가 그럴까'라는 생각을 수없이 했다. 때마침 숨 넘어갈 듯한 젖먹이 아이의 우는 소리가 전화기 너머로 끝없이 들려온다. 이제 그만 끝내고 공장 밖으로 나오란 무언의 압력이다. 이 싸움이 가정을 지키기 위한 것임을 아무리 설명해도 그만두라는 만류가 전류처럼 온몸을 감는다. 시골 노인네도 역정을 낸다. "왜 그런 회사에 들어가 그 고생하고 있냐, 얼른 나와 다른 직장 찾아봐"라는 얘기를 들을 땐, 의지할 곳 없는 공장 옥상에서 추락하는 것처럼 아득했다. 하지만 포기할 수 없었다. 가슴속에는 말기 환자 암 덩이 같은 억울함이 퍼져 있었기 때문이다. 투자하지 않고 기술만 빼간 자본과 경영진에 대해서 머리끝까지 화가 치밀었어도 들어주는 사람이 없다. 나 혼자 잘 먹고 잘살자는 것도 아니란 얘기는 어느새 혼잣말처럼 공장 안을 맴돈다.

경찰 헬기는 들이붓는 장맛비처럼 최루액을 끝없이 퍼부었다. 최루액을 막겠다고 들었던 우산은 우산대가 부러지고 앙상한 살만 두어 개 남아, 그 물건이 우산이었는지 겨우 알아볼 수 있었다. 피부가 벗겨지고 다리는 부러졌다. 팔은 빠졌고 머리는 깨졌다. 피가 얼굴을 타고 발목까지 흘렀지만 공장 정문에선 경찰이 의사와 간호사를 막아섰다. 눈물이 말라버려 울 수도 없었다. 어린 시절 처음 담배를 피웠을 때 느꼈던 몽롱함과 아득함처럼 멍한 기운이 몇 날 며칠 동안 계속됐다. 정신을 놓을 수 없었다. 서로가 서로한테 의지한 채 버틸 수밖에 없었다.

우리는 왜 공장에서 쫓겨나게 되었을까

지난 시간이 아스라이 지나간다. 아파트 평수 조금 넓혀 시골에 계신 부모님 모셔야겠다는 일념으로 졸린 눈 비비며 야근했던 시간이 떠오른다. 나이 어린 관리자들한테 더러운 소리 들어가면서도 아들 녀석 대학 등록금 생각에 꾹 참았던 기억이 눈물 따라 흘렀다. 관리자들에게 찍힐까 두려워 집회 한 번 나가지 않았던 그동안의 행동이 부끄럽게 느껴졌다. 이번 추석에는 20년 만근 기념으로 동남아 여행 시켜드리겠다고 부모님에게 한 약속이 차츰 거짓말이 되는 현실이 나 때문인 것 같아 머리를 쥐어뜯는다. 누구를 탓하고 누구를 욕할 것인가. 오로지 이 더러운 놈들한테 이기는 길밖에 없다는 생각만이 굳어진다.

쌍용차 노동자들은 고립된 공장에서 싸우지 않았다. 손전화와 뉴스와 신문으로, 모든 방향에서 공격을 받은 허허벌판 위에서 목숨을 건 싸움을 한 것이다. 하루에도 몇 번을 다짐하고 후회하고 회의하고 의심했다. 우리가 지금 올바른 길을 가고 있는 것인지를. 모래알이 손가락 사이를 빠지듯, 흔들리는 사람부터 스르륵 공장을 빠져나갔다. 돌아서 나가는 동료의 등을 볼 때마다 맥이 풀렸다. 다시 기운을 다잡은 건 공장을 벗어나선 살아갈 방법을 우리는 알지도, 듣지도, 경험해보지도 못했기 때문이다. 그렇지 않은가. 사회안전망이 없는 대한민국에서 회사안전망밖에 없는 노동자들한테 아무 대책 없이 공장에서 나가라니.

우리가 공장에서 왜 쫓겨나야 하는지를 누구 하나 알아듣게 설명하지 않았다. 어쩌면 그 설명은 불가능한 것인지도 모른다. 정리해고가 구조조정의 유일한 방법인 것처럼 똬리를 틀고 있는 마당에. 2011년에만 정리해고자가 10만 3,000명에 이를 정도로 해고가 일상인 시대에 무슨 설명을 할 수 있단 말인가. 거짓 숫자로 노동자를 속이고, 불투명한 자금 흐름으로 노동자 눈을 가리는 일이 예삿일로 이뤄지고 있다. 우리가 무엇을 믿을 수 있었겠는가.

여섯 살 아이는 이제 일곱 살이 됐다. 일 년이 넘게 놀이치료를 받으면서 심리적으로 안정됐고 대인관계도 좋아졌다. 내 아이가 아닌 다른 동료 아이들은 어떤 상태일까. 복직 투쟁이 지속되면 될수록 지쳐가고 있는 건 아닐까. 실금가듯 가정이 갈라지고 있는 것은 아닐까. 해고자가 공장으로 복귀하는 것은 명분이 아니라 이처럼 조각난 삶의 골을 메울 수 있는 유일한 방안이기 때문이다. 억울함뿐만 아니라 빗살무늬처럼 갈라진 가정파탄도 공장에 돌아가게 되면 자연스럽게 치유되고 복구될 수 있다고 믿는다.

노동자한테 평화란 노동에서 강제로 배제되지 않고 일할 수 있는 자유를 갖는 것이다. 해고된 노동자는 공장으로 돌아가야 한다.

개똥이네집 83호, 2012년 10월호.

청문회는 끝났다, 이제는 국정조사다

1,218일 만이었다. 우수수 떨어진 스물두 개의 잎사귀는 가을 낙엽처럼 길 위에 이리저리 나뒹굴고 있었다. 열릴 수 있을까, 열린다면 언제쯤 가능할까. 속절없이 흐르는 시간에 기대가 맥없이 풀려가던 참이었다. 낙엽과 나무의 영원한 이별이 한참 흐른 뒤 청문회는 열렸다. 죽은 자와 산 자로 구분되어 따로 살아가던 노동자들이 청문회장에 나란히 앉았다. 문신처럼 새겨진 '공장으로 돌아가자'는 조끼를 입고, 성긴 수염에 초췌한 반백의 노동자들. 진압과 공격을 일삼던 회사와 경찰 그리고 회계법인도 함께 줄지어 앉았다. 곰 삭인 분노가 부풀어 올랐다. 청문회장 안에 있던 가족들 입에서 장탄식이 끊임없이 터져 나왔다. 한마디 한마디 눈과 귀를 열었지만 정작 듣고 싶은 '미안하다'는 그 말 한마디는 끝내 나오지 않았다. 세련된 변명만이 귓속을 맴돌았다. 관료들의 비릿한 웃음과 사장의 처진 볼살이 천연색이 제거된 채 흑백의 삶을 살아가는 노동자들과 묘한 대조를 이뤘다. 조현오 전 경찰청장은 여전히 당당했다. 사과는 청과물 시장에만 존재했다.

엉터리 회계지표로 정리해고 실행

2012년 9월 20일 오전 10시. 환경노동위원장은 의사봉을 두들기며 쌍용차 청문회 개회를 선언했다. 기다렸다는 듯 언론사들의 카메라 플래시가 일제히 터졌다. 그동안 많이 못 다뤘던 미안함 때문일까. 기자들의 플래시는 오래도록 터졌다. 회계 조작에 이은 강제적 정리해고는 쌍용차를 부실과 고철 덩어리로 만들고 고철 가격도 안 되는 값으로 노동자를 공장에서 쫓아냈다. 특히 심각한 유동성 위기라던 경영진의 주장은 외교부 대외비 문건이 공개되자 근거를 상실했다. 환노위 심상정 의원은 상하이자동차가 쌍용차에서 먹튀한 것이 경제적 문제가 아닌 정치적 이유였음을 밝혔다. 외교부 직원과 상하이자동차 간부의 면담 결과에는 '(고분고분하지 않은) 노동조합', '한국 정부의 비협조', '기술 유출 관련 검찰수사', '금융기관의 무관심'이 담겨 있었다. 유동성은 그럴싸한 명분일 뿐이었다. 노조 파괴에 혈안이던 청와대, 경영진, 산업은행, 회계법인이 공모하고 경찰이 폭력 진압한 것이 쌍용차 사태의 알맹이다. 또한 구조조정 의 근거로 삼았던 생산성지수(HPV, 시간당 자동차 생산 대수)가 회사와 삼정KPMG에 의해 조작됐음도 드러났다. 회사가 임의적으로 산출한 생산성지수를 권위 있는 하버리포트(경영컨설팅사인 올리버와이먼 사가 세계 자동차 업체의 각종 생산성지수를 조사해 매년 6월께 발표하는 보고서)에 의뢰한 것인 것처럼 문서를 조작해 2,646명의 인원을 산출했다. 하버리포트에 쌍용차를 비롯한 국내 자동차 업체의 지수는 들어가 있지 않았다. 삼정KPMG 상무도 청문회장에서 이를 처음으로 인정했다. 구조조정의 근거가 또 하나 허물어지는 순간이었다.

멀쩡하던 회사를 두 동강 내고 일 잘하던 노동자를 하루아침에 무능한 밥벌레로 전락시킨 회계법인은 쌍용차 노동자들에게 지울 수 없는 죽음을 선물했다. 숫자를 가공하고 데이터를 조작한 것은 물론 쌍용차 노동자들에게 무능이란 낙인을 찍었다. 은수미 의원은 "쌍용차가 법정관리를 신청하면서 현금 72억이 전부여서 1월 말 932억 원의 어음과 4월 만기 도래하는 회사채 1,500억 원을 상환할 수 없다고 했고 법원은 따져보지도 않고 이를 수용했다." 그러나 당시 쌍용차에는 상환액을 웃도는 3,300억 원 정도 가용자금이 있었다. 은수미 의원은 "쌍용차는 상하이차로부터 받기로 한 1,200억 원 중 600여억 원의 기술료, 260여 억 원의 미수금이 있었다. 중국에 상은행으로부터 2,400억 원 상당의 대출계약도 있었다"고 밝혔다. 가용자금을 사용치 않고 법정관리를 신청한 것은 명백한 '기획부도'였다. 또한 회계법인 안진은 2008년 9월 말까지 당기순손실 980억, 부채비율 168퍼센트에 불과한 재무제표를 '유형자산 손상차손'이라는 영업외 계정을 늘리는 방식으로 당기순손실 7,100억, 부채비율 561퍼센트로 급증시켜 자산가치를 깎았다. 상식으로 보자면 부도를 막고 회사를 계속 운영할 생각이 있다면 스스로 자산 가치를 깎아내리는 일은 있을 수 없다. 그럼에도 안진회계법인과 회사는 부실 덩어리 회사를 만들었다. 그러나 2009년 2월 작성된 한국감정원 평가에 따르면 안진회계법인의 유형자산 평가는 잘못된 수치로 드러난다. 삼정KPMG는 안진회계법인이 만든 엉터리 회계지표를 갖고 쌍용차에 엄청난 구조조정 특히 인력에 대한 정리해고가 필요하다는 근거로 삼은 바 있다. 회계법인이 부실과 무능이라는 쇠말뚝을 박아놓은 상태에서 쌍용차 노동자들은 옴짝달싹도 못하는 지경이었다. 이 점에서 회계법인들은 법적 책임을 분명히 져야 한다.

사측에겐 솜사탕, 노동자들에겐 쇠몽둥이

경찰은 2009년 한해 소비량의 90퍼센트의 최루액을 농성 중인 쌍용차 노동자 머리 위로 쏟아 부었다. 살점은 떨어지고 피부는 타들어갔다. 헬기가 저공으로 비행하자 바닥에 쌓인 최루액이 눈과 코로 들어가 숨조차 쉴 수 없었다. 발암물질이 든 화약약품을 섞은 최루액의 유해성이 강하게 제기되자 경찰은 실험을 통해 인체에는 무해하다는 주장을 하기에 이른다. 그러나 무해하다던 최루액이 스티로폼을 녹였다. 지켜보던 기자들도 경악했다. 최루액에 섞은 것으로 밝혀진 디클로로메칸은 의학적으로 인체에 매우 유해함이 밝혀졌지만 경찰의 최루액 분사량은 오히려 늘어만 갔다. 경찰의 공무집행이라는 것이 노동자를 사지로 몰아넣고 목숨까지 위협하는 것이라면 그것은 정당성이 없을 뿐만 아니라 위법한 공무집행이다.

또한 경찰은 농성 중인 노동자를 진압한다는 이유로 국제사면위원회가 중지를 요청한 테이저건을 무단으로 사용했다. 5만 볼트의 테이저건은 2001년부터 미국에서 150여 명의 사망자를 발생시켰다. 경찰이 진압장비를 착용하고 있는 상황에서 테이저건을 쏜 예는 눈을 씻고 찾아봐도 없으며 특히나 농성 중인 노동자를 대상으로 사용한 예는 더욱 없다. 그리고 고무총탄은 해산 목적이 아닌 위해를 가할 목적으로 사용되었다. 용산참극의 살인 도구로 이용했던 컨테이너 박스에서 쏴대는 고무총탄은 노동자들에겐 총알이었다. 그럼에도 맞고 죽지 않은 것은 경찰의 압도적인 폭력으로 인한 긴장과 공포 탓이었다. 이것을 감사해야 하는가. 이것을 기뻐해야 하는가. 이를 두고 경찰은 뻔뻔하게도 '성공한 작전'이라 부르고 있고,

당시 진압 지휘를 담당한 조현오 경기지방경찰청장은 경찰청장으로 영전했다. 당시 진압의 후유증에 시달리고 있는 수많은 쌍용차 해고 노동자들에게 정권과 경찰이 다시 한 번 대못을 박은 것이다.

폭력의 위협이 있어 경찰의 개입이 필요한 경우 경찰은 유엔 법집행공직자 행동강령을 포함하여 국제 기준을 따라야 한다. 그러나 쌍용차 진압에서 경찰이 보여준 것은 국제적 기준이 아닌 국가적 망신이며 인권의 실종이었다. 그 예로 경찰은 2009년 7월 30일 국가인권위원회의 긴급구제조치를 받아들이지 않았다. 식수와 의료진 출입, 의약품과 최소한의 음식물 반입조차 받아들이지 않았다. 이는 국민에 대한 국가의 기본적 보호 의무를 위반한 행위이며 노동권 포기를 강요한 행위였다. 나아가 무장해제된 노동자를 수십 차례 폭행하는 장면이 실시간으로 생중계되는 것을 알고 있었을 텐데도 경찰은 끝까지 인간사냥꾼의 모습을 하고 있었다. 쌍용차 진압의 목적이 어디에 있는지를 유감없이 보여주고 있는 사례다. 살의로 노동자를 대하고 공포로 노동 현장을 짓누르려는 이명박 정부의 본보기 진압에 공권력이 동원된 것이다.

또한 경찰과 용역이 뒤섞인 합동작전은 추락한 공권력의 현주소를 말해주고 있다. 무장해제된 노동자에 대한 불필요한 집단폭행뿐만 아니라 돌과 볼트를 던지는 경찰이 어떻게 공무를 집행하는 국가 공권력이라고 말할 수 있는가. 조현오 증인은 청문회장에서 경찰의 폭력 장면과 테이저건 사용에 대해 '빗맞았다'는 웃지 못할 개그를 선보였다. 반성은커녕 거짓말이 단풍처럼 붉게 물들어갈 뿐이었다. 공권력은 무력을 사용할 때 반드시 비례의 원칙과 필요최소한의 사용원칙이 있어야 하나 이들에겐 금시초문이었다. 폭력은 더 큰 폭력을 낳았고 잔인함은 극에 달했다. 사측과 용역 편만을 들어 갈등을 야기하고 더 증폭시켰다. 파업 이후 구속과 처벌을 놓고 보더라도 경찰의 편파성은 적나라하게 드러난다. 노동자는 96명이 구속되고 300명 가까이 검찰과 경찰 조사를 받았지만 처벌된 용역깡패는 단 한 건도 찾아볼 수 없다. 또한 사측에겐 솜사탕을 선물했고 노동자들에겐 쇠몽둥이 처벌을 했다. 공권력의 추락이 이보다 더 할 수 있는가.

응답하라 국정조사!

청문회는 끝이 났다. 9월 26일 환노위 여야 간사협의를 통해 청문회에서 드러난 문제에 대해 국정감사 여부를 결정하기로 했다. 억울한 죽음과 고립된 삶에서 벗어나기 위해서라도 쌍용차 사태에 대한 국정조사는 '불가피'하다. 기획 파산과 회계 조작, 공권력의 부당한 진압과 폭력을 지금 당장 벗겨내지 못한다면 우리에게 또 어떤 미래가 펼쳐질까. 대선 후보들의 구호가 어지럽게 언론에 오르내린다. 꿈을 이야기하고, 사람의 삶을 말한다. 또 갈등의 종식을 외치고 있다. 그 모든 것이 집약된 곳이 쌍용차다. 문재인, 안철수, 박근혜 후보에게 공개적으로 묻는다. 당신들은 쌍용차 문제를 어떻게 풀어야 한다고 생각하는가. 쌍용차 국정조사에 대한 당신들의 입장은 무엇인가. 코끝이 빨갛게 변하며 죽어간 노동자를 한 명 한 명 호명하던 은수미 의원의 모습을 기억한다. 응답하라 국정조사!

시사인 263호, 2012.10.3.

해고일기 4

이 땅에
살기
위하여

희망의 재구성

2012년 말 노동자들의 잇단 자살과 죽음. 이것은 부음이 아닌 경고음이다. 진원지는 공장이었다. 이 강력한 진동은 경계를 넘어 수많은 사람들 심장에 여진을 일으켰다. 그런데 대선이 끝난 뒤에 벌어진 살풍경이라 그 원인을 규정하기엔 부족할 뿐만 아니라 헛다리짚는 게 아닌가 싶다. 오히려 대선 과정에 좀 더 주목할 필요가 있어 보인다. 정권이 교체되는 것만으로 모든 문제가 해결되는 것마냥 희망의 장광설을 풀진 않았는지. 수많은 언설로 심리적 면역체계를 해체한 것은 아닌지. 돌아보고 점검해야 할 때다. 자본의 행태는 객관적으로 노동자에게 적대적이다. 이것은 이명박 정권을 거치면서 노골화되고 전면화됐다. 이 비대칭의 자본과 노동의 관계를 넘지 않는 정치는 개입의 여지를 스스로 상실해가는 과정에 있었다. 경고음은 과정에서 이미 시작되고 있었던 것이다.

정치가 삶과 동떨어진 채 관념으로 치달을수록 노동자의 삶은 나락으로 곤두박질쳤다. 이것은 어떤 정부에서건 마찬가지였다. 이윤의 폭력적 수탈 도구로 전락한 해고의 일상화와 폭발 직전의 비정규직 양산은 향후 장바구니 경제뿐만 아니라 한국 사회의 불안정성 위험 수위를 점차 높이고 있다. 현상으로 드러나고 있는 안타까운 죽음 앞에 정치는 조문이 아닌 자본 폭력의 광풍을 막는 방풍림을 시급히 조성해야 한다. 만져볼 수도, 구경할 수도 없는 유령 같은 158억 원이라는 손배가압류 금액이 한진 노동자의 목숨을 앗아가지 않았는가. 대법원 판결을 지키라는 요구를 철탑까지 올라서 외쳐야 하는 현

278

대차 비정규직 노동자들에게 손 흔들며 안부나 묻는 정치가 무슨 소용인가. 정치가 해야 할 역할을 되짚어봐야 한다. 법 개정뿐만 아니라 모든 수단을 동원해 결사의 자세로 싸워야 하지 않는가.

노동 내부는 어떤가. 연대를 확장하는 것으로는 부족할 뿐만 아니라 결정적이지 못하다. 이토록 짓밟히고 이어지는 죽음이면, 이젠 우리가 일어설 때가 되지 않았는가. 노동조합이 전면에서 구심을 만들어야 할 시기다. 철탑과 천막의 신음소리가 들리지 않는가. 조합원들의 피 토하는 절규가 정녕 들리지 않는가. 누구를 탓하기 전에 우리 스스로 전열을 가다듬고 싸우고 저항해야 한다.

절망이 삶 깊숙이 먼지처럼 쌓일 때 우리는 희망을 주문했다. 그럴 때마다 우리는 분열된 노동자와 시민을 연대로 메우지 않았던가. 축적된 경험으로 새로운 희망을 재구성해야 할 때다. 낡은 경험을 버리고 노동조합이 희망의 근거로 우뚝 서야 할 시기가 지금인 것이다. 이것은 이 죽음이 갖는 무거운 경고음에 대한 우리의 즉각적인 반응이어야 한다.

희망버스를 다시 생각한다. 희망버스는 자본 모순의 목록을 정리하고 억압의 순위를 매겼다. 자본의 실상을 발가벗기기를 주저하지 않았고 연대의 힘을 유감없이 보여줬다. 미완의 결과로 수렴됐지만 희망의 근거를 굳건히 심었다. 우리는 1월 5일 다시 '발걸음 씨앗'을 새하얀 눈밭 위에 또박또박 파종하려 한다. 현대차 비정규직 고공농성 철탑과 한진 공장 앞에 희망의 글귀를 새길 것이다. 굳이 이것을 희망버스라 부르진 않을 것이다. 모든 개인이 호명하는 이름으로 새롭게 구성될 것이며 구성된 이름은 희망으로 수렴될 것임을 알기 때문이다. 등줄기에 느껴지는 싸늘한 추위는 노동 현실의 위기감일 것이다. 위기감의 임계를 더는 넘지 말고 낮추는 일부터 시작해보는 건 어떨까. 1월 5일 오전 9시 30분 대한문 앞에서 함께 버스를 타는 것부터. 당장에는 눈에 띄게 나타나지 않지만 원인들이 꾸준히 누적되면 아주 작은 변화로도 급격한 파급 효과를 가져올 수 있는 단계를 티핑 포인트라 한다. 우리들의 작은 발걸음이 다시 한 번 희망의 티핑 포인트를 만들 것임을 확신한다.

경향신문, 2013.1.2.

까치밥을 남기는 마음

춥다. 따뜻한 아랫목 놋그릇에 담긴 하얀 쌀밥 한 공기가 그리운 날씨다. 발에는 얼음이 박히고 가슴엔 바람 든 무처럼 크고 작은 구멍이 뚫렸다. 고슴도치 가시 같은 하얀 서릿발에 온몸을 웅크리고 이 겨울을 나는 이들이 있다. 귓속 달팽이관을 파고드는 15만 4,000볼트의 전류 소리는 미로에 갇혀 출구를 찾지 못한 채 뇌를 흔들 지경이다. 걸었던 기억조차 희미해지게 만들 만큼 좁은 공간. 뚝 떨어진 기온에 손놀림의 기억도 얼어버렸다. 목구멍까지 차오른 고통의 강물에서 벗어나려고 발버둥 치며 하늘로 오른 지 100일이 가까워지거나 100일을 넘긴 쌍용차와 현대차 비정규직 노동자들. 6년의 시간을 버티고 싸우다 다시 종탑으로 오른 재능교육 노동자들. 죽어서도 장례조차 치를 수 없어 하루하루 피가 마르는 최강서 열사 가족에게도 설날이 왔다.

설이 지나고 2월 25일이 되면 18대 대통령 취임식이 열리고, 박근혜 당선인이 정식으로 대통령 자리에 오를 것이다. 그러나 밀봉인사로 마음에 둔 후보자들이 낙마의 쓴맛을 보고, 이명박 정부의 불통 버릇을 고스란히 답습하고 있다는 비판에도 박 당선인의 행보는 변할 기미가 보이지 않는다. 역대 대통령 당선인과 달리 50퍼센트대 초반으로 현저히 추락한 지지율은 민심의 분노지수이며 불통지수다.

당선인의 생각을 들어볼 수 있는 기회는 주어지지 않고 통합과 화합은 말치레에 불과하다. 박 당선인이 대선 기간에 외쳤던 '함께'라는 슬로건은 '끼리끼리'와 동의어로 사용되고 있

쌍용차 해고자들의 인수위 앞 기자회견 모습. 박근혜 당선자는 자신의 대선 공약이었던 쌍용차 국정조사에 대해서는 일언반구도 없다. 또한 인수위 앞에서 수많은 이들의 억울함과 호소와 절규가 끊이지 않지만 입을 다물고 귀를 닫고 있는 것은 여전하다.

다. 이런 이유 때문일까. 자신의 대선 공약이었던 쌍용차 국정조사에 대해서는 일언반구도 없다. 또한 대통령직인수위원회 앞에서 농민, 교사, 공무원, 철거민 등 수많은 이들의 억울함과 호소와 절규가 끊이지 않지만 입을 다물고 귀를 닫고 있는 것은 여전하다. 민족명절 설날과 대통령 취임식을 앞둔 풍경치곤 너무 슬프지 않은가.

노동 문제는 먹고사는 문제이다. 박 당선인이 강조한 복지와 경제민주화 그리고 일자리 창출이 핵심이다. 재벌규제, 분배와 기회 균등은 물론 노동 정책도 포함되는 것은 당연하다.

여기에서 지난 5년간 이명박 정부가 편 노동 정책을 환기할 필요가 있다. 노동자를 짓밟고 탄압해서 닦은 터 위에 기업하기 좋은 나라를 세우겠다는 가진 자의 생각이 고스란히 관철된 시간이었다. 이것이 어떤 결과를 낳았나. 노동자는 죽음으로 내몰리거나 살아도 반죽음의 앙상한 몰골로 변하지 않았는가. 설 자리를 잃고 땅을 짚고 살 수가 없어서 하늘로, 철탑으로, 종탑으로 올라간 노동자들의 행렬이 그 생생한 증거다.

이명박 정부가 추구한 '기업하기 좋은 나라'는 결국 '노동자가 죽기 좋은 나라'로 전락했다. 박근혜 정부는 부디 노동을 적대시한 이명박 정부의 잘못에서 벗어나 대화로 현안을 적극적으로 푸는 정부가 되길 바란다.

내 눈에는 설 자리를 잃은 노동자들이 까치로 보인다. 사람들은 큰 나무든 작은 나무든 까치밥을 남긴다. 까치밥의 정신은 어떤 목숨이든 그 생존을 막다른 곳까지 위협해서는 안 된다는 것이며, 그 생존을 배려하는 것이 결국 인간에게도 이롭다는 깨달음을 담고 있다. 까치들이 더는 까치밥을 찾아 헤매다 죽지 않도록 해야 한다. 한진중공업 최강서 열사의 장례를 하루속히 치르기 위해 158억 원의 손해배상 가압류를 철회해야 한다. 현대차 비정규직 노동자들에겐 정규직화, 쌍용차는 국정조사, 재능교육 노동자에겐 단체협상 회복이라는 까치밥이 지금 필요하다. 이들이 즐겁게 노래 부르며 철탑에서 살아 내려올 수 있도록 까치밥을 준비하는 배려와 관심이 절실하다. 오늘은 까치설이다. 기쁜 소식을 전해주는 까치 소리를 듣고 싶은.

경향신문, 2013.2.8.

중심 잃어가는 사회

앉았다 일어나는 순간 어질해 식은땀이 다 났다. 무력하게 기울어지는 몸. 간신히 벽을 짚고 버텼다. 처음 느끼는 어지럼증이었지만, 미련하게도 하루를 꼬박 더 견디다 결국 병원에 갔다. 뇌경색이면 어쩌나 하는 걱정이 들었는데 다행히 뇌경색은 아니라는 검진 결과에 가슴을 쓸어내렸지만, 급성 전정신경염이었다. 달팽이관에 문제가 생겨 중심을 제대로 잡지 못한다는 전정신경염.

그런데 급성 전정신경염은 하루 이틀이면 회복된다는데, 나는 회복 속도가 더뎌 벌써 2주째 병상에 누워 있다. 일어서 걸으면 어지럽고 세상이 빙글빙글 돈다. 속은 메스껍고, 걷는 모습은 마치 좀비처럼 허우적거린다. 그동안 뼈가 부러진 경우는 있었지만, 몸의 중심을 잃어본 적은 처음이라 적잖이 긴장됐다. 겉모습만 보면 환자 같지 않은데, 지병의 상태가 계속되고 있으니 말이다. 내 모습이 마치 겉은 멀쩡하지만, 속은 곪아가는 우리 사회와 꼭 닮은 것 같아 쓴웃음이 나왔다.

얼마 전 자율형사립고에서 1등을 하던 한 학생의 자살 소식이 매스컴 한쪽을 장식했다. 곧이어 과거 기사를 스크랩한 듯한 보도가 뒤따랐다. 그기 존재하지 않는 지금, 적어도 '학생은 우리의 미래'라는 말을 더는 쓸 수 없을 것 같다. 그럼에도 경쟁만을 부추기는 입시 지옥문을 활짝 열어놓은 어른들은 반성도, 이 문을 닫으려는 노력도 하고 있지 않다. 어쩌면 그의 죽음은 '성공'이라는 미명하에 쉴 새 없이 돌아가는 커다란 톱니바퀴에 자신의 몸을 던져 그 속도를 늦추려 했던 것은 아니었을까. 취업의 문은 좁아지고 취업 이후엔 비정규직의 삶이 펼쳐지는 세상을 그만 끝내자는 뜻은 아니었을까.

이러한 단서들은 지난 2013년 3월 14일 17명의 사상자가 발생한 '초단기 계약직' 노동자들의 여수석유화학산단 폭발사고에서도 발견한다. 작업에 들어가기 전 당연히 실행해야 할 안전예방교육은 공기 단축이라는 이름으로 묵살됐다. 결국 안전을 확보받지 못한 채 작업에 들어간 초단기 계약직 노동자들은 삶마저 단기 계약으로 마친 끔찍한 결과를 맞았다. 어린 학생의 죽음과 초단기 계약직 노동자의 죽음은 우리의 현재와 미래의 발가벗은 모습으로 겹친다. 약한 자는 누구도 승자가 될 수 없는 이 사회 구조에서 우리는 점차 균형과 중심을 잃어 간다.

우리 몸에서 가장 중요한 부분은 지금 가장 아픈 곳이다. 그곳이 작건 크건, 중요하건 중요하지 않건 그 부위를 치료하기 위해 모든 세포가 온 힘을 다해 집중하기 때문이다. 이를 사회에 적용하면 가장 아프고 고통받는 곳을 가장 먼저 치료해야 한다는 결론이 나온다. 그런데 꼭 그런 건지는 의문이 든다. 아픔과 고통의 원인이 중심을 잃고 균형을 잡지 못한 결과에서 기인한다면 말이다. 초점을 잃고 방향을 상실한 채 하루하루 허우적거리며 살아가고 있다면 더더욱 그렇다. 균형을 잃은 사회는 건강할 수 없을뿐더러 한쪽으로 치우친다. 돈과 성공이라는 급성 바이러스가 만연해 사회의 전정신경을 감염시키면 우리는 제 한 몸 건사하기도 벅차 주위를 돌볼 겨를이나 정신도 없다. 사람이 죽고 아파하고 매일 죽음의 뉴스가 끊이지 않는 사회에 살면서도 아무렇지도 않게 일상을 유지한다면 이는 만성화된 달팽이관의 손상이 아닐까.

입원 2주째. 답답한 마음으로 대한문 쌍용차 분향소 소식을 접하고 있다. 네댓 평도 되지 않는 분향소를 도로법을 적용해 철거한 다음, 벌써 50명이나 연행해갔다. 이건 공무집행이 아닌 폭거이며 고통스러운 상처에 소금을 뿌리는 행위다. 조금의 관용도 용납되지 않는 곳이 지금 대한문이다. 겨우겨우 중심을 잡아가려는 이들에 대한 벼랑 끝 등떠밀기를 중단해야 한다. 급성 전정신경염을 치료하면서 우리 사회의 속도와 중심을 새삼 생각한다. 최소한 주위의 죽음이 왜 발생했고, 그 의미를 살펴볼 정신은 있어야 하지 않는가. 대한문 분향소 철거는 중심을 잃어가는 사회의 극단적 징후다.

경향신문, 2013.4.8.

이창근의 해고일기

대한문에서 1박 2일 캠핑을

새벽 5시가 조금 넘은 시각. 일군의 검은 무리들이 들이닥쳤다. 아직 눈꺼풀의 무게가 물먹은 솜처럼 고단한 몸을 한껏 짓누르고 있었다. 새벽 버스의 요란한 운행 소리도, 할증 풀린 택시의 질주음도 쏟아지는 잠만은 막지 못했다. 갑작스런 무리들의 움직임을 눈치 챈 순간 모든 상황은 끝나 있었다. 제대로 손 한번 써 볼 수 없는 상황에서 마치 잘 짜인 각본대로 움직이는 '연극'처럼 그날 새벽은 그렇게 지나가고 있었다.

지난 2013년 4월 4일 새벽 5시 30분 대한문 쌍용차 분향소가 침탈당했다. 공무 집행이라고는 도저히 믿기지 않게도 야음을 틈탄 작전에 쌍용차 해고자들은 저항다운 저항조차 할 수 없이 당하고 끌려갔다. 애써 만들고 가꿔온 대한문 분향소가 또다시 중구청과 남대문경찰서의 전광석화 같은 작전에 주저앉고 파괴됐다. 잠자던 세 명의 노동자들은 영문도 모른 채 철거 과정에서 두 팔이 뒤로 꺾이고 사지는 들려 새벽이슬이 그대로인 찬 바닥에 내동댕이쳐졌다. 개인 짐은 물론 신발까지 철거됐다. 새벽 찬 바닥에 맨발로 서 있을 수밖에 없는 노동자의 발가락엔 잔뜩 힘이 들어가 있었다.

1년 가까이 유지된 분향소를 강제철거하다니

대한문 분향소 철거는 조금 더 거슬러 올라간다. 지난 3월 8일엔 이른바 '행정대집행'이란 이름으로 강제철거에 나섰다. 해당 관청인 중구청은 가로환경과를 중심으로 도시 환경을 위해

2013년 4월 대한문 분향소가 공권력에 의해 강제 철거되었다. 이번 강제철거를 통해 우리는 법과 제도의 문제가 아닌 이 사회의 관용과 옹졸함 그리고 연대와 유대를 생각하게 된다.

분향소를 더는 두고 볼 수 없다는 이유를 들었다. 남대문경찰서는 울고 싶던 차에 뺨 맞은 격으로 득달같이 달려와 중구청의 행정대집행에 부역했다. 그러나 우리는 이 부분에 대해 법적 절차는 물론 실체적 요건 또한 불법이며 부당함을 주장했다. 이를테면 이런 것이다. 3월 3일 전과 27범인 방화범에 의해 1년 가까이 유지되던 분향소가 전소되는 사건이 벌어졌다. 따라서 중구청이 그동안 분향소 철거 계고를 한 대상이 사라졌기 때문에 행정대집행을 위해선 다시 절차를 밟아야 한다는 것이다. 행정대집행은 장소나 주소가 아닌 대물 즉 물건에 대한 집행을 말하기 때문인데, 그럼에도 중구청은 이를 무시했다. 불법적인 행정력의 행사에 해당한다.

이런 전력이 있음을 너무도 잘 알고 있는 중구청은 도로법을 들먹이며 이번 4월 4일 철거가 행정대집행이 불가능하다고 판단될 때 할 수 있는 '즉시 철거'에 해당한다고 했다. 그렇다 하더라도 이것이 즉시 철거 대상에 해당하는가는 또 다른 문제다. 왜냐면 즉시 철거 또한 불법 점유를 전제로 하는데, 분향소는 집회 시위 물품 목록에 이름을 올려놓았기 때문이다. 법적인 문제가 충돌하고 있으며 중구청과 대화는 물론 중구청장 면담을 실무적으로 조율하고 있는데도 강제철거가 이뤄졌다. 이번 강제철거를 통해 우리는 법과 제도의 문제가 아닌 이 사회의 관용과 옹졸함 그리고 연대와 유대를 생각하게 된다.

웃고 웃으며, 팬 고름을 짜낸 이곳 대한문

쌍용차 해고자들은 스물두 번째까지 이어지는 노동자와 가족들의 죽음과 점차 미궁으로 빠지는 쌍용차 진실을 규명하기 위해 2012년 4월 5일 이곳 대한문에 올라왔다. 맨바닥에 영정 사진을 놓고 몇 날 며칠 싸우고 연행되는 고초를 겪은 다음에야 분향소 한 동을 설치할 수 있었다. 그 뒤 이어지는 수많은 투쟁을 통해 쌍용차 국회 청문회까지 이끌어낼 수 있었다. 대한문을 중심으로 연대는 확장됐고, 유대는 강화됐다. 그러자 전국으로 퍼져 있는 아픈 고름들이 가장 낮고 깊은 고통의 우물인 이곳 대한문으로 흘러들기 시작했다. '함께 살자' 농성촌이 만들어진 계기도 이 때문이다. 대한문은 저항과 투쟁 나아가 연대의 상징이 돼버렸고, 이제 더 이상 이곳이 쌍용차 해고 노동자들만의 투쟁의 공간이나 분향소가 아니게 되었다. 철거 당일 수백 명이 함께한 이유 또한 이곳이 쌍용차 해고 노동자들만의 공간이 아님을 증명해줬다. 이곳에는 한진중공업 최강서 열사 임시 분향소가 설치됐었고 수천, 수만의 노동자와 시민들의 이곳을 거쳐 갔고 함께했다. 웃고 웃으며 부러진 마음에 부목을 대고, 팬 고름을 짜낸 곳에 마음의 연고를 바르는 곳이 대한문 분향소이다. 저들이 이곳 대한문 분향소를 눈엣가시처럼 여기는 이유도 바로 이 때문이다.

불타버린 분향소 앞에서 뜨개질하던 사람들, 형체를 알 수 없던 의자를 다시 꾸미고 만들던 손놀림과 꽃을 심고 땅과 하늘로 연결되는 마음의 길을 열던 솟대들. 이 모든 것들이 저들에겐 불편함이었을 것이다. 철거한 분향소 자리에 중구청이 경찰력이나 컨테이너 박스가 아닌 화단을 놓은 뻔뻔함이 실은 우리들의 방식을 흉내 내고 있다는 것은 역설적이다. 그러나 지금껏 대한문에서 이뤄진 쌍용차 진실 규명을 위한 다양한 방법과 다채로운 몸놀림을 저들이 흉내 낼 순 있어도 결코 같을 순 없다. 꽃을 도구로 삼는 이들과 꽃 자체가 목적인 사람들의 차이처럼. 우리는 다시 이곳을 연대와 유대가 열리고 확장되는 공간으로 만들고 가꾸어갈 것이다. 분향소 철거 과정에서 56명을 연행하고 지부장을 구속하려 애썼지만 저들의 뜻대로 되지 않는 것은 다시 이곳이 안정적인 자리를 잡아간다는 것을 의미한다. 노숙과 단식 그리고 철탑 투쟁이 방향이라면 대한문을 가꾸고 새롭게 단장하는 것은 힘을 쓸 수 있는 작용점이 될 것이다. 우리는 작용점을 강화해 제대로 된 힘을 쓰기 위한 노력을 다시 시작할 것이다.

대한문 분향소를 끊임없이 탄압하는 이유

중구청이 불법으로 조성한 대한문 무덤 동산의 높이는 1미터
도 채 되지 않는다. 그러나 슬프게도 그 높이를 우리는 점령하
지 못하고 있다. 아니 네댓 평도 되지 않는 공간이 노동자들에
겐 허용되지 않는 현실이다. 어쩌면 지금 우리들이 오를 수 있
는 높이와 공간이 그 정도는 아닐까. 쌍용차 국정조사는 물론
팽창하는 정리해고와 부풀어가는 비정규직의 삶의 개선이 실
은 딱 그 정도 높이의 공간에 갇히고 막혀 있는 것은 아닐까.
대한문 무덤 동산은 새로운 투쟁의 베이스캠프가 돼야 한다.
그곳에서 다시 연대와 유대를 시작해야 한다. 아직 우리들에

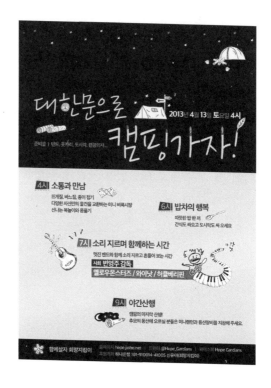

4월 13일부터 1박 2일.
대한문으로 캠핑! 우리는
다시 시작할 것이고,
자본과 정권이 노동자를 제
손아귀에서 쥐락펴락하는
물건이 아님을 똑똑히
증명해나갈 것이다.

겐 올라야 할 산의 높이가 무척이나 높지 않은가.

저들이 대한문 분향소에 대한 탄압을 끊임없이 하는 이유는 이곳이 연대와 유대를 낳는 배꼽 역할을 하기 때문이다. 저들이 두려워하는 것은 탯줄을 끊고 다시 태어나고 성장하는 이들이 늘어나는 것이다. 그래서 우리는 꾸준히 살아가는 것에 멈추지 않고 꾸준히 늘려가야 한다.

꽃 좋고 바람 좋은 봄날. 연대와 유대의 배꼽인 대한문으로 캠핑을 가면 어떤가. 가벼운 차림으로 도시락을 먹으며 연인들과 아이들과 대한문으로 발걸음을 옮기는 건 어떤가. 연행과 쪽잠에 지친 이들의 손을 한 번 잡는 건 어떤가. 촛불 문화제와 성직자들과 미사와 법회 그리고 목회에 함께하는 건 또 어떤가. 대한문 분향소가 아프게 느껴진다면 그것은 쌍용차 노동자들의 죽음의 우울함이 아니라 이곳에 발 딛게 됨으로써 새롭게 태어나고 성장하는 자신을 발견하는 꿈틀거리는 양심의 건강한 성장통 때문이다. 우리는 다시 시작할 것이고, 자본과 정권이 노동자를 제 손아귀에서 쥐락펴락하는 물건이 아님을 똑똑히 증명해나갈 것이다.

4월 13일부터 1박 2일. 대한문으로 캠핑! 지금 당신이 있어야 할 곳은 바로 대한문이 아닐까. 대한문에서 당신을 기다린다.

미디어스, 2013.4.11.

부속품 2만 개 모아 자동차 만들기

지난 2013년 3월 5일 쌍용차 무급 노동자들이 3년 7개월 만에 출근하던 길. 만감이 교차했다. 복귀하는 동료를 보며 우리가 싸워 만든 결과이기에 기쁘면서도, 한편으로는 해고자로 여전히 공장 밖에 덩그러니 남은 내 처지를 생각하며 심경이 복잡했다. 회사의 탄압으로 생긴 상처에서 지금도 누렇게 고름이 흘러나오기 때문이다.

이 복잡한 심경 사이 걱정 하나가 안개처럼 피어올랐다. 근 4년 동안 공사판과 생선장수, 운전기사, 식당 종업원과 공병 줍는 일로 전전했던 동료들이 과연 자동차를 제대로 만들 수 있을까. 자동차를 만지던 손이 녹슬진 않았을까. 통닭을 배달하고 생선 트럭을 몰던 손의 기억이 자동차를 조립했던 기억으로 유연하게 대체될 수 있을까. 복직이 기약 없는 해고자인데도 오지랖 넓게 그들이 걱정되었다.

파업 기간 내내 꿈꾸었던 그 일

우리는 '먹튀자본' 상하이자동차가 저지른 경영 파탄을 왜 노동자들이 오롯이 떠안아야 하는가를 물으며 77일간 공장을 지키며 싸웠다. 공장을 점거하고 파업을 한 까닭은 노동자도 공장의 주인이라는 사실을 물리적으로라도 증명하기 위해서였다. 비록 생산수단은 자본 측이 갖고 있지만 기계와 공구를 돌리고 만지는 건 언제나 노동자가 아니던가. 그래서 파업 기간 여봐란듯이 자동차도 만들고 싶었다. 그러나 끝내 우리의 바

해고자가 아닌 노동자로서 자동차를 만드는 일을 다시 시작하고 싶다. 4년의 해고 기간 우리는 한 번도 우리가 자동차를 조립하는 노동자임을 잊지 않았다. 그랬기에 우리의 손은 전혀 녹슬지 않았고, 이를 스스로 허락하지도 않았다. 그래서 준비한 것이 'H-20000 프로젝트'다.

'H-20000 프로젝트'를 통해 완성된 자동차의 모습.

람은 공권력의 폭력과 최루액에 묻히고 말았다.

이제 우리가 파업 기간 내내 꿈꾸었던 그 일을 해보고 싶다. 길을 걷거나, 커피를 마시거나, 집회 현장에서 문신처럼 새겨진 '공장으로 돌아가자'는 동료들의 조끼 등판을 볼 때마다 방학숙제를 하지 못한 아이의 불안감처럼 다가왔던 그 일.

해고자가 아닌 노동자로서 자동차를 만드는 일을 다시 시작하고 싶다. 4년의 해고 기간 우리는 한 번도 우리가 자동차를 조립하는 노동자임을 잊지 않았다. 그랬기에 우리의 손은 전혀 녹슬지 않았고, 이를 스스로 허락하지도 않았다. 그래서 준비한 것이 'H-20000 프로젝트'다. 시민의 힘을 모아 기계 부속품 2만 개를 구입해 쌍용차 해고자들이 자동차를 직접 만들어보겠다는 것이다. 인간의 마음 2만 개를 모아 해고자들에게 사다리(H)와 마음(Heart)을 전달하는 것. 그래서 이것을 'H-20000 프로젝트'라고 부른다.

우리는 '기계 조각'이 아니다

해고가 자본에 의해 노동에서 강제로 배제된 것이라면, 이번 자동차 만들기 프로젝트는 해고자가 '의식'적으로 노동과 만나는 과정이다. 나아가 이 프로젝트는 자본의 시혜와 결단으로 노동자의 삶이 결정되는 것이 아니라, 노동자 스스로가 자기 선택과 결정에 의해 자신의 삶을 결정한다는 것을 보여주는 것이다. 자동차 부품 2만 개, 깨진 유대와 연대의 편린을 모으는 심정으로 조각난 퍼즐을 맞추듯 다시 자동차를 만들고자 한다.

노동자는 자본의 규율과 지시를 수용하고, 거기에 따라 자신의 습관과 생활리듬까지 조율한다. 이런 까닭은 누구를 위해서가 아니라 이 체제 내에서 생존해야 하는 노동자들의 '성실한 몸부림'일 뿐이다. 그러나 자본은 이 몸부림을 무시했다. 그들은 노동자를 인간 취급하지 않고 '기계 조각'처럼 다루었다. 이제 우리는 이를 거부할 것이다. 자본이 노동자를 손아귀에 놓고 저글링한다는 것이 착각임을 증명할 것이다. 2만 개의 부품, 이것은 한낱 기계 조각이 아니라 '인간의 살점'이다. 2만 개의 마음과 정성으로 쌍용차 해고자들이 자동차를 만들고자 한다. 우리는 일하고 싶다.

시사인 290호, 2013.4.11.

이창근의 해고일기

정 과장과 박 대리

울고 있는 정 과장의 눈앞에 개인물품을 담을 누런 박스 하나가 놓여 있다. 동료들은 애써 외면하고 직속상관인 유 부장은 이 모든 상황을 미리 알고 자리를 뜬 상태였다. MBC 〈무한도전〉 '정리해고' 편에 나온 장면의 일부다. 노동절을 앞둔 시기에 정리해고라는 주제를, 그것도 주말 오락 프로그램에서 다뤘기에 유심히 봤다. 연출자는 무슨 얘기를 하고 싶었던 것일까. 정리해고는 50일 전 당사자에게 통보해야 하고, 해고 회피 노력과 대상자 선정의 객관성이 있어야 한다. 그리고 무엇보다 경영상의 긴박한 이유가 있어야 정리해고를 할 수 있다. 이런 사실이 프로그램에는 빠져 있다. 그러나 오락 프로그램에서 그것까지 기대하는 건 무리인 듯하다. 그래서 정리해고의 절차나 과정이 아닌 연출자의 메시지가 더욱 궁금했다.

극중 정준하 씨가 맡은 정 과장은 눈치가 없고 상사에게 기거나 아부할 줄 모른다. 그러다보니 '비비는 문화'에 익숙한 회사 생활에서 번번이 '물'을 먹고, 심지어 상사와의 윷놀이에서도 은근슬쩍 져주는 눈치조차 없다. 이런 성격 탓에 정리해고 대상자가 된 것일까? 해고 이유는 해고된 이후에 더 잘 설명되고 있다. 해고를 당하고도 정 과장은 아무런 저항을 하지 않고 현실로 해고를 받아들인다. 어쩌면 정 과장을 해고한 이유는 그가 저항하지 않을 것 같은 사람이기 때문은 아니었을까. 저항은 결과뿐 아니라 과정에서 배우고 축적하는 경험에서 나온다는 사실을 알리고자 한 것은 아닐까. 무한상사라는 가공현실에 정 과장이 있다면 현실엔 박 대리가 있다.

이 땅에 살기 위하요

얼마 전 치러진 보궐선거에서 안철수 후보의 출마로 유명
해진 서울 노원병 지역구는 노회찬 전 의원이 삼성 X파일 사
건으로 의원직을 잃은 곳이다. 그에게 적용된 '통신비밀보호
법'의 옳고 그름을 떠나 이 사건은 삼성의 힘과 지배력을 단적
으로 보여주는 예다. 삼성엔 국회의원 한두 명쯤 그만두게 하
는 것은 일도 아닌 것 같다. 이런 회사에 맞서 무노조 경영 방
침을 어기고 노조를 만들려 했다는 이유로 23년을 일하다 해
고된 이후 지금까지 투쟁하는 사람이 있다. 삼성 해고자 박종
태 대리 얘기다. 해고되던 날, 현장 냉장고 안에 있는 자신의
약봉지를 가져가게 해달라는 박 대리의 간곡한 요청에 회사는
현장 동료들과의 만남을 막으려고 1톤이 넘는 냉장고를 직원
을 시켜 들고 오게 했다. 그리고 박 대리 앞에 냉장고 안의 물
건들을 내팽개쳤다. 이뿐만이 아니다. 빈 책상 앞에 하루 종일
앉아 있게 하는 '면벽 고문'을 자행하고 동료들과의 대화는 물
론 일거수일투족을 감시했다. 결국 박 대리는 정신과 치료를
위해 병원에 입원했는데 슬프게도 23년을 다닌 회사보다 병원
이 마음의 안정을 가져다줬다고 한다.

만약 박 대리가 부당한 회사 지시에 군소리 없이 따랐다면
결과는 어땠을까. 적어도 박 대리는 지금쯤 박 과장이 됐을 테
지만, 그것도 잠시뿐 이내 정 과장의 신세로 바뀌었을 것이다.
저항할 힘과 의지와 경험이 거세된 박 과장으로 말이다. 자본
은 경영상의 이유를 들어 정리해고자와 비정규직을 늘리고 있
지만 10대 재벌의 사내 보유금이 사상 최대란 점을 감안하면
이는 설득력을 잃는다. 정 과장이 해고된 이후에 별다른 저항
을 하지 못하는 것은 개인의 성격 탓이 아니라 저항의 경험이
없기 때문이다. 개인적 차원의 화풀이로는 구조와 제도로 덤

벼드는 자본에 맞설 수 없다. 정 과장은 이런 현실을 알지 못했고 이를 체념해버렸다. 연출자가 예능에서 이런 문제를 다룰 수 있었던 것도 실은 그의 노조활동 및 파업의 경험과 무관하지 않다.

박 대리가 자신의 저항 경험을 담은 책을 냈다. 제목이 역설적이게도 《환상》이다. 박 대리의 저항은 어쩌면 수많은 정 과장들에겐 그저 환상 속에서나 가능한 일이겠지만, 박 대리는 현실에서 이 환상을 실현했다. 그는 정작 정 과장들이 깨야 할 환상은 '또 하나의 가족'이라는 재벌의 슬로건임을 일깨운다. 어떤 환상은 끝내 깨지고, 어떤 환상은 결국 이루어질 것이다. 그건 수많은 박 대리들과 정 과장들의 분노가 조직될 때 비로소 가능할 것이다.

경향신문, 2013.5.6.

가면 우울증

최근 몇 년 사이 얼굴 근육이 아플 만큼 운 적은 많았으나 웃어본 적은 없다. 성격 탓이라기보다 주변 여건과 처지가 울음과 웃음의 비율을 극단적으로 나눈 것이다. 내 밝은 성격은 종적을 감췄고 기름기 쫙 빠진 프라이드치킨처럼 기분은 늘 우울했다. 웃음기라곤 치킨을 찍어 먹는 작은 소스 그릇 정도의 양으로만 존재한다. 이렇게 된 이유는 무엇일까. 아니 이렇게 살아가는 이유가 어디서부터 시작된 것일까. 2009년 쌍용차 파업을 복기하며 숱하게 떠올렸던 기억 가운데 누락되고 주목하지 않았던 기억 하나가 궁금증을 풀어줬다. 가면이었다. 쌍용차 노동자들은 파업 당시 얼굴에 가면을 쓰고 있었다. 그때는 단순히 얼굴을 가릴 목적으로 쓴 가면이었지만, '해고는 살인이다'라는 구호와 함께 그 가면은 지금까지 현실에서 살아 움직이고 있다.

한번 찍힌 해고자의 낙인 지워지지 않아

한번 찍힌 해고자의 낙인은 철모를 때 새긴 문신처럼 쉽게 지워지지 않았다. 지우려는 노력은 투쟁으로 이어졌고 고강도 투쟁이 깊은 낙인을 제거할 방법이 될 줄 알았다. 그러나 투쟁이 이어지고 강도가 높아질수록 얼굴 표정은 가면을 쓴 것처럼 획일화되었다. 다른 것은 얼굴 표정이 아니라 가면의 종류였다. 나를 가리기 위해 쓴 가면이 어느 순간 내 표정이 돼버렸다. 무표정한 얼굴, 우는 얼굴, 화난 얼굴, 가끔씩 웃는 얼굴은 각기 다른 가면의 종류다. 해고자라는 이미지는 그렇게 만들어지고 있었다. 문제는 이 가면을 우리가 선택하는 것이 아니라는 사실이다. '웃으면서, 끝까지, 함께, 투쟁'이라는 말도 해고자라면 반드시 선택해야만 하는 가면의 한 종류로 인식되고 있다. 그렇게 해고자 주변에는 가면이 쌓여 있다. 오늘도 거리에 나서기 전 가면을 집어 든다. 광대가 공연에 앞서 분장을 하거나 가면을 쓰려고 분장실에 들르는 것처럼.

해고자는 선의로 이뤄지는 모든 행위 앞에서는 불편한 마음이 있어도 웃어야 한다. 웃지 않는 건 예의가 아니거나 옹졸함으로 비춰지기 때문이다. 기쁘지 않지만 기뻐해야 하고 즐겁지 않지만 즐거워해야 하는 어떤 패턴이 언젠가부터 해고자들에게 생겨났다. 연대가 끊긴다는 이유로 내부 얘기가 공론의 장으로 나오는 것은 차단된다. 노동 문제는 일반적 수준에서 수박 겉핥기로 논평되고 자연스럽게 그 대열에 편승하게 만든다. 이 모든 것이 최근 몇 년 사이 노동 진영에 불어닥친 '가면 우울증'의 원인 아닐까.

타인의 입맛에 맞게 설정된 해고자?

우울증임에도 아닌 것처럼 행동하는 것을 두고 '가면 우울증'이라 부른다. 자신에게 솔직하지 못하기에 치료가 더욱 힘들 수밖에 없는 가면 우울증은 강요되는 가면을 벗고 가면 쓰기를 거부하는 것에서 시작돼야 한다. 해고자가 특별한 존재가 아니듯 그 인격 또한 특정의 인격일 수 없다. 성질이 더러울 수도 있고, 때로는 과격할 수도 있다. 때로는 극단을 오갈 수도 있는 것이다. 타인의 입맛에 맞는 설정된 해고자로 살아갈

301

순 없지 않은가.

이제는 가면을 벗고 우울증에서 탈출하고 싶다. 그러나 오랜 시간 쓴 가면이 살갗에 붙어버려 어떻게 떼어내야 하는지 방법을 알지 못한다. 어쩌면 가면이 살갗처럼 돼버렸는지도 모른다. 그래서 가면 벗기란 어려운 일이다. 그럼에도 가면을 벗어야 하는 이유는 이렇게 살아가는 것이 너무 버겁고 힘들기 때문이다. 끝 모를 싸움을 하는 이들에게 자신의 잣대와 기준을 강요하는 건 폭력이다. 있는 그대로 봐주는 것. 해고자들의 가면 우울증 탈출을 위해 지금 필요한 건 어쩌면 이것이 아닐까.

시사인 294호, 2013.5.7.

이창근의 해고일기

좌절의 순간 발견한 '플립사이드'

부처님오신날 연휴, 고향에 갔다. 모처럼 열린 초등학교 동창회에도 들르고 어버이날 찾아뵙지 못한 면피도 할 요량이었다. 고향엔 사과꽃 향이 은은하게 올라왔고 바람은 소백산 줄기를 시원하게 갈랐다. 졸업한 지 28년 만의 만남. 어색했지만 이내 정겨워졌다. 책가방 놓기가 무섭게 허기진 배를 채우려 쏜살같이 밥상 위 상보를 들추고 허겁지겁 먹던 음식처럼 과거의 맛은 달콤하고 쌉싸래했다.

친구들이 웃음 지을 때는 덩달아 과거가 보였고, 진지한 표정을 지을 때는 부모님을 닮아가는 나이가 보였다. 흐른 시간만큼 건강도, 사는 형편도 달랐다. 사실 이번 고향 가는 마음이 가볍지만은 않았다. 아직 낫지 않고 있는 전정신경염 때문이기도 했지만, 우울한 기분이 몇 주째 이어지고 있어서다. 그러나 복잡하던 머릿속 생각과는 달리 동창회 분위기는 엊그제 본 사람들처럼 내내 살가웠다.

염치가 필요 없는 사람들과의 만남

친구들과 이야기를 하던 중 문득 '염치'라는 단어가 떠올랐다. 그동안 주변 사람들의 눈치를 많이 의식했는데, 친구들과 얘기할 때는 그럴 필요가 없었다. 화폐로 교환되거나 갑을관계가 아니라, 기억과 향기와 공간으로 맺어진 사이이기 때문이다. 이것을 그동안 잊고 있었다. 외롭고 힘든 나머지 떠나고 싶다는 생각만 했을 뿐, 조건 없이 나를 지지하고 응원하는 이들이 있다는 사실을 잊고 있었던 것이다. 우울함의 발원지가 결국 마음속이라는 것과 흔들리는 마음속엔 친구들의 든든한 방풍림이 존재한다는 것도. 술잔이 몇 순배 돌자 친구들은 어릴 적 모습으로 돌아간 듯했다. 이제는 누구의 엄마·아빠로 불릴 나이지만, 노는 모습은 어릴 적 그대로였다. 만약 해고가 되지 않았다면 굳이 이번 동창회에 갔을까. 아마 일정이 있다는 이유로 찾지 않았을지도 모른다. 그랬다면 염치가 필요 없는 친구가 있다는 사실도 알지 못했을 것이다.

칠순이 넘었는데도 고향에 계신 노모는 아직 일을 한다. 지금이 한창 사과나무 적과(열매솎기) 철이라 사다리를 오르고 내리는 일을 반복한다. 그래서 늘 무릎신경통에 힘겨워하신다. 밤이면 끙끙 앓는 소리가 문틈을 비집고 인적 없는 어두운 집 안을 채우기 일쑤다. '이제는 일 좀 그만하시라'는 얘기를 듣지 않으신다. 어쩌면 내가 그 말 뒤에 따를 법한 이야기를 하지 않기 때문일지도 모른다. '이제는 저희가 모실게요'라는 말은 입 안에서만 맴돈다. 무릎신경통과 허리 아픈 몸으로 번 돈으로 내게 용돈을 주신다. 거절하지 못했다. 그러면서 생각한다. '나도 참 염치없는 놈이구나.' 열 명이 넘는 조카 녀석들에게 용돈 줘본 기억이 가뭇하다. 그러면서도 칠순 노모의 꼬깃꼬깃한 용돈은 잘도 받는 나를 보며 염치가 의지의 문제만은 아님을 안다. 거절히는 자존심보나 받고 마는 궁핍함이 더 마음 아플 뿐이다.

내게 가장 소중한 사람들

바닥으로 떨어졌다고 생각하는 순간, 그곳엔 내게 가장 소중한 사람들이 있었다. '플립사이드.' 사전적 의미로는 '레코드의 뒷면 혹은 B면' '사람이나 사물이나 현상의 이면, 또 다른 면, 반대 면'을 가리키는데 어떤 책에서는 이를 '좌절의 순간 발견한 작지만 소중한 기회'라는 의미로도 쓴다고 한다. 친구들과 고향 어머니를 보며 생각한다. 포기하고 싶고 도망치고 싶은 마음이 굴뚝같았던 시간이 고향을 다녀오며 진정됐다. 이들을 보며 다시 용기를 내고 일어설 수 있을 것 같다. 무릎 꺾이지 말라던 친구가 건넨 한마디와 아낌없이 당신의 전부를 주는 어머니.

앞이 보이지 않는 이 쌍용차 해고 싸움에서 반전을 기대하는 건 무모할지도 모른다. 그러나 '작은 기회'란 멀리 있는 것이 아니라 바로 내 곁에 있는 사람들이라는 사실은 분명해 보인다.

시사인 298호, 2013.6.3.

이 땅에 살기 위하여

쌍용차의 진실 찾기… 1루는 훔칠 수 없다

요즘 메이저리거 류현진이 뜨겁다. 메이저리그 진출 첫해 열한 경기 만에 완봉승을 챙겼고, 벌써 6승을 거뒀다. 요즘 말로 정말 '살아 있다'. 어린 나이에도 흔들림 없는 제구와 안정된 투구 밸런스는 보는 이들을 불안하게 만들지 않는다. 확실히 박찬호 때와는 조금 다른 느낌을 준다. 야구 선수라면 누구나 메이저리거의 꿈을 꾼다. 그러나 누구나 메이저리거가 되는 것은 아니다. 여기에는 수많은 변수들에 맞선 싸움이 있는데, 특히나 자신과 싸우는 것이 가장 크다고 볼 수 있다. 부상과 경기력 부진도 늘 자신으로부터 출발하기 때문이다.

땀 흘리지 않는 현대판 불한당들

뜬금없이 야구 얘기를 꺼내는 이유는 땀에 대한 얘기를 하기 위해서다. 정직한 땀을 말하기에 앞서 메이저리그에서 통용되는 말을 먼저 인용해보자. 메이저리그에서는 '1루는 훔칠 수 없다'는 말이 있다. 1루는 도루가 허용되지 않는다는 뜻이다. 적어도 1루까지는 걸어서든 뛰어서든 홈런으로든 혹은 맞아서든 정직하게 나가야 된다는 뜻이다. 그렇다고 도루가 정직하지 않다는 것은 아니다. 도루도 야구 규칙의 하나이다. 1루를 밟은 이후에 여러 작전을 펼치든 도루를 하든 하라는 것이다. 이것이 바로 야구라는 스포츠에 정해져 있는 게임의 규칙이다. 그러나 만약 규칙을 위반하고 1루 도루를 강행하면 어떻게 될까. 모르긴 해도 퇴장 명령을 받거나 이상한 사람 취급받을 것은 확실해 보인다.

야구에서처럼 누구나 지키고 따라야 하는 규칙이 이 사회에선 너무나 쉽게 무너진다. 그런 사례가 작은 언론 뉴스타파에 의해 연일 폭로되고 있다. 바로 조세 회피처를 둘러싼 저명인사들의 이름들이다. 재벌가뿐만 아니라 연극인과 법조인 등이른바 사회지도층 인사들이 수두룩하다. 여기에 전두환 전대통령의 아들 전재국 씨의 이름까지 나왔다. 전 재산이 29만원밖에 없는 아버지에게는 돈 한 푼 주지 않고 재산을 빼돌리다니 불효의 극치가 아닐 수 없다. 이뿐만이 아니다. 아직 실명까진 거론되지 않았지만 정치인들의 이니셜이 정가에 떠돈다고 한다. 여의도발 바람이 심상치 않다. 세금을 정직하게 내는 유리지갑 봉급쟁이들은 허탈하다. 지금까지 확인된 금액만 6조 원이 넘는다. 무너진 규칙과 구멍 난 조세 제도로 해외로빼돌려진 돈이 천문학적이다. 그럼에도 그동안 재벌과 있는자들은 각종 규제를 풀어줄 것을 뻔뻔하게 주장했다. 땀 흘리지 않고 남의 물건 훔치는 현대판 불한당들이 따로 없다.

이제는 낡은 프레임에서 벗어나야 한다

통상임금을 둘러싼 가진 자들의 주장도 듣기에 낯 뜨거울 정도다. 박근혜 대통령이 방미 기간 GM 회장의 민원성 건의를기다렸다는 듯 해결하겠다고 나선 것이 화근이었다. 대법원의판결이 존재하는 상황에서 행정부의 수반이랄 수 있는 대통령이 삼권분립의 원칙을 깬 것이다. 그동안 통상임금 산정 시 정기적이며 일률적으로 지급되던 정기상여금은 제외됐었다. 통상임금이란 의미에서 한참을 후퇴한 것이었는데, 그것을 이번에 대법원이 판례로 바로잡은 것이다.

재계는 즉각 반발했다. 4년간 38조가 든다며 생떼를 부리고 대형 로펌을 동원해 로비를 펼친 것은 물론 정치권으로도 숱한 압력을 넣고 있다. 그러나 이번에 문제가 되는 정기상여금의 경우는 그동안 노동자들이 눈뜨고 코 베이듯 떼인 돈이다. 이것은 돌려줘야 하는 돈이다.

한국 사회의 왜곡된 임금 체계가 빚은 이 같은 문제에서 노동조합 또한 책임이 없을 순 없다. 기본급이 턱없이 낮음에도 그동안 각종 수당으로 낮은 기본급을 채웠기 때문이다. 그러나 이것만을 가지고 대공장 정규직을 힐난하고 비난할 근거는 되지 못한다. 책임이 있다면 모두 공범인 것이지 왜 대공장 정규직만 욕을 들어야 하는가. 옳지도 바람직하지도 않은 자본이 쳐놓은 '귀족노조' 프레임의 재탕에 다름 아니다. 이제 이런 낡은 프레임에서 벗어나야 한다. 그렇지 않고 여전히 양비론과 양시론을 줄타기하는 건 가진 자들을 유리하게 할 뿐이다.

몸에 밴 노동의 기억을 되살리는 프로젝트

2013년 6월 7일은 쌍용차 해고자들의 프로젝트인 H-20000 프로젝트 모터쇼가 있는 날이다. 땀의 정직함과 몸에 밴 노동의 기억을 되살리는 프로젝트다. 또한 그동안 등한시했던 모든 해고자들에게 기운과 용기를 주는 행사다. 수많은 사람들의 땀과 열정과 노력이 집적된 이번 행사가 해고 노동자에 대한 인식을 조금씩 바꿔나가는 계기가 됐으면 한다. 인식의 변화란 무엇일까. 해고자는 연민의 대상이 아니란 것과 자본이

시키면 시키는 대로 따르는 사람도 아니란 사실이다. 자신의 운명과 선택을 믿고 굽힘없이 진실을 찾아나서는 이들이 해고 자다. 어쩌면 자본의 발가벗은 모습을 제대로 알았기 때문에 끊임없이 탄압을 받는 사람들이다. 잘려나간 삶과 생의 단면을 기어이 잇고 마는 사람들이다. 이들과 함께한다는 것은 이들의 입장이 되는 것이다. 지금까지 입장을 함께하겠다고 나선 이들이 너무나 많다.

지난 4년간 쌍용차 해고자는 강제적으로 노동에서 배제된 삶을 살아왔다. 더 이상 쌍용차 사례는 반복되지 말아야 한다. 그것은 사회적 압력만으로는 부족해 보인다. 늘어난 사회적 압력이 제도와 틀이라는 사회 구조를 다양한 형태로 변화시킬 수 있을 때 비로소 의미를 갖는다. 이번 행사가 일회성 퍼포먼스가 아닌 이유다. 차를 다시 만들고 작업복을 다시 입고 먼지 낀 공구를 다시 기름칠하는 이유가 어디에 있겠는가. 그것은 하늘에 둥둥 떠다니던 쌍용차 문제를 드디어 지상으로 끌어내린다는 의미다. 진흙탕에 빠진 채 공회전만을 반복하던 쌍용차 국정조사가 대로를 향해 질주한다는 뜻이다. 많은 사람들의 마음과 몸의 연대가 절실한 이유다.

진실의 문으로 한 발짝 성큼 들어서는 순간

쌍용차 문제에 드디어 회계 조작과 기획 파산의 시나리오의 구체적 증거가 드러났다. 움직일 수 없는 사실들이 우리 눈앞에 나타난 것이다. 베일 속에 가려졌던 쌍용차의 진실이 이제 베일을 벗었다. 쌍용차 문제가 새로운 국면으로 고개를 돌려 방향을 잡았다. 그동안 증거가 있냐며 뻗대던 회사는 하던 소리 반복하며 사태 추이를 주시한다. 이제 남은 몫은 정치권이 아니라 아스팔트 위의 사람들이다. 오랜 기간 쉼 없이 달려와 지치고 힘들겠지만 다시 한 번 더 앞을 향해 나가야 할 중요한 지점에 다다른 것이다.

6월 7일 서울시청 모터쇼에서 완성된 차량의 베일을 벗겨내는 그때가 쌍용차 사태의 진실의 문으로 한 발짝 성큼 들어서는 순간이 될 것이다. 우리는 정직한 땀의 힘을 믿는다. 미련하게 보일지라도 바위를 깨 산을 옮긴 우공이산이 옳다고 확신하는 사람들이다. 정해진 규칙대로 경기를 했지만, 한쪽이 계속해서 반칙을 일삼는다면 그 경기를 엎어버릴 수 있는 용기가 있는 사람들이지 않나.

우리, 지금은 세상에서 단 한 대밖에 없지만 계속해서 만들어야 할 자동차를 위해 발걸음을 시청으로 옮기는 건 어떨까. 1루를 무단으로 도루하는 자본과 정권의 반칙과 무법에 맞서 정직한 땀의 경기를 하는 우리 자신들을 응원하기 위해 6월 7일 시청으로 모이는 것도 좋지 아니한가.

꼬리말. 서울시청 맞은편에서는 재능교육의 '묻어가는 벼룩시장'도 열립니다. 많은 연대의 발걸음 당부드립니다.

프레시안, 2013.6.6.

경·검·법원의 오심 경연

늦은 밤, 변호사에게서 연락이 왔다. 시간은 자정에 가까웠다. 늦은 시간에 오는 연락은 달갑지 않은데 이번도 예외는 아니었다. 변호사는 검찰이 쌍용차 김정우 지부장에 대한 구속 영장을 청구했다고 전해줬다. 알았다며 전화를 끊고 바로 탄원서를 쓰기 시작했다. 영장이 청구된 사실보다 천연덕스럽게 탄원서를 쓰고 있는 내 모습이 더 한심했다. 이런 것을 두고 이골이 났다고 하는 걸까. 쌍용차 24명의 노동자와 가족의 죽음이 있을 때마다 눈물을 흘리기보다 보도자료를 먼저 썼던 모습도 겹쳤다. 단어를 골라가며 탄원서를 썼다.

썼다 지웠다를 반복하며 한 장의 탄원서를 30분도 채 지나지 않아 완성했다. 이렇게 찍어내듯 쓴 탄원서 한 장이 구속 여부에 어떤 영향을 줬을까. 그동안 숱하게 탄원서를 썼고, 다행히 구속을 면하는 경우도 있었다. 그러나 불구속의 사유가 탄원서 때문이었을까. 수많은 사람들의 탄원서가 법원의 인간적 고뇌에 조금이라도 영향을 주고 있는 것일까. 어쩌면 탄원서와 관계없이 법원은 이미 판단을 내렸고, 탄원서는 그저 남은 이들이 구속만큼은 막아보고자 하는 스스로의 위무가 아니었을까.

얼마 전 LG와 넥센의 야구 경기가 있었다. 팽팽하게 투수전으로 진행되던 경기는 5회 들어 2루심의 오심으로 한순간 균형이 깨지고 말았고, 그 결과 넥센이 대패했다. 당시 2루심은 오심의 책임을 지고 2군으로 내려갔다. 이 소식을 듣고 자연스럽게 대한문 쌍용차 분향소가 떠올랐다. 지금 대한문 쌍용차 분향소를 둘러싼 경찰의 행태는 공무집행이 아닌 오심 경연장이다. 허가제가 아닌 신고제인 집회마저 경찰의 자의적 판단에 맡겨져 있다. 특히 기자회견장은 경찰이 임의로 지정할 수 없는 사안임에도 경찰의 월권은 통제되지 않는다. 경찰의 이 같은 행태는 어제오늘의 일이 아니다. 경찰의 공무집행은 무법과 무절차로 이뤄지고 있고, 룰 없는 경기가 치러지고 있다. 이 같은 경찰의 행태는 조롱과 비웃음의 대상이며, 법 자체를 불신하게 만드는 원인이 되고 있다. 무법하게 공권력을 남용하는 경찰에 대한 어떤 처벌과 조치 없이, 제복을 입었다는 이유만으로 공무집행이라 우긴다면 그것을 믿고 따를 사람이 어디 있겠는가.

지난 4월 12일 밤 김정우 지부장이 구속됐다. 한 가닥 법원의 인간적 고뇌를 바랐던 탄원서를 발기발기 찢고 싶은 심정이었다. 사실관계만 놓고 따지면 될 일을 괜스레 인간적인 호소를 한 것 같아 후회막급이었다. 더는 탄원을 하지 않을 것이고 더는 합법과 불법으로 다투지도 않을 것이다. 모든 것이 경찰 마음이고 모든 것이 검찰 기소에 달렸는데, 합법과 불법의 경계가 어디 있는가. 있다손 치더라도 그건 우리 소관이 아님을 이번에 다시 한 번 똑똑히 알았다. 우리가 하는 모든 행위가 설령 법적 근거를 가지고 있다 하더라도 불법의 올가미로 가두려는 서들의 의도가 사라지지 않는 한, 인제나 우리는 불법이다. 모든 것이 불법인 상황에서 우리에게 합법을 요구하는 것 자체가 논리 모순 아닌가. 지키고 싶어도 지킬 법이 없는 것이 쌍용차 노동자들이 맞닥뜨린 법현실이다.

쌍용차 대한문 분향소는 천막에서 비닐로, 이제는 다시 신문지 한두 장으로 겨우겨우 유지되고 있다. 그러나 탄원서가

김정우 지부장이 구속됐다. 한 가닥 법원의 인간적 고뇌를 바랐던 탄원서를 발기발기 찢고 싶은 심정이었다. 모든 것이 경찰 마음이고 모든 것이 검찰 기소에 달렸는데, 합법과 불법의 경계가 어디 있는가.

법원이 아닌 시민들을 향했던 것일까. 쌍용차 국정조사를 요구하는 시민들의 발걸음이 대한문으로 이어지고 있다. 경찰은 오늘도 알박기 하듯 대한문 주변을 에워싸고 지나는 시민들의 통행권을 방해한다. 분향소를 오가는 시민들에게 이죽거리기 일쑤며 기자회견에도 해산명령을 내린다. 이 무법과 불법을 엄단할 곳은 눈을 씻고 찾아봐도 없다. 집회 및 시위와 같은 표현의 자유를 제약할 때는 명확성의 원칙이 엄격히 적용돼야 함에도 누구 하나 설명하는 이 없다. 우리가 지켜야 할 법은 도대체 무엇인가. 우리는 어떻게 하란 말인가. 오심을 한 심판처럼 경찰도, 검찰도, 법원도 징계를 당할 수는 없는가.

경향신문, 2013.6.17.

'노동중심성'의 수난

덜커덕 구속됐다. 불행은 두 손 잡고 온다는 말이 있던데 딱 그 짝이었다. 쌍용차 김정우 지부장에게 청구된 구속영장을 지난 2013년 6월 12일 밤 법원이 냉큼 받아들였다. 며칠 동안 숨 가쁘게 움직이며 구속을 막아보려던 노력도 물거품으로 돌아갔고 화가 머리끝까지 났다. 지부장 나이가 오십이 넘어서가 아니다. 원세훈 전 국정원장은 불구속이라는 사실이 약 올라서도 아니다. '노동'이 물에 빠진 생쥐 꼴로 여름 장맛비에 흠뻑 빠지고 있다는 생각이 들었기 때문이다.

너도 나도 귀족노조, 그래서 말이 무섭다

진보정의당 심상정 의원의 뜬금없는 '노동중심성'에 대한 대국민 사과문이 기분을 영 언짢게 했다. 대한문 앞에선 짓밟히고 끌려가는 노동자들이 연일 발생하는데 그런 한가한 소리나 듣고 있자니 화가 더 났다. 그동안 진보 정당들이 정규직 대공장 노조를 과잉 대표했음을 반성한다는 이번 사과문은 여러 가지를 생각하게 만든다. 금속노조 사무처장 출신인 심상정 의원 입에서 나온 말이라 더욱 그렇다. 민주노동당 시절부터 현장 노동자들은 선거 때마다 세액공제사업은 물론 다양한 방법으로 진보 정당의 발전과 뿌리내림을 위해 노력했다. 그야말로 돈 대고 몸 댄 시기였다. 돌이켜보면 진보 정당이 가장 빛났던 시기도 당명에 노동이 들어갔던 민주노동당 시절이 아니었나 싶다.

당명에 노동이라는 단어를 넣는 것만도 얼마나 많은 토론의 시간이 필요했나. 진보정의당이 반성하는 노동중심성 탈피가 노동뿐 아니라 사회의 다양한 영역으로 외연을 넓혀나가겠다는 것이었다면 굳이 노동을 짓밟는 표현을 써야 했을까. 정책적 방향을 더욱 구체적으로 말하는 편이 낫지 않았을까. 소외됐던 비정규직 노동자를 더 대변하겠다는 의지를 이렇게밖에 표현할 수 없었나.

한국 사회에는 자본과 보수 언론이 만들어놓은 프레임이 여럿 있는데, 그 가운데 노동조합 공격용으로 '귀족노조'가 사용된다. 도대체 어디에 존재하는지 알 수 없는 귀족노조는 파업이 벌어지거나, 노동자들의 요구를 폄훼할 때마다 전가의 보도가 된다. 너도 나도 귀족노조를 사용하다보니 이젠 고유명사가 돼버릴 지경이다. 그래서 말이 무섭다.

'노동' 함부로 차지 마라

최근 한국일보가 장재구 회장의 배임 문제로 편집국이 폐쇄당하고 기자들은 용역들에게 쫓겨났다. YTN 해직 언론 노동자들은 국토순례를 하고 있다. 노동 현장뿐 아니라 언론 현장도 수년 동안 탄압을 당하는 마당이다. '노동'이 처한 사회적 지위와 대접이 이렇다. 노동중심성이라는 말이 한국 사회에서 누구에 의해 유통되고 거래되는가. 바로 자본이다. 그래서 '노동중심성'과 '노동귀족'은 암맷돌과 숫맷돌을 이뤄 노동자를 더욱 쥐어짜고 적대시하는 악마의 맷돌로 사용될 뿐이다.

통합진보당 당내 경선 문제가 정국을 뒤흔들고 난 뒤 전국노동자대회에서 심상정 의원의 발언을 기억한다. 역설적이게도 '노동중심성' 강화였다. 불과 1년도 채 지나지 않은 말이다. 1년을 사이에 두고 노동중심성은 강화에서 탈피로 좌표를 옮겼다. 그렇기 때문에 내용 없는 정치적 수사로 보일 수밖에 없다. 국회의원 배지를 달게 만들었던 세력이라 하더라도 잘못이 있으면 비판받아야 한다. 또한 정규직 대공장 노조의 구실이 더 늘어나고 확대돼야 하는 것도 맞다. 그렇다면 대공장 정규직 노조를 비난만 할 것이 아니라 함께할 수 있는 정책을 궁리하고 제시해야 하는 것이 우선이다. '노동'을 동네북처럼 이리 차고 저리 차고 해서 남는 게 무엇이며 결국 좋아할 사람은 누구일까. '노동' 함부로 차지 마라.

시사인 302호, 2013.7.3.

귀가

새벽 3시. 이승과 저승의 경계가 가장 가까워진다는 시간. 어떤 남성이 계단을 걸어 오른다. 출퇴근을 반복하며 걷고 또 걸었던 계단이지만, 이 계단은 한 번도 올라보지 않았던 낯선 계단이다. 마침내 계단 끝. 옥상으로 연결된 문을 열고 한 발짝 더 내디딘다. 아직 새벽 공기가 차다. 아파트에서 새어나오는 불빛이 아침을 맞이하기 위해 하나둘 켜지고, 신문을 잔뜩 실은 오토바이가 받은 숨을 몰아쉬며 아파트 입구에 서 있다. 거리에 나뒹굴던 쓰레기는 새벽 청소차 소리에 맞춰 하나둘 자취를 감춘다. 거실에 쓰러져 있는 소주병과 음식 받침대로 쓰던 입사원서엔 국물 자국이 어지럽다. 여전히 어느 한 곳에 발딛지 못하고 부평초같이 떠다녔던 지난 3년. 엉킨 회로처럼 갈곳과 머물 곳의 경계가 사라지는 순간. 또 다른 갈 곳을 찾아 허공에 발을 내디뎠다. 쌍용차 스물두 번째 희생자 이윤형씨의 생이 마감되는 순간이었다.

얼굴 없는 영정들이 길 위에 늘어서 있다. 아니 얼굴 가린 영정이다. 입이 없어 하소연의 소리가 들리지 않는다. 눈이 없으니 매일매일 거리에서 벌어지는 경찰들의 살풍경을 보지 못한다. 귀와 코가 없으니 고막을 찢는 울부짖음이 들리지 않고, 짐승 같은 고약한 탄압의 냄새를 맡지 못한다. 얼굴 없는 이런 영정들이 24개나 된다. 경찰의 조롱과 발길질에 얼굴이 구겨진 채 후미진 곳으로 내쫓긴다. 떠나고 싶어도 떠날 수 없는 이들이다. 이제는 편한 곳으로 가고 싶은 이들이다. 그러나 허락되지 않는다. 이승에서의 고단한 삶보다 저승으로 가는 길

울산 철탑 위에서 농성 중인 노동자 최병승, 천의봉의 모습을 아래에서 바라본 모습. 280일을 철탑에서 보내는 두 명의 노동자가 있다. 280일 동안 이들이 봤을 세상은 어떠했을까.

이 더 험하고 힘겹다. 이승과 저승의 경계는 그래서 얇지도 두껍지도 않다. 쌍용차 사태가 진흙탕에 빠진 채 공회전을 반복하는 동안 편안히 저승으로 넘어가야 하는 이들이 거리 위에서 매일 밤이슬을 맞고 있다. 새벽마다 얇은 경계의 막을 넘으려는 이들을 이제는 놔줘야 하는 게 아닌가. 쌍용차 문제 해결은 얼굴 없이 고단한 중천의 삶을 살아가는 이 영정들을 위해서라도 하루속히 이뤄져야 한다.

280일을 철탑에서 보내는 두 명의 노동자가 있다. 280일 동안 이들이 봤을 세상은 어떠했을까. 정부가 바뀌고 '을'을 위한다는 정치적 퍼포먼스가 연일 매스컴을 장식했다. 법을 강조하고 법치를 들먹인다. 그러나 '을'의 상징인 현대차 비정규직 문제는 실마리를 찾지 못하고 있다. 아니 찾으려는 의지와 노력조차 없다. 오는 22일은 현대차가 대법원으로부터 비정규직 불법파견 판결을 받은 지 3년이 되는 날이다. 그러나 대법원의 "자동흐름 방식의 컨베이어 작업을 하는 현대차 사내하청은 불법파견"이란 판시는 조롱과 비웃음의 대상이 되고 말았다. 재벌에 의해 법이 농락당해도 이를 바로잡아 주는 이들이 없다. 정치권은 팔짱만 끼고 있고, 정부는 나 몰라라 방관했다. 마침내 지난 15일 현대차 아산공장 박정식 사무장이 자결하는 사건이 발생했다. 철탑 위에서 이 사건을 전해 들은 이들은 또 어떤 심정이었을까.

절망과 푸념의 시대 희망버스가 다시 울산 현대차로 향한다. 출발지는 쌍용차의 이름 없는 영정들이 수난을 당하고 있는 대한문이다. 편하게 보내줘야 하는 이들이 있는 곳. 바로 이곳이 안전하게 가족의 품으로 내려와야 하는 이들이 있는 곳의 시작점인 것이다. 불법파견에 대한 현대차의 몽니가 계속되는 한 이번 희망버스도 큰 희망일 것 같진 않다. 그러나 끊임없이 희망의 두레박을 끌어올려야 하는 이유는 집에서 쫓겨난 이들을 가정으로 귀가시켜야 하기 때문이다. 언제까지 거리와 죽음과 반죽음의 경계가 있는 곳에서 살아가게 할 것인가. 철탑에서의 모진 시간을 이제는 끝내야 한다. 그들이 있는 가정과 그들이 일하던 공장으로 이제는 그들은 돌려보내주자. 얼굴 없는 영정 24개를 끌어안고 4년을 거리에서 헤매고 있는 노동자의 간절한 바람이다.

경향신문, 2013.7.19.

자본이 지배하는 세상의 영웅은 누구인가

살다보면 문득 두려울 때가 있다. 나이 든 어머니가 갑자기 돌아가시면 어쩌나, 잘 뛰어놀고 있는 아이가 사고라도 나면 어쩌나. 그런 상상을 할 때면 닥치지 않은 일인지라 막연한데도 두려움은 무척 크다. 집행유예 기간에 언제든 다시 연행되어 구속될 수 있는 내 처지도 그렇고, 어떤 이의 부고를 알려오는 동료의 문자를 읽을 때도 가끔 두렵다. 그런 두려움이 일 때마다 다가올 미래를 구상하기보다 과거를 돌아보게 된다. 과거에 발을 댄 두려움은 현재의 두려움으로 이어진다. 가장 크게는 생존에 대한 두려움이다. 당장 먹고사는 일이 두렵고, 해고자로서 다시 복직을 할 수 있을까도 두렵다. 그리고 과연 이 질긴 싸움에서 이길 수 있을까, 이긴다는 것은 어떤 것일까, 하는 막연한 두려움도 있다.

노동자를 죽음으로 내몬 두려움의 실체

두려움이 생길 때 영화를 본다. 특별한 기준 없이 그냥 상영 중인 영화를 본다. 몇 주 전에는 재난 영화 두 편을 연속으로 봤다. 〈애프터 어스〉와 〈월드 워 Z〉. 공교롭게도 모두 두려움과 공포에 관한 영화였고 괴물에 맞서 싸우는 주인공들이 정공법을 쓰지 않는다는 점이 특이했다. 보통 영화 속 싸움은 힘과 힘이 대결하면서 최대한 상대의 약점을 찾아내려 하기 마련인데, 이 영화들은 다른 방식으로 접근한다. 게다가 주인공은 육체적으로 강한 슈퍼맨도 아니다. 이 영화들은 "두려움과

자본이라는 괴물이 지배하고, 돈의 맛에 감염된 이 세상을 구원할 수 있는 건, 어쩌면 더 강한 지배자, 힘센 영웅이 아니라, 오히려 지금 목숨을 끊고, 영정사진을 지키다 내던져지고, 작은 천막을 지키며 싸우는 이 작은 노동자들의 삶일 수 있다.

공포를 어떻게 극복할 것인가"를 묻고 있었다. 두려움이 없는 상태를 〈애프터 어스〉에서는 '고스팅 현상'이라 한다. 고스팅 현상에서는 상대에 대한 두려움이 제거된다. 괴물은 두려움을 느끼는 상대를 공격하기 때문에 두려움이 없는 주인공은 괴물에게 노출되지 않는다. 괴물을 무찌르는 주인공은 결국 슈퍼히어로가 아닌 두려움이 없는 '사람'이다.

현실에서는 어떨까? 자본이라는 괴물에 맞서 수많은 사람이 싸운다. 그 과정에서 많은 상처를 입고 심지어 죽기도 한다. 최근 현대자동차 아산공장에서는 비정규직 노동자 한 명이 또 자살했다. '불법 파견'이라는 대법원 판결을 받고도 3년이 넘은 지금까지 이들을 방치하고 있는 현대차 자본. 그에 맞서 노동조합 간부로 가장 최전선에서 싸웠던 노동자의 죽음. 그를 죽음으로 내몬 두려움의 실체는 무엇일까.

상상하라, 갑과 을의 계약서를 찢는 것을

자본이 지배하는 세계에서 자본을 이길 방법은 자본에게 두려움을 느끼지 않는 것이다. 그러기 위해서는 결국 자본으로부터 자유로워지는 방법밖에 없다. 우리를 가두고 있는 갑과 을의 계약서를 찢어버리는 것, 돈에서 자유로워지는 것, 돈벌이에 아등바등하지 않는 것. 그런 것이 아닐까. 하지만 이는 영화처럼 상상 속에서나 가능한 일일 것이다. 그러나 쉽지 않다고 해서 그 상상마저 가둔다면 우리를 옥죄는 두려움에서 벗어날 길은 없다. 현실을 살아가는 것과, 이를 어쩔 수 없는 질서로 받아들이는 것은 다른 차원의 문제가 아닐까.

영화 〈월드 워 Z〉의 결론은 우리에게 작은 희망을 준다. 좀비가 된 괴물에 맞서 인류를 구한 열쇠는 결국 누구도 돌보지 않은 병자들이었다. 약하고, 힘없고, 공동체에서 배제된 사람들. 결국 그 이유로 좀비마저 외면한 그들이 역으로 세상을 구원하는 키가 되었다. 자본이라는 괴물이 지배하고, 돈의 맛에 감염된 이 세상을 구원할 수 있는 건, 어쩌면 더 강한 지배자, 힘센 영웅이 아니라, 오히려 지금 목숨을 끊고, 영정사진을 지키다 내던져지고, 작은 천막을 지키며 싸우는 이 작은 노동자들의 삶일 수 있다.

시사인 306호, 2013.7.30.

응답하라, 8월 24일

비 오기 직전의 날씨는 후텁지근했다. 바람 꼬리가 분향소를 사정없이 때리자 초라한 분향소가 더욱 옹색한 몰골로 변했다. 분주한 손놀림으로 쓰러진 제대를 다시 세우지만 또다시 무너진다. 볼기짝 때릴 때 물 뿌리듯 이젠 비까지 쏟아 붓는다. 야속한 하늘을 하염없이 올려다본다. 그러나 하늘은 찌푸린 인상을 펼 생각이 없다는 듯 비바람을 몰아친다. 햇볕 가리던 파라솔마저 상주하는 전경버스 사이로 날아간다.

막다른 골목에 몰린 집회와 시위의 자유

서울 덕수궁 대한문 처마 밑에서 떨어지는 빗물을 보며 피워 문 담배 연기가 사라지기 무섭게 구름 사이로 햇볕이 따갑다. 변덕스러운 날씨의 연속이다. 축축한 옷가지는 따로 말릴 필요도 없이 뜨거운 태양 아래 몸과 함께 말라간다. 빗물이 마르자 분향소 영정 사진에는 눈물 자국이 선명하게 남았다. 대한문 쌍용자동차 해고 노동자들에게 이번 여름은 그 어느 해보다 고역스럽다.

국정원 국기문란 행위를 규탄하는 촛불이 대한문 맞은편 서울광장에서 점차 늘어난다. 지난 주말 5만 명을 넘어섰다는 촛불의 행렬은 당분간 그 기세가 쉽게 꺾일 것 같지 않다. 2008년 미국산 광우병 쇠고기 촛불을 경험한 정권은 경찰버스를 동원해 벽 쌓기에 분주하다. 대한문에서 서울광장으로 가는 모든 건널목이 경찰 차벽으로 막혔다.

서울광장을 중심으로 벌어지는 경찰 공권력의 행태는 대한문을 숙주로 삼는다. 대한문 앞 집회·시위는 물론 기자회견까지 경찰이 임의로 판단해 제재했다. 공권력의 '불법적 오지랖'이 넓어질수록 노동자·시민의 집회·시위의 자유는 막다른 골목에 몰렸다. 경찰 공권력이 만들어놓은 불법의 레일 위를 이제는 검찰과 법원이 달리기 시작했다.

노동자들에 대한 소환과 수배, 구속만 난무

296일간 불법 파견과 비정규직의 정규직 전환을 요구하며 울산 송전철탑에서 농성을 벌였던 비정규직 노동자 최병승, 천의봉 씨가 지난 2013년 8월 8일 제 발로 땅을 밟았다. 그들은 힘이 남아 있을 때 그 힘으로 싸우겠다는 말을 땅과 접하는 접지 신호로 선택했다.

대법원 판결에도 불구하고 3년이 넘는 시간을 모르쇠로 일관했던 현대자동차의 불법을 폭로하는 대가치곤 그들이 감당해야 할 육체적, 정신적 고통은 너무 컸다. 몸이 만신창이가 됐음에도 그들은 웃었다. 또한 그들은 철탑에서 내려오며 병원이 아닌 경찰서로 향했다. 작은 불법에 대해 책임을 지겠다는 것이다.

그렇다면 그 맞은편에 서 있는 현대차 정몽구 회장은 어떤 처벌을 받아야 하는가. 법의 형평이 등장해야 하는 대목이 아닐 수 없다. 그러나 법은 요지부동이고 노동자들에 대한 소환과 수배, 구속만 난무했다.

쌍용차 사태가 일어난 지 4년이다. 24명의 아까운 목숨은 저승으로 보내주고 해고 노동자들은 공장으로 돌려보내야 할

8월 24일 쌍용차 문제 해결을
위한 범국민대회가 열린다.
그날 사람들의 '응답'을 듣고
싶다.

때가 아닌가. 대한문에서 공권력의 불법을 폭로하고 정리해고
의 부당함을 알리는 일이 이젠 힘에 부친다. 솔직히 힘들고 지
친다.

　노동자들이 하늘에서, 거리에서 온몸으로 불법과 부당함
을 폭로하고 있는데도 세상은 아직 응답이 없다. 박근혜 대통
령의 대선공약이던 쌍용차 국정조사도 한여름 소나기 증발하
듯 어디론가 날아가버렸다. 8월 24일 쌍용차 문제 해결을 위
한 범국민대회가 열린다. 그날 사람들의 '응답'을 듣고 싶다.

시사인 310호, 2013.8.21.

장마는 빗물을 숨겨주지 않는다

현대차 싼타페DM에서 비가 샜다. 테일 게이트 특정 부분 실링 처리가 문제였다. 교통안전공단 자동차결함신고센터에만 지난달까지 290여 건, 이달에만 20건이 접수됐다. 이쯤 되면 회사의 빠른 대책이 나올 법한 상황인데 현대차는 어찌된 영문인지 사태를 키우고 있다는 지적이다. 오죽했으면 싼타페를 '수(水)타페'라 부르는 지경까지 갔겠는가. 현대차의 대책 발표가 고객을 더 화나게 했다. 차량에 대한 리콜과 사과는커녕 무상 수리 기간만 5년으로 연장하고 실리콘으로 문제의 부위만 덮었기 때문이다. 실리콘으로 누수 부위만 덕지덕지 바른 것이 오히려 화를 더 키웠다. 언뜻 봤을 때 사고 차량으로 보일 뿐 누수는 전혀 잡히지 않았기 때문이다. 이 같은 현대차의 시간끌기를 단순한 서비스 차원의 문제로 볼 수는 없다. 고객과 노동자에 대한 현대차의 인식과 태도가 고스란히 배어 있는 것이라 문제는 심각해 보인다.

지난 2013년 8월 13일 AP통신은 현대차가 미국 디트로이트에서 판매되는 쏘나타와 아제라(한국명 그랜저) 23만 9,000대를 리콜한다고 보도했다. 제설작업을 위해 뿌려진 염화칼슘으로 차량의 후방 서스펜션이 부식됐을 '가능성' 때문이었다. 한국에서 누수로 인한 '수타페' 문제에 무성의하게 대처하는 현대차가 미국에선 '가능성'만 갖고 과감하게 리콜에 나선 것이다. 현대차의 대규모 리콜사태가 미국에선 이번이 처음은 아닌데, 그 이유는 미국의 강력한 관계법령의 문제라기보다 고객과 소비자에 대한 현대차의 태도가 한국과 미국에서 다르기 때문이다.

현대차의 태도는 왜 이토록 다른 것일까. 단언하건대 재벌이라는 '갑'이 '을'이란 고객을 호구로 보지 않고서야 이런 판이한 대응은 나올 수 없다. 그것의 단초를 평소 현대차가 노동자를 대하는 태도에서 찾는다면 너무 무리한 걸까. 현대차는 대법원이 인정한 불법파견을 3년 넘겨 여태까지 시간끌기만 하고 있는데도 영업엔 아무런 지장을 받지 않고 있다.

'수타페'에 이어 '수(水)반떼'도 나올 상황이다. 보닛 안으로 물이 스며드는 현상이 아반떼MD에서 발견됐다. 하루 평균 50명 이상이 불만을 제기하고 있는 상황이다. 현대차는 또다시 무상 수리를 통해 문제를 바로잡을 수 있다고 주장한다. 그러나 전문가들의 견해는 다르다. 보닛 안으로 물이 스며들면 배선을 부식시킬 수 있어 시동이 꺼지거나 각종 오작동을 발생시켜 안전운전에 심각한 악영향을 끼칠 수 있다는 것이다.

그러나 현대차는 문제가 된 차량을 리콜하기는커녕 또다시 시간끌기를 통해 무마하려 들고 있다. 전형적인 현대차의 수법이 이번에도 유감없이 발휘되고 있는 것이다. 차량엔 결함이 있을 수 있다. 그럴 때마다 모든 차량을 리콜할 순 없다.

그러나 단순 결함이 아닌 집단적 결함이 발견됐다면 이는 리콜하는 것이 맞다. 비슷한 결함을 미국과 한국에서 다르게 처리하는 이유를 이번만큼은 현대차에 물어야 한다.

장마는 흔적을 남기기 마련이다. 벽지를 타고 흐른 빗물의 흔적으로 비가 새는 사실을 발견할 때가 많다. 이번 현대차 '수타페' 사건은 현대차의 누수가 일반 시민의 삶에 어떻게 피해로 이어질 수 있는지 보여주는 하나의 사건이다. 노동자를 쥐잡듯 몰아세우고 대법원의 판결 또한 여봐란 듯 무시하는 현대차 모습에서 전형적인 누수 가옥이 연상된다. 누수된 빗물은 결국 현대차가 아니라 일반 시민의 몫으로 고스란히 돌아가고 있다. 현대차의 불법을 바로잡는 일은 그래서 중요하다.

현대차가 공장 안에서 보여주는 노동자에 대한 적대가 점차 사회로 스며들고 있기 때문이다. 어느 때보다 현대차 불법을 바로잡으려는 노력이 장맛비처럼 세차다. 현대차의 불법의 누수가 눈으로 확인되고 있다. 8월 31일, 희망버스가 불법을 바로잡기 위해 다시 현대차로 간다. 언제 머리 위로 떨어질지 모르는 불법의 빗물을 이제는 막아야 한다.

경향신문, 2013.8.26.

이 땅에 살기 위하요

"이 땅에 살기 위해 우린 싸운다"

지난 8월 20일 서울구치소 오전 11시. 김정우 지부장을 70여 일 만에 만났다.

생각보다 건강해 보였으나 헐렁한 수형복 때문이었는지 푸석푸석한 느낌이 들었다. 단단하던 몸은 온데간데없었다. 오랜 단식으로 이가 흔들리고 잇몸까지 들떴을 텐데 식사는 잘 하고 있는지 궁금했다. 만나자마자 어색한 포옹이 이어졌다. 팔에 힘이 들어가자 약간의 떨림이 느껴졌다. 애써 웃는 얼굴 때문이었을까. 마음이 편치 않았다. 웃음기가 채 가시기 전, 그림자가 보였다. 햇볕 없는 실내였음에도 그림자는 면회가 끝날 때까지 주변을 길게 따라다녔다. 보기보다 막상 안아보니 단단한 근육이 느껴졌다. 매일 30분 이상 운동한다는 얘기가 빈말이 아닌 듯했다.

헤어지면서 다시 포옹을 했다. 그때였다. 목덜미에 닿은 까슬까슬한 수염이 옛 기억을 찔렀다. 내 구속 시절이 떠올랐다. 어지럽게 난 수염과 다듬지 못한 짧은 머리. 울산에 사는 형이 편지에 그 얼굴을 그려넣고선 흡사 짐승의 모습이라 했을 정도였다. 눈은 빛났고 군살 하나 없었다. 오로지 근육으로만 움직이던 몸은 날짐승처럼 가벼웠다. 입맛은 사라졌으나 생각은 맑았다. 피부로 호흡을 느낄 만큼 신경은 예민해졌다. 살기 위해 모든 신경이 곤두섰고 죽지 않기 위해 감각이 작동했다. 2009년 8월의 일이다. 쌍용차 파업이 끝나고 경찰서로 향하는 버스 지붕 위로 최루액처럼 비가 내렸다. 몸에 묻은 파업의 기억이 하나둘 땅으로 쓸려 내려갔다. 미움과 분노, 패배감과 무

이창근의 해고일기

력감이 빗물 따라 승천하는 미꾸라지처럼 하늘로 사라지는 기분이 들었다. 짧은 순간이었지만 오랜만에 평온한 시간을 맛보는 곳이 경찰버스 안이라는 사실이 조금 뜬금없었다.

봄가을이 없는 그곳에 왜 갔는가

감옥엔 봄과 가을이 없다. 가마솥 같던 더위도 새벽이면 이불을 턱밑까지 당겨야 하는 요즘이다. 더위와 추위도 문제지만 오십 중반의 나이에 감옥생활은 여러모로 고역이다.

"왜 이곳에 있는지 모르겠다."

김정우 지부장의 말이다. 수감번호 111번. 김정우 지부장은 현재 서울구치소에 구속 수감 중이다. 순박한 강원도 사람. '뽕짝'을 맛깔스럽게 부르는 사람이다. 언젠가부터 이 사회는 김정우 지부장을 쌍용차 '맏상주'라 부른다. 반백의 노동자면서 오십 중반을 바라보는 나이에 그는 쌍용차 노동자들의 맏상주가 돼 있었다. 가족 같은 동료가 하나둘 죽어나갈 때마다 장례식장에서 비운 소주병은 얼마였던가. 이제는 눈물이 마를 만도 한데 눈물의 끝은 보이지 않는다. 그가 흘리는 눈물 속엔 공장에서 잘려나간 수많은 동지들의 눈물이 있었고, 생계를 위해 거리에서 힘겹게 버티는 동료들의 고단함도 배어 있었다. 41일간 단식을 할 때도 서울 대한문 철거를 막아섰을 때도 그에겐 오직 죽음을 막고자 하는 간절한 바람이 있었다. 손 한 번 쓰지 못하고 무력하게 동료들의 죽음을 안아야 했던 그 기막힌 시간을 더는 견딜 자신이 없었다. 쌍용차 국정조사를 통해 시시비비가 가려지고 집 안에서 웅크린 동료들이 세상 밖으로 떳떳하게 나올 수만 있다면 무슨 짓이라도 할 수 있다고

331

생각했다. 그것이 그가 지금 구치소에 수감된 이유다.

철탑에 오른 마음들

허리를 펴지 못했다. 꼿꼿하게 서서 말을 하고 싶었지만 결국 포기했다. 꼬리뼈가 말썽을 부렸기 때문이다. 쌍용차 비정규 직지회 복기성 수석부지회장은 송전탑을 내려오면서 울고 있었다. 171일간의 송전탑 철탑 농성을 이렇게 마무리하고 싶진 않았다. 함께 올랐던 한상균 전 지부장과 문기주 정비지회장 또한 흐르는 눈물을 애써 감췄다.

파업 이후 3년간 감옥살이를 한 몸으로 15만 4,000볼트가 흐르는 송전탑에 오르는 한상균 전 지부장의 마음은 남달랐다. 이번만은 꼭 문제를 풀고 싶었다. 대선이 코앞이고 여야 대선 후보들이 쌍용차 국정조사를 포함해 사태 해결에 나서겠다고 했다. 그럼에도 사태 해결의 속도를 내기는커녕 정치적 희망고문의 시간만 길어지고 있는 답답한 상황이었다. 강도 높은 투쟁을 선택하지 않을 수 없었다. 쌍용차 정리해고에서 회계 조작과 기획 파산의 의혹이 점차 사실로 드러났다. 2012년 9월 20일 국회 청문회에서 새누리당 의원조차 쌍용차 정리해고는 부당하다 하지 않았던가. 그런데도 진전이 없는 이유를 알 수 없었다. 뻔뻔한 회사는 빈약한 근거를 들고나오며 국정조사 반대를 주장했지만 여론은 예전과 달리 싸늘했다. 이 기회를 놓치면 언제 다시 쌍용차 문제를 풀 수 있을까.

새벽 3시에 철탑에 오르며 171일간 철탑 농성을 이어간 3명의 노동자가 바란 건 오직 하나였다. 쌍용차 문제를 해결해서 이번만은 고통의 시간을 끝내자는 것이었다. 철탑 농성으

쌍용차 해고 노동자 한상균, 복기성, 문기주는 171일간 송전탑 위에서 농성을 했다. 3명의 노동자가 바란 건 오직 하나였다. 쌍용차 문제를 해결해서 이번만은 고통의 시간을 끝내자는 것이었다.

로 쌍용차 무급 노동자들의 복직은 앞당겨졌고 사회적 관심은 더 높아졌다. 그러나 아직 세 노동자의 바람은 온전히 이뤄지지 않고 있다. 과정이 결과를 그려보고 상상할 수 있는 유일한 근거가 될 때가 있다. 쌍용차 노동자들이 그동안 숱하게 맞고 끌려가고 구속당하는 과정에서도 포기하지 않는 이유다. 지금은 쌍용차 문제 해결 이후의 상황을 부지불식간에 하나둘 맛보고 조율하고 있는 과정은 아닐까.

다시 거리에서

지난 8월 24일 쌍용차 문제 해결을 위한 범국민대회가 서울역에서 열렸다. 8,000명이 넘는 노동자, 시민이 조직위원으로 참여했다. 거리에서 공장에서 혹은 소셜네트워크서비스(SNS)상으로 마음과 정성을 모아줬다. 쌍용차 문제를 해결하고자 하는 마음이 읽혔다. 정리해고가 삶은 물론 가족의 붕괴와 파괴로 다가오는 현실을 쌍용차에서 보고 경험했기 때문일까. 지부장을 맏상주라 부르기 시작하면서 사람들은 쌍용차 문제를 자신과 관련이 있는 가족의 문제로 이해하고 있었다. 안타까워했고 함께 아파했다. 지쳐가는 조합원을 응원하고 격려했다. 이 싸움에서 질 수 없다는 '사회적 의미'가 생긴 것이다. 쌍용차 문제가 대한민국 노동 문제의 중심은 아니다. 그러나 쌍용차 문제를 우회해선 노동 문제에 접근할 수 없다는 점은 분명해 보인다. 국정조사가 쌍용차 해법의 유일한 수단 또한 아니다. 그럼에도 국정조사를 말하는 이유는 난마처럼 얽힌 쌍용차 문제를 가지런히 정리할 수 있는 가장 객관적인 수단이 국정조사이기 때문이다.

우리는 포기 없이 다시 거리에서 싸운다. 거리에서 싸우는 것이 좋아서라기보다 쌍용차 문제의 해법이 사회적 압력을 더 높이는데 있기 때문이다. 의존하지 않고 의탁을 바라지 않고 우리는 스스로 싸우는 것을 선택했다. 삶을 빼앗기지 않고 더 이상 죽지 않기 위한 가장 현실적인 방법은 우리 스스로 투쟁 하는 것이다. 우리가 지금도 거리에서 싸우는 이유다.

한겨레21 976호, 2013.9.2.

이 땅에 살기 위하여

쌍용차, 해고자는 외면할 텐가

늦은 시간 전화가 왔다. 고향 친구였다. 늦은 시간에 무슨 일인가 싶었는데, 언론 기사를 봤다고 했다. "이번엔 너도 들어가는 거지?" "잘됐다" "……" 무슨 일인지 짐작이 갔다. 지난 일요일 쌍용차 이유일 사장이 강원도 태백에서 열린 '익사이팅 드라이빙 스쿨' 행사에서 한 언론 인터뷰 기사 때문이었다. 기사는 이렇게 전했다. '신차 X100(프로젝트명) 생산 예정 시기인 내후년 1월 전에는 교육에 들어가야 하기 때문에 내년 10월에는 희망퇴직자를 순차적으로 복직시킬 예정'이란 것이다. 지난 2013년 3월 1일 쌍용차 무급휴직자 복직 기사가 언론을 뒤덮었을 때도 득달같이 전화를 한 친구였다. 이번에도 시원찮은 답변으로 얼버무리며 전화를 끊을 수밖에 없었다. 그리고 짙게 내려앉은 하늘을 쳐다봤다. 무급휴직자 복직 약속이 뒤늦게 이뤄질 때 느꼈던 어떤 허탈감과 이물감이 목에 가시처럼 박혔다. 왜 이유일 사장은 희망퇴직자를 언급하면서 해고자는 언급하지 않은 걸까. 그 이유는 무엇일까. 해고자로서 당연한 의문이었다.

쌍용차 문제는 이제 만 4년을 넘었다. 하지만 쌍용차는 단한 번도 자기 입으로 해고자를 언급한 바 없다. 아니 이유일 사장은 인터뷰 때마다 쌍용차엔 해고자가 없다고까지 했다. 회사는 해고자 신분으로 살아가는 우리를 유령 취급하고 있다. 이것은 단순히 글자의 문제가 아니다. 회사는 2009년 쌍용차 정리해고를 경영상의 긴박한 이유에 따른 적법한 절차쯤으로 인식하고 있다. 그 폐해에 대해서도 같은 입장이다. 쌍용차 문제 해결을 요구하는 사회적 압력과 노력에 대해서도 애써 무시하는 전략을 펴고 있다. 이런 회사의 태도에는 쌍용차 문제가 한 사업장의 문제로 국한되지 않고 있음을 말해준다. 무분별한 정리해고는 정권의 노동 정책과 얼기설기 엮여 있기 때문이다. 수천 개의 조각으로 이뤄진 쌍용차 문제. 회계 조작은 회계법인과 함께 공모했으며 금융당국은 이를 방치하거나 눈감아주었다. 이명박 정부의 살기어린 공권력 진압은 노동 정책 차원으로 이뤄졌기에 더욱 그렇다.

그러나 이것만큼은 분명해 보인다. 해고자 문제의 해결 없는 희망퇴직자 복직 발표는 쌍용차에 부메랑이 될 것이란 것이다. 지금까지 노동계와 정치권, 시민사회, 학생, 종교계, 법조계, 인권운동가와 시민들의 노력은 '해고자 복직'을 우선하는 쌍용차 정상화 계획을 요구했다. 해고자와 비정규직 문제야말로 숱한 죽음의 당사자이고 고통과 아픔의 우물이기 때문이다.

2,000명이 넘는 희망퇴직자에게 복직 약속은 경영여건의 호전과 생산 물량에 따른 인력수급계획이다. 이것을 반대할 이유는 없다. 그러나 해고자와 희망퇴직자를 또다시 가르고 분리하려 든다면 모처럼 찾아든 쌍용차 경영실적에도 그릇된 신호를 줄 수밖에 없다. 해고자 복직 문제는 위법한 정리해고를 바로잡는 일이지 쌍용차의 경영여건과 생산 물량과는 무관한 문제란 것이다. 경영여건의 호전을 바탕으로 선심 쓰듯 해고자 문제에 접근해선 안 된다.

2013년 쌍용차는 '희망퇴직자에 해고자가 포함된다'는 말을 한 바 있다. 이 발표의 배경에는 지난 2009년 노사합의서가 있다. 합의서 내용에는 무급휴직자와 희망퇴직자만 존재했다. 무급휴직자가 아니면 희망퇴직자란 것이다. 회사가 줄기차게 해고자 문제 언급 없이 희망퇴직자를 내세우는 배경이다. 따라서 회사가 말하는 희망퇴직자에는 징계해고자, 정리해고자, 비정규직 노동자가 포함된다. 이것을 회사도 잘 알고 있다. 그러나 쌍용차 해고자는 당당하게 우리의 이름을 찾기를 원한다. 근로자와 노동자가 다르듯 희망퇴직자와 해고자는 법적으로도 사회적으로도 다르다.

희망 없는 희망퇴직으로 얼마나 많은 동료들이 목숨을 끊었는가. 저항 없이 부드럽게 잘려나간 희망퇴직으로 또 얼마나 많은 가정이 무너져 내렸는가. 굳이 희망퇴직자란 이름을 달아 회사로 불러들이려는 저들의 속셈은 무엇인가. 철저하게 노동자들의 '의지'가 아닌 회사의 '결단'으로 쌍용차 문제를 풀겠다는 것으로 읽힌다. 자본의 불법적 정리해고를 발가벗겨온 것은 다름 아닌 해고자들이다. 오늘(2013년 9월 10일)부터 대한문에서 쌍용차 문제 해결을 위한 집단 단식에 돌입한다. '해고자'는 우리 손으로 벗어던져야 할 단어이지 회사에 의해 지워져야 할 이름이 결코 아님을 알아야 한다.

경향신문, 2013.9.10.

오늘은 당신이 기자가 되어주세요

추석이 코앞이다. 태어나고 자라난 고향을 찾는 사람들의 긴 행렬을 농성장에 앉아 부러운 눈으로 쳐다만 봐야 하는 쌍용차 노동자들이 있다. 거리에서 차례를 지내고 명절 음식을 나눈 지 만 4년째다. 하루 이틀 쌓인 시간이 벌써 1,572일을 가리킨다. 옴짝달싹하지 않는 쌍용차 문제는 그대로인데 추석이 목전이다. 이들의 귀향을 이제는 마음 편히 배웅할 때도 되지 않았는가.

이보다 더 급한 민생이 어디 있나

정리해고가 삶을 파괴하고 가정과 지역과 심지어 공장 안팎의 공동체도 철저히 부수고 짓밟는다는 사실을 우리는 쌍용차에서 확인한다. 반백의 노동자가 41일간의 목숨을 건 단식을 하고, 15만 4,000볼트가 흐르는 송전철탑의 1평 남짓한 좁은 공간에서 노동자 3명이 171일간 사투를 벌였다. 그러나 대선 전 정치권이 흔들어대던 국정조사라는 '희망고문'은 대선이 끝나자 안면몰수로 바뀌어 그야말로 '고문'으로 끝났다. 쌍용차 대한문 분향소 자리를 화단으로 만들어버린 경찰에 항의했다는 이유로 지부장은 구속됐다. 구경도 못해본 224억 7,000만 원의 손해배상 가압류 금액을 떠올리면 자다가도 경기가 날 지경이다.

국회 청문회에서 윤곽이 잡혔던 회계 조작과 기획 파산의 실체적 진실의 시계가 정치권의 무능과 새누리당의 방해로 멈취 섰다. 회계법인과 금융당국까지 나선 공모와 협잡의 증거를 노동자들이 수년간 발품 팔아 찾아놓았더니 정치권은 버티기와 시간끌기로 덮어버리기에 급급했다. 이는 쌍용차 문제가 정치적일 수밖에 없다는 점과 동시에 그 정치의 끝에 박근혜 대통령이 있다는 사실을 분명히 보여준다. '사회적 재난'의 문제로 다뤄지는 쌍용차 문제에 대한 집권 여당과 대통령의 책임은 무거울 수밖에 없으며 이를 방기하는 것은 곧 민생 역행이다.

쌍용차 문제 해결을 요구하는 사회적 압력이 갈수록 높아지고 있다. 노동계뿐 아니라 시민사회, 종교, 법조, 여성, 인권, 학생, 문화예술계를 비롯해 이 사회 양심의 목소리가 한 곳으로 모여들고 있다. 특히 천주교 정의구현전국사제단은 오늘로 156일 동안 매일 대한문 앞에서 미사를 진행해왔다. 더는 쌍용차 문제를 미뤄서는 안 된다는 준엄한 경고의 기도 소리를 박근혜 정부는 외면하면 안 된다. 이보다 더 급한 민생이 어디 있으며 이보다 더 위중한 사회적 재난이 또 어디 있는가.

그런데 야당인 민주당은 보이지 않는다. 국정원 대선 개입과 이석기 사태 등에 빠져 허우적대는 민주당의 모습은 천막 아래에서 비 맞고 있는 우리와 '도긴개긴'으로 보일 정도다. 여당에 요구할 수밖에 없는 우리 처지가 딱할 지경이다.

무기한 단식조차 외면하는 보수 언론들

우리는 쌍용차 문제 해결을 위해 9월 10일부터 단식에 돌입했다. 이 단식의 끝은 박근혜 정부만 알 것이며 늘어나는 사회적 압력을 견뎌야 하는 것 또한 박근혜 정부임을 알아야 한다. 우리는 해고자 복직, 비정규직의 정규직화, 국정조사 실시의 요

우리는 쌍용차 문제 해결을 위해 9월 10일부터 단식에 돌입했다. 우리는 해고자 복직, 비정규직의 정규직화, 국정조사 실시의 요구를 건 집단 단식으로 쌍용차 문제 해결의 새로운 전환점을 이번에 반드시 만들고자 한다.

구를 건 집단 단식으로 쌍용차 문제 해결의 새로운 전환점을 이번에 반드시 만들고자 한다.

　각 언론에 우리의 무기한 단식을 알리는 기자회견문을 보냈다. 그러나 보수 신문과 방송은 약속이나 한 듯 다루지 않는다. 노동자들의 요구와 주장은 윤전기를 통과하지 못하고, 전파를 타지 못한다. 설령 다뤄진다 해도 단어는 윤색되고 언어는 탈각된다. 무뎌진 언어와 단어는 현실을 담지 못했다. 막히는 귀향길 도로 위에서 혹은 명절 음식을 준비하며 또는 잠든 아이 머리를 쓰다듬으며 이 글을 보게 될 당신이라면, 오늘은 당신이 기자가 되어달라.

시사인 314호, 2013.9.16.

'노동'은 가장 아름다운 단어

얼마 전, 울산에서 고등학생들을 대상으로 강연을 한 적이 있다. 그런데 행사가 진행되기도 전에 말썽이 생겼다. 해고 노동자가 강사여서 교장 선생님의 걱정이 컸던 모양이었다. 행사가 중단될 위기까지 갔다는 얘길 강연 뒤에 들었다. 그것 때문이었는지 교장 선생님은 강연하기에 앞서 따로 불러 몇 가지 당부를 하셨다. 어린 학생들에게 너무 정치적인 얘기는 하지 말아달라는 내용이었다. 그러겠다는 말을 하고선 강연을 시작했지만, 끝날 때까지 교장 선생님의 훈화 같은 말씀이 머릿속을 계속 따라다녔다.

어쩌면 교장 선생님의 말씀이 없었더라도 스스로 검열을 했을 것이다. 왜냐하면 고등학생을 대상으로 한 강연은 처음이기도 했지만 그들의 고민과 관심을 알지 못했기 때문이다. 학생들에 대한 정보가 없다보니 얘기의 주제와 눈높이를 맞춰 말한다는 것이 여간 어려운 일이 아니었다. 결국 그 강연은 듣는 이보다 말하는 사람이 더 긴장했던 기억으로 남은 잊지 못할 시간이었다.

잊고 있던 강연을 떠올린 건 지금도 1,200건 넘게 꾸준히 리트윗되고 있는 어떤 트위터 내용 때문이다. 평택 지역 중학생들이 노동 관련 특강 자리에서 '노동자는 ○○○이다'란 문장을 완성하는 시간이 있었다고 한다.

그런데 그 내용이 조금 당황스러웠다. 덜 배운 자, 외국인, 거지, 장애인 등으로 표현했다. 물론 '힘들다', '많다', '불쌍하다', '득이 없다'처럼 노동자들의 처지를 통찰적으로 말하는 이

342

들도 있었다. 공감인지 상태의 반영인지는 알 수 없으나 이 트 윗을 중고등학생들이 많이 리트윗하고 있다.

질문의 내용을 바꿔 근로자라 했다면 달랐을까. 혹은 영화 에서처럼 아버지 뭐하냐고 대놓고 물었다면 조금 다른 대답이 나왔을까.

그들의 말을 보면서 기성세대 탓이란 생각이 들었던 건 어 쩌면 당연해 보인다. 노동자에 대한 학생들의 이 같은 인식을 두고 보는 건 이들 삶에 대한 직무유기며 아이가 미래라는 구 호가 새빨간 거짓말임을 선언하는 것에 불과하다. 노동이란 말을 단 한 차례도 들어본 적 없이 사회를 경험하게 될 그들은 맹수 우리에 발가벗고 걸어 들어가는 꼴이기 때문이다.

지금 전교조 선생님들이 정부의 법외노조 시도에 맞서 단 식과 총력투쟁으로 싸우고 있다. 박근혜 정부는 전교조를 법 외노조, 즉 불법 단체로 만들려 한다. 표면적 이유는 전교조 해직교사 9명에 대한 조합원 자격 문제다. 오는 2013년 10월 23일까지 이들을 조합원으로 규정하고 있는 규약을 개정하라 는 것이다.

그러나 이는 명분일 뿐 실제로는 눈엣가시로 여기는 전교 조를 이참에 확실하게 길들이겠다는 것이다. 전교조는 법외노 조가 되면 교섭권을 비롯해 노동조합으로서의 모든 권한이 박 탈된다. 그렇게 되면, 그동안 전교조가 이 사회 민주화와 참교 육 실현을 위해 싸워온 모든 노력이 물거품이 될 수 있다. 한 국 공교육의 현실은 처참할 지경이다. 그나마 전교조가 있어 근근이 버티고 있는 상황인데 그것이 지금 붕괴 직전에 있다. 전교조가 지금 지키려는 건 해직교사 9명 문제만이 아니라 노 동조합의 가치다. 소나기는 피하고 보자는 현실에 굴복하지 않겠다며 전교조가 싸움을 하고 있는 이유는 현실만이 아닌 미래를 가르치는 선생님들이기 때문이다.

영화 〈닫힌 교문을 열며〉에서 배우 정진영은 학생들에게 L로 시작하는 인생에서 가장 아름다운 단어는 무엇인지 묻는다. 학생들은 쭈뼛거리며 이런저런 대답을 한다. 학생들은 사랑(Love)과 자유(Liberty)까지는 쉽게 맞혔다. 그러나 선생님이 생각하는 마지막 단어는 끝내 나오지 않았다. 그것은 노동이라는 Labor였다.

이 영화가 나온 지 20년이 넘었다. 그러나 노동자에 대한 학생들의 인식은 20년 전보다 낫다고 할 수 없다. 오히려 더 왜곡되고 후퇴한 측면도 있다. 이것은 특정 세대와 아이들의 문제가 아니라 전적으로 어른이라는 우리 탓이다.

고향을 떠나본 적 없는 아프리카인들에게 하얀 눈을 모른다고 타박하는 아둔함과 무엇이 다른가. 중학생 가운데, 노동자는 '미래의 나다'라는 답을 적은 아이가 있었다는 사실에서 어떤 희망의 씨앗을 본다. 어려운 조건에서 노동교육에 힘쓰는 선생님들 덕분일 것이다. 전교조를 지키는 건 우리 아이들의 생각뿐 아니라, 적어도 사유의 시간도 뺏기지 않게 하는 일이다.

경향신문, 2013.10.14.

'힘내세요'라는 말이 버겁다는 그녀

소정 씨를 알게 된 건 지난해 쌍용차 김정우 전 지부장이 단식을 마치고 입원한 병원에서였다. 김 지부장은 다발성경화증으로 아파하는 그녀가 세상과 소통하길 바라는 마음으로 '와락치유단'에서 일하는 김미성 씨를 소개했다. 미성 씨는 소정 씨와 대화를 나눴고 트위터도 가르쳐줬다.

그러던 중 소정 씨가 이런 이야기를 했다. 주변에서 '힘내세요'라며 격려하는 말이 듣기 버겁다는 것이었다. 문득 미성씨는 쌍용차 파업 때 가족대책위 일을 했던 내 아내를 떠올렸다. 당시 아내도 주변에서 '힘내세요'라는 말을 듣는 게 무척힘들다고 했다. "더 이상 무슨 힘을 내란 말이냐"라며 화를 냈을 만큼 당시 쌍용차 상황은 절망스러웠다. 아내와 소정 씨는이제 정기적으로 만나 대화를 나누는 사이가 되었다.

삼성반도체 2년 일하고 6년 투병 중

소정 씨는 삼성반도체 기흥공장에 스무 살에 입사했다. 2년간일을 했고 6년간 투병 중이다. 지금은 주변의 도움을 받아 산업재해 행정소송을 벌이는 중이다. 그녀의 병이 삼성전자와인과관계가 없다고 할 수 있을까. 삼성 백혈병 환자들의 투병과 죽음을 우리는 수도 없이 본다. 그러나 삼성이 아직 아무런의견을 내놓지 않아 그녀의 상처는 더욱 깊어간다.

소정 씨는 하반신을 전혀 쓰지 못해 휠체어로만 움직일 수있다. 시력을 잃어가고 있고, 손가락 사용도 자유롭지 못하다.

휴대전화 사용은 자판에 대한 감으로 해결한다. 그녀를 만날 때 아들 주강이를 세 번 정도 데려간 적이 있었다. 또박또박 말대꾸하고 아이패드와 스마트폰을 능숙하게 만지는 주강이가 신기했던 모양이다. 아이를 대하면서 자신도 꿈이 생겼다며 기뻐했다. 꿈조차 꾸지 않았던 결혼을 하고 아이를 낳아 자기와 다르게 키우고 싶다는 바람을 이야기했다.

소정 씨는 무척 총명하다. 눈치 백단에, 이해력 짱이다. 자기 병과 관계된 논문을 직접 찾고, 영문서도 척척 읽어낸다. 책을 사랑해서 책을 옆에 쌓아놓고 읽고 싶어한다. 최근까지 시오노 나나미의 《로마인 이야기》를 읽었다. 일러스트를 공부해서 자기 이야기를 직접 그려야겠다는 꿈도 가지고 있었다.

그런 그녀가 책을 못 본 지 한 달째다. 시신경염이 재발한 것이다. 그녀가 앓는 다발성경화증은 중추신경계에 발생하는 만성질환으로 환자 자신의 면역체계가 건강한 세포와 조직을 공격하는 자가면역 질환이다. 젊은이와 여성에게 발생 빈도가 높다. 치료방법이 없는 '희귀성 난치병'이다.

당당하게 자기 삶을 꾸려나가고 싶어하는 사람

이 병의 대표적 증세 중 하나가 시신경염이다. 소정 씨는 올 6월 초 시신경에 이상이 생겨 한쪽 눈을 거의 못 쓰는 상태가 되었는데, 고작 4개월이 안 되어 재발되었다. 몇몇 사람으로부터 받은 극심한 상처, 그로 인한 자책, 미래에 대한 불안 등으로 불면증에 시달리면서 재발 주기가 짧아졌다.

소정 씨는 삼성뿐 아니라 사람에게서도 상처를 많이 받았다. 도와주겠다며 입바른 소리를 하던 사람들이 이렇게 저렇

게 이용만 하고 떠났다. 심지어 소정 씨를 위한 치료비 모금
을 제안한 뒤 돈을 갖고 자취를 감춘 이도 있었다. 사람에 대
한 불신만 깊을 것 같은데도 스스로 늘 '내가 사람들에게 상처
주면 어쩌나' 하는 걱정이 많은 사람이다. 당당하게 자기 삶을
꾸려나가고 싶어하는 소정 씨를 응원하기 위해 아내는 물론
처가 식구 다섯 명이 모두 후원인으로 나섰다. 장모님은 아예
'영원히, 무기한으로' 자동이체를 하겠다는 뜻을 밝혔다.

그녀를 도왔으면 한다. 소정 씨, 평생 도울 수 있도록 살아
줘요. 독자 여러분께서도 그녀의 트위터(@sojungume)를 방문
해보시길.

시사인 319호, 2013.11.1.

이 땅에 살기 위하여

347

밀양 '희망버스'

"쉽게 말해, 더 달라고 떼를 쓰면 사측은 조합원을 달래는 방향으로 그간 노사관계를 풀어왔다." 어느 공중파 기자의 방송 멘트다. "드러누우면 돈을 더 주더라는 학습효과와 조합원 간 상대적 박탈감 등이 버무려져 강경 기조를 택하게 만든다, 이런 얘기죠." 앵커도 거들었다. 생방송에서 이들은 애써 가려 쓰고 골라 쓴 단어를 주거니 받거니 했다. 교섭을 더 달라고 '떼쓰는 행위'로, 파업은 '드러눕'는 것으로 표현했다. 노동조합을 이성은 없고 떼나 쓰고 드러눕기나 하는 집단으로 매도한 것이다. 근본 없는 기사는 여과 없이 전국에 전달됐다. 강성노조가 결국 경제에 치명적 악영향을 끼친다는 결론으로 보도했다. 노동조합에 대한 혐오를 부추기는 이 같은 기사가 최근 부쩍 늘었다. 조선일보는 1면 머리기사에 '회사 살릴 수 있도록 민주노총 탈퇴하게 해달라'는 기사를 내보내기도 했다. 사실과 주장이 섞인 기사는 오로지 민주노총 혐오를 유포시키려 애쓰고 있다. 역설적이게도 결국 그들이 말하는 강성노조란 정권 비위에 거슬리고 자본의 무한 통제에 저항하는 이들이다.

무덤을 팠다며 호들갑떤 기사가 온라인을 달군 적이 있다. 바로 밀양 송전탑 공사 강행에 맞선 주민분들의 저항과 마찰을 다룬 기사였는데 이번에도 조선일보가 한몫했다. 농터와 삶터에서 쫓겨날 수 없다며 주민분들은 밧줄과 무덤으로 저항했다. 방법의 옳고 그름을 떠나 섬뜩한 절박함이 아닐 수 없었다. 우려됐고 걱정이 앞섰다. 그러나 절박함은 막무가내와 교

환됐고 간절함은 목숨을 담보로 떼쓰고 드러눕는 것으로 바뀌
었다. 전형적인 언어도단이며 기사 왜곡이다. 노조에 대한 왜
곡된 기사를 익히 접한 노동자로서 주민분들의 심정이 이해된
다. 올무에 걸린 짐승이 발버둥 칠수록 발목만 파이는 상황과
다를 바 없다. 그들의 언론 프레임 밖으로 한 치도 움직일 수
없는 그 답답함과 막막함을 우리는 보고 있다. 도시에선 송전
탑 지중화 공사로 문화제를 열 만큼 환영하지만 밀양에선 소
박한 그 어떤 주장도 땅에 매립되기 일쑤다. 밀양의 눈물이 송
전탑을 따라 흐르고 있다.

　　2013년 11월 30일 노동자들이 밀양으로 간다. 희망버스 밀
양행이다. 빽빽한 햇볕의 고장 밀양에서 따가운 고통의 서릿
발을 걷어내기 위한 발걸음이다. 한전은 여전히 주민 의사를
무시하고 보상논리로 상황을 밀어붙인다. 공권력은 어른, 아이
가리지 않는 예의 그 평등한 탄압으로 제복의 권위를 달성하
고 있다. 송전탑 공사 중단의 목소리는 오히려 외부세력의 불
온한 개입으로 치부된다. 평온하던 밀양의 평화를 망치소리와
헬리콥터 소음 그리고 공권력의 군홧발 소리가 수년째 깨고
짓이긴다. 이치우 할아버지의 분신은 기억에서 멀어졌고 일본
후쿠시마 방사능 유출 문제는 먼 나라 얘기로 전락했다. 후쿠
시마는 다른 지역보다 암 발병률이 7배 높게 나타났다. 심지어
후쿠시마에서 250킬로미터 떨어진 도쿄만 하구에서 고농도
방사성 세슘이 검출됐다는 보도도 잇따른다. 밥상머리 고등어
만 밀어낼 일이 아니라 점차 늘어나는 송전탑을 막아내야 하
는 이유다.

　　후쿠시마 원전 사고 이후 독일 정부의 입장 변화와 독일
시민들의 태도를 우리가 동시에 배울 수는 없는 것인가. 독일

노동자 시민들의 원전 폐기를 위한 '드러눕'고 '떼쓰는' 시위에 독일 정부는 8기를 폐기하고 나머지 9기도 곧 폐기한다는 계획으로 응답했다. 원전에 대한 독일 국민들의 성숙한 시민의식이 정부 정책의 변화를 이끌어낸 점을 주목할 필요가 있다. 밀양 송전탑 문제가 단순히 노인 몇 분의 고향땅 지키기로 좁게 이해되는 것을 경계해야 한다. 노동자 생존권을 지키기 위해 송전탑에 올랐던 노동자들이 송전탑 공사를 막기 위해 밀양으로 가는 까닭이기도 하다. 희망버스로 사회적 공감과 연대를 온몸으로 받았던 한진, 현대차 비정규직 그리고 쌍용차 노동자들이 선두에 선다. 고통과 고립의 벽을 수년간 더듬어 봤던 이들이다. 연대의 이름으로 노동조합 혐오의 붉은 장막을 걷어낸 경험을 가진 이들이다. 고통과 고립의 눈물로 쥐어 짜낸 밀양 송전탑 전기를 우리는 반대한다. 송전탑 아래에서 감전된 평화와 백골로 변해가고 있는 하얀 공동체를 살리기 위해 우리는 밀양행 희망버스를 탄다. 정권과 보수언론이 물 만난 고기마냥 깨춤 추듯 노동자 시민을 우롱하고 겁박하는 까닭이 우리가 제대로 '드러눕'지 않고 지속적으로 '떼쓰'지 않았기 때문은 아닐까.

경향신문, 2013.11.18.

신대철 씨의 사과

머리를 숙인 채 한마디도 하지 않았다. 연주를 끝낼 때까지 한국 정상의 기타리스트는 고개를 들지 않았다. '기타 레전드가 들려주는 6가지 이야기, G6 콘서트'에 출연한 뮤지션 신대철은 공연 전 "콜텍 사태를 몰라 상처를 주게 돼 미안하다"라고 사과를 한 뒤 무대에 올랐다. 그러고는 공연 내내 묵묵히 기타만 연주했다. 'G6 콘서트'에는 6명의 정상급 기타리스트가 출연했다. 그런데 이 공연의 주최가 기타 제작 기업인 콜트·콜텍의 문화재단임이 알려지면서 문제가 됐다. 콜텍문화재단 이사장이 정리해고 탄압으로 유명한 콜트·콜텍 박영호 사장이었기 때문이다. 신대철 씨는 공연을 마친 뒤 자신의 SNS를 통해 "힘든 공연이었다"라고 밝혔다.

해고 노동자들이 연극을 하고 밴드를 결성한 이유

연극을 올리기 위해 처음 받아든 대본은 어색했다. 기타를 만들던 손으로 연극 대본을 넘기며 대사를 외운다는 것은 너무나 어려웠다. 대사는 머리 밖으로 튕겨나가기 일쑤였고 동선은 로봇처럼 부자연스러웠다. 천막과 거리에서 그리고 거리를 걸으며 외웠던 대사가 차츰차츰 눈에 익을 즈음 연극 대본은 손때로 반들거렸다. 전문 배우가 아닌 이들은 7년째 복직투쟁을 벌이는 콜트·콜텍 해고 노동자다. 이들은 지난 2013년 10월 7일 서울 종로구 혜화동1번지 소극장에서 연극 〈구일만 햄릿〉을 공연했다. 9일 동안 공연한다는 의미로 그렇게 이름 붙였다고 했다. 이들은 또한 '콜밴'이라는 밴드를 결성해 직접 연주와 노래도 한다.

콜트·콜텍 노동자들은 2007년까지 대전과 부평공장에서 기타를 만들었다. 그러나 박영호 사장이 국내 공장 문을 닫고 노동자들을 정리해고하면서 일자리는 사라졌다. 이들의 복직을 향한 싸움은 7년째 이어지고 있다. 만드는 제품이 기타이기에 콜트·콜텍 노동자들의 투쟁에 공감하는 뮤지션이 많았다. 매월 마지막 주 수요일 서울 홍대 라이브 클럽에서 열리는 이들 뮤지션의 콘서트가 어느덧 4년째 이어지고 있다. 미국의 유명 록밴드 '레이지 어게인스트 더 머신'의 기타리스트 톰 모렐로는 미국까지 원정 투쟁을 간 콜트·콜텍 노동자들을 직접 만나 연대의 뜻을 밝히기도 했다.

해고 노동자들이 연극을 하고 밴드를 결성해 공연을 하는 이유는 정리해고의 부당함을 알리기 위함이다. 다양한 방법으로 자신들의 상황을 알리는 것은 역설적이게도 상황이 그만큼 어렵기 때문이다. 박영호 사장은 국내 노동자가 한 명도 없는 상황인데도 매년 수출을 많이 하는 기업인으로 선정되고 있다. 중국과 인도네시아 공장만 가동하는 기업인에게 무슨 근거로 이 같은 상을 주는지 궁금하다. 또한 '긴급한 경영상의 필요성이 인정될 수 없어서 부당해고'라는 서울고등법원의 판결에 대해 대법원은 심리가 미진했다는 이유로 원심을 파기환송했다. 내년 1월 10일 고법 선고를 앞둔 해고 노동자들의 심정은 지금 절박하다. 연극 〈구일만 햄릿〉에서 해고 노동자가 외친 '죽느냐 사느냐 그것이 문제다'라는 대사가 무대를 뛰쳐나와 지금 우리 앞에 놓여 있다. 콜텍의 경영 상황이 정리해고를 할 만큼 긴급하지 않았다는 것을 7년째 알리고 증명하는 일을 이제 그들만의 문제로 내버려둬선 안 되는 이유다.

부당한 해고에 맞서 꿋꿋하게 싸우는 햄릿

신대철 씨의 사과는 그래서 더 고맙다. 공연 이후 12월 중순에 해고 노동자를 위한 콘서트를 열겠다는 약속까지 했다고 하니 더 반갑다. 이번 콘서트에서는 고개 들고 연주하는 그를 보고 싶다. 마침 연극 〈구일만 햄릿〉이 같은 장소에서 12월 17일부 터 엿새간 앙코르 공연을 한다. 부당한 정리해고에 맞서 꿋꿋 하게 싸우는 햄릿을 볼 수 있는 기회다. 신대철 씨에게 〈구일 만 햄릿〉의 관람도 권하고 싶다.

시사인 323호, 2013.11.26.

이 땅에 살기 위하여

손해배상 47억 원,
이자만 1년에 9억 4,000만 원

"정말 '억' 소리 나네요."

회견문을 받아든 기자 입에서 나온 짧은 탄식이었다. 2013년 12월 9일 오전 11시 서울중앙지방법원 앞. 쌍용자동차 해고 노동자들이 겨울비를 맞으며 기자회견을 했다. 비닐 우비 사이로 빗물이 스며들었고 손에 든 피켓은 점점 무거워졌다. 철도 파업이 시작되는 날이라 기자들은 철도 파업 현장으로 몰렸고 기자는 두 명이 전부였다. 그보다 열흘 전인 11월 29일 경찰과 쌍용차 회사가 해고 노동자를 상대로 낸 손해배상 소송에서 법원은 우리더러 47억 원을 물어주라는 판결을 내렸다. 해고 5년 동안 날품팔이 일용직으로 떠돌고 대리운전으로 밤길을 달렸던 지난 시간이 아스라이 부서져 내리는 순간이었다. 소식을 들은 아내는 "너무 가혹하다"라며 울먹였고, 고향에 계신 늙은 어머니께는 차마 말조차 꺼낼 수 없었다.

노동자들이 손배를 청구해도 억울할 판에

2009년 쌍용차 노동자들은 불법적인 정리해고에 맞서 싸웠다. 당시 대주주였던 중국 상하이자동차는 투자는 물론 단 한 대의 신차도 생산하지 않고 이른바 '먹튀'를 했다. 경영 파탄의 책임을 노동자에게 고스란히 떠넘기고 선물로 죽음만을 남긴 채 그들은 사라졌다. 그들이 사라진 자리에 공권력이 등장해 물불 가리지 않고 파업 노동자를 진압했다. 노동자에 대한

쌍용차 해고 노동자들의 손배가압류 철회 촉구 기자회견. 손해배상을 청구해도 억울할 판에 되레 대한민국 경찰과 회사는 47억 원을 노동자들이 물어내라고 한다.

경찰 공권력의 '살의'가 방송을 통해 전국에 유통됐다. 이명박 정권 2년째에 일어난 일이다. 저항하는 이들의 본보기와 표적 이 되어 쌍용차 노동자들이 당하고 맞았다. 맞은 것도 우리고 쫓겨난 것도 노동자들이다. 구속된 것도 우리며 심지어 목숨 을 끊은 것마저 쌍용자동차 해고자들의 몫이었다. 손해배상을 청구해도 억울할 판에 되레 대한민국 경찰과 회사는 47억 원 을 노동자들이 물어내라고 한다.

해고 노동자들이 변제할 능력도, 의사도 없음을 경찰과 회 사는 알고 있다. 그럼에도 이 같은 천문학적 금액을 청구한 것 은 표적 손배이며 본보기 손배가 아닐 수 없다. 경찰은 경찰 헬리콥터 파손과 장비 파손에 대한 책임을, 회사는 생산 차질 에 대해 책임을 묻는데 이는 적반하장이다. 당장 경찰 헬리콥

터의 어디가 어떻게 부서졌단 말인가. 백보 양보해 그렇다손
치더라도 그것이 어떻게 노동자 책임인가. 경찰 헬리콥터의
저공비행에 생명의 위협을 느낀 건 오히려 우리다. 지금도 그
날의 공포가 '헬리콥터 트라우마'로 온몸에 새겨진 사람들이
다. 회사는 생산 차질에 따른 손실을 이유로 든다. 그러나 쌍
용차 정리해고가 정당했는지에 대해선 아직 정치적·법적·사
회적으로 이해가 갈린 채 조정 중이다.

해고 노동자들의 생계를 쥐고 흔들다

눈을 씻고 외국 사례를 찾아봐도 노동자의 파업에 국가와 회
사가 손해배상을 청구했던 경우는 없다. 그러나 우리는 지금
외국 사례를 샅샅이 찾고 있을 정도로 한가하지 않다. 당장 통
장, 자동차, 전셋집과 월급 등을 떼이고 빼앗기고 있기 때문이
다. 47억 원 원금뿐 아니라 이자 또한 살인적이다. 법정 연이
자 20퍼센트를 적용하면 1시간에 10만 7,000원꼴, 하루에 257
만 원, 1년이면 이자만 9억 4,000만 원이다. 손해배상 금액이
촘촘하게 삶을 옭아매고 촌각으로 해고 노동자들의 생계를 쥐
고 흔든다. 손배 문제는 개정 노동법에서 시급히 바로잡아야
한다. 그러나 이마저도 국회에 계류 중이다. 노동자들은 하루
하루가 다급한데 정치권은 한가해도 너무 한가하다. 손해배상
을 철회하지 않으면 차라리 죽음을 달라고 외치는 쌍용차 해
고 노동자들에게 대한민국과 쌍용차는 어떻게 응답할 텐가.

시사인 327호, 2013.12.19.

이젠, 국민이 '답'할 차례다

박근혜 정부가 노동자의 심장인 민주노총을 짓밟았다. 민주노총 18년 역사상 처음 있는 일이다. 정부와 경찰은 철도노조 지도부 검거를 이유로 들어 일요일 도심 한가운데에 5,500명의 경찰을 투입했다. 벽을 부수고 현관문은 무력으로 간단하게 깨버렸다. 언론사 사옥을 보란 듯이 짓밟고 민주노총 사무실을 급습했다. 경찰들은 막무가내로 1층에서 17층까지 모조리 부수며 진입했다. 그들은 조합원을 끌어냈고 이에 항의하는 시민들 얼굴에는 최루액을 쏴댔다.

민주노총이 세 들어 있는 건물의 건물주인 경향신문사엔 사전 통보도 하지 않았다. 민주노총이 위치한 경향신문사 방향으로는 하루 종일 통행이 불가능한 불통 상황이 되어버렸다. 정작 검거하겠다던 철도노조 지도부는 이 정권에 등을 돌린 민심이 보호해주고 있어 검거되지 않았다. 일요일 한낮에 병력 수천 명을 풀어 작전을 벌였다가 실패한 경찰을 민영화해야 한다는 농담까지 나오고 있다.

"당장 어렵다는 이유로 원칙 없이 적당히 타협하고 넘어간다면 우리 경제, 사회의 미래를 기약할 수 없을 것이다." 어제 청와대 수석비서관 회의에서 박근혜 대통령이 한 말이다. 그러나 유감스럽게도 주어만 바꾸면 국민의 입장이라고 해도 무방하다. 줄곧 국정원의 조직적 대선 개입으로 1년을 허송세월하고 있는 대통령이 할 소리는 아니다.

철도노조는 수서발 KTX 자회사 설립으로 촉발될 민영화를 막기 위해 오늘로 16일째 파업을 이어가고 있다. 정부는 민

357

영화가 아니란 말만 반복할 뿐 대화와 타협의 테이블은 마련도 하지 않았고 사실상 파업 진압 강경몰이만 일삼고 있다. 이제 철도파업은 민영화 문제를 넘어 박근혜 정부의 속살을 여지없이 보여주는 데까지 이르고 있다. 국민을 상대로 겁박과 굴복을 강요하고 불통을 자신들의 통치철학으로 확인시켜주고 있다. 불편해도 괜찮다며 철도파업을 지지하는 국민을 종북으로 만들기에만 급급할 뿐이다. 촛불을 들며 호소해도 정부는 귀를 아예 틀어막고 있다. 국민들이 참을 수 있는 임계점이 넘어갔다. 민주노총이 사무실을 침탈당하는 그 시간 시민들이 몰려들었다. 자신이 할 수 있는 일이 무엇인지 물어왔다. 더 이상 짓밟히지 않겠다며 맨 앞에서 싸우는 민주노총과 함께하겠다는 얘기를 쏟아냈다.

예년과 다른 파업 여론이다. 시민들의 요구를 받아 민주노총은 총파업을 선언했다. 이번 총파업이 민주노총만의 파업이 아닌 이유다. 우리는 이명박 정부 2년차였던 2009년 1월을 기억한다. 용산참사가 발생했다. 그러나 국민적 저항으로 맞서질 못했다. 그 결과는 어땠는가. 쌍용차 노동자들이 1980년 광주 현장을 연상케 할 정도로 잔인한 폭력으로 진압됐다. 국가가 '이래도 되는구나' 하게끔 허용한 우리의 치명적인 실수였다. 바로잡을 수 있는 기회를 날려버리자 국가폭력은 스스로 진화해 전국에 공포를 심었다. 그 결과 국민들은 체념하고 침묵하는 게 일상이 됐다. 국가폭력이 행한 그 어떤 것도 제대로 막지 못했다.

그러나 밀양이 그렇고 강정의 고통이 그렇듯이 저항의 힘도 만만치 않게 일어나고 있다. 삼성의 최종범과 한진중공업의 최강서는 죽음으로 항변했다. 손발 묶은 겁박의 쇠사슬을

뜯어내지 않고 입에 물린 재갈을 풀어버리지 않는다면 괴로움은 연장된다고 그 두 사람은 말하고 있다. 그래서일까, 국민들 입에서 이대로는 살 수 없다는 절박한 이야기가 국민총파업이란 이름으로 바뀌고 있다.

최근 대학가 벽에 붙은 '안녕들 하십니까' 대자보가 가정집 주방에도 붙고 있다. 답답했지만 말 못했던 이들이 드디어 자신의 처지를 말하고 있다. 막혔던 말의 길이 열리자 이곳저곳에서 하소연과 분노가 만들어진다. 실종된 민주주의를 찾아 나섰고 국가가 우리에게 무엇인지를 묻는다. '너희 없이도 세상은 잘 돌아간다'고 말하는 국가에 '우리가 멈추면 세상이 멈출 수 있다'는 경고를 한다. 철도노조 파업이 밑불 역할을 했다면 이제는 국민들이 총파업으로 일어서겠다고 한다. 12월 28일, 우리는 가정과 직장에서 여성과 남성, 학생과 어르신들이 국민총파업을 하는 것을 보게 될 것이다. 자신이 할 수 있는 방법으로 국민을 우습게 보는 박근혜 정부에 국민총파업의 뜨거운 맛을 보여줘야 한다. 고통의 시간을 반복할 것인가, 끝낼 것인가. 12월 28일, 국민총파업으로 나가자!

경향신문, 2013.12.23.

이 땅에 살기 위하여

해고일기 5

가느다란
신음 소리

기록하지 않으면 미래도 있을 수 없다

사진 한 장이 눈길을 잡았다. 하얀색 윗도리에 빨간 핏물이 밴 젊은이였다. 아직 살아 있을까란 궁금증이 생길 만큼 핏물이 흥건했다. 한국 의류업체 60여 곳이 진출한 캄보디아에서 노동자 5명이 사망하고 수십 명이 부상한 사건이 새해 벽두에 일어났다. 임금인상을 요구하며 벌인 현지 노동자들의 파업에 캄보디아 911 공수부대가 투입된 것이다. 한국 업체의 군 동원 요청이 유혈사태를 더욱 키웠다는 보도가 뒤따른다. 예나 지금이나 나라 안이나 밖이나 한국 자본은 왜 이토록 악랄하기만 할까.

국내로 눈을 돌려봐도 답답하기는 매한가지다. 민주노총이 18년 만에 공권력에 짓밟혔다. 건물주인 경향신문사 또한 공권력에 의해 출입문까지 부서지는 치욕을 당했다. 경력 20년차가 넘은 기자는 구멍 뚫린 문을 드나들 때마다 "오함마(대형 해머)로 뒤통수를 맞는 것 같다"고 했다. 숨 가쁘게 벌어지는 사건들이 철도노조 파업에 대한 자본과 정권의 대응 결과로 빚어지고 있다. 노사 문제를 대하는 박근혜 정권의 시각이 고스란히 드러나고 있는 것이다.

다르지 않은 박정희, 박근혜의 노사관계

역사는 과거와 현재의 끊임없는 대화라 했는데 답답한 현실을 이겨내려 과거를 보는 것은 그래서 자연스럽다. 특히 박근혜 시대에 박정희 시대를 보는 것은 여러 모로 의미 있어 보인다.《배 만들기, 나라 만들기》(남화숙 지음, 남관숙 옮김, 후마니타스)를 펼쳐든 이유다. 책의 부제가 '박정희 시대의 민주노조운동과 대한조선공사'다. 대한조선공사(현 한진중공업) 노동조합운동을 통해 한국 노동운동사를 비춰보고 있다. 저자는 일제강점기부터 해방 후 그리고 1950년대와 1960년대를 거쳐 1980년대까지를 탐조등으로 비춘다. 특히 주목할 것은 노동조합의 기록에 의존한다는 점인데, 기록이 매우 충실하다. 기록 또한 투쟁하듯 열심히 남긴 대한조선공사 노동자들 덕분일 것이다. 저자는 당시 노조원들이 남긴 자료를 토대로 대한조선공사 투쟁의 역사적·정치적 원천을 분석하고 있다.

대한조선공사의 전투적 노동조합운동은 1950년대 후반부터 1969년 가을까지 10년간 지속된다. 그러나 노조는 1969년 패배한다. 그 이유에는 정부 정책의 변화가 큰 몫을 차지하고 있다. 특히 박정희는 그간 경제발전에서 노동조합이 차지하는 긍정적 역할을 인정했던 기존 태도에서 등을 돌린다. 세계적인 정세의 변화 속에서 권위주의적 집권 의지를 공고히 하기 위한 이 같은 태도 변화로 노동운동은 극심한 탄압을 받게 된다. 저자는 탄압하는 과정과 노동자들이 다시 일어서는 계기를 자료를 토대로 이야기하듯 서술하고 있어 읽기에 편하다.

1960년대 박정희가 반공 푯말을 들었다면 2013년 박근혜는 종북 카드를 꺼내들었다. 민족국가 건설을 내세워 일체의 민주주의를 압살한 박정희. 복지국가 건설이란 거짓 구호로 100퍼센트 대한민국을 부르짖는 박근혜의 대화는 끊임없이 이어지고 있다. 노사관계에 대한 박정희의 시각이 전시 일본 식민 정부의 선전에 나타난 시각과 크게 다르지 않고 박근혜는 박정희식 노사관계 시각에서 벗어나지 않고 있다. 이는 향후 박근혜 정권하에서 전개될 노사관계를 미리 짐작할 수 있다는 점에서 의미 있어 보인다. 복지와 일자리 창출이란 담론은 박근혜가 만들었다기보다 끊임없이 이어지고 있는 노동자 시민들의 열기와 요구를 관리할 수밖에 없는 상황에서 나왔음을 안다. 그러나 투쟁의 열기가 사그라지자 순식간에 돌변하는 정권의 태도는 역설적이게도 노동자, 시민들의 투쟁이 어떤 방향으로 응집되고 나가야 하는지를 보여주는 사례라 할 수 있을 것이다.

미래를 알기 위한 역사 보기

한진중공업 희망버스 당시 수도 없이 뛰고 달렸던 그곳에서 예전 노동 선배들의 발자취를 느끼는 것도 새로운 재미다. 가족대책위 구성은 물론 시민사회의 노력까지 현재와 고스란히 닮아 있다. 특히 회사의 고임금 이데올로기 공세는 예나 지금이나 같다. 흥미로운 것은 당시 대한조선공사 노조 또한 한진중공업 노조가 그랬던 것처럼 '노조=고임금' 이데올로기에 맞선 여론전에 꽤나 공을 들였다는 것이다. 임금명세표를 공개하고 일일이 반박하는 등 지금과 쏙 빼닮았다. 박정희 정권 시절에도 노동 귀족이란 단어가 자본의 공격 수단으로 등장하고 있다.

빛바랜 옛 사진을 보는 것도 책의 두께를 잊게 하는 재미 가운데 하나다. 단순히 과거를 보는 것이 아니라 다가올 미래를 알기 위해 역사를 살피고 현재를 반추하는 것은 그런 면에서 의미 있어 보인다.

'과거는 낯선 나라다'라는 명제가 있다고 한다. 기록하지 않고 기억하지 않는다면 현재는 물론 미래도 있을 수 없다. 박정희 군사독재시대 민주노조운동을 박근혜 시대에 펼치는 이유는 박정희 과거의 바퀴자국 따라 박근혜의 현재와 미래의 길이 맞닿아 있기 때문은 아닐까.

경향신문, 2014.1.10.

가느다란 신음 소리

김밥 한 줄과 4만 7,000원

"시금치를 꼭 짜야지 이게 뭐야." "단무지 빼먹은 사람 또 누구야?" 벌써 몇 번이나 핀잔을 들었다. 정신을 바짝 차려 김밥을 말고 있는데도 꼭 빠뜨리는 것이 나왔다. 밥은 간이 맞지 않았고 김치는 덜 볶였다. 깻잎 꼭지를 따고 달걀부침은 굵기를 맞춰 고르게 썰어야 했다. 쌀도 예상보다 훨씬 더 들어갔다. 크고 작은 일들이 밥알처럼 엉겨 붙은 채 김밥 800줄을 쌀 준비를 마쳤다.

쌍용자동차 해고자들이 공장 안 노동자를 대상으로 김밥 장사에 나섰다. 2013년 11월 마지막 주부터 시작한 일이다. 매주 수요일, 이제는 김밥 마는 속도와 맛이 제법이다. 재료비가 1,000원이 넘지만 1,000원에 판다. 공짜로 나눠줄까도 생각했는데 자존심이 상했다. 구걸하는 느낌이 들었기 때문이다. 해고자 자존심의 감가상각비로 1,000원을 책정한 이유다. 매번 완판이니 반응은 꽤 좋다. 낯선 김밥 말기가 손에 익어가는 요즘, 이상하게 설움도 함께 익어가는 기분이다.

우리는 무엇을 해야 할까

철도노조가 파업을 접고 현장 복귀를 선언하던 날 페이스북에 사진 한 장이 올라왔다. 철도 레일 옆에 핀 노란 민들레 사진. 복귀를 앞둔 조합원이 글과 함께 올린 것이다. 한참 민들레를 지켜봤다. 노란색 꽃과 녹슨 레일이 묘한 대조를 이뤘다. '찢어지는 어머니 마음으로 직위해제'한다던 최연혜 코레일 사장

쌍용자동차 해고자들이 공장 안 노동자를 대상으로 김밥 장사에 나섰다. 매번 완판이니 반응은 꽤 좋다. 낯선 김밥 말기가 손에 익어가는 요즘, 이상하게 설움도 함께 익어가는 기분이다. ⓒ 박승화

같은 고집스러운 레일이 연상되어 답답했다. 해고자 대열에 합류할 사람들이 또 그렇게 생겨날 수밖에 없기 때문이다.

정부와 코레일은 수서발 KTX 자회사 설립이 철도 민영화의 전 단계라는 의구심을 해소하는 데 실패했다. 철도노조 파업으로 민영화 문제를 국민적 공론의 장으로 이끌어낸 것은 소중한 성과다. 그러나 그 대가가 혹독하다. 18년 만에 민주노총이 공권력에 짓밟히는 치욕을 맛봤고 철도 조합원 수천 명이 직위해제와 해고 위협에 시달리고 있다. 손해배상 가압류 금액이 152억 원에 달한다. 현장에서 다시 싸움을 준비하는 철도 조합원을 위해 우리는 무엇을 해야 할까. 의자 밑에 노란 민들레를 밟고 앉은 듯해서 서울 오가는 기차가 불편하다.

그것이 아무리 작고 보잘것없는 일이라 해도

김밥 파는 날은 새벽부터 분주하다. 아침 냉기에 식지 말라며 김밥이 든 스티로폼 상자를 이중 삼중으로 싸맨다. 아침 7시. 쌍용자동차 평택공장 각 문에 해고자들이 김밥을 들고 선다. 파업 당시 쇠파이프를 들었던 손에 김밥이 들려 있다. 서로를 향해 날선 말이 오갔던 거리에서 이제는 김밥이 오간다. 김밥을 1,000원에 팔고 있지만 판매 금액은 늘 두 배를 넘는다. 1만 원을 내고 한 줄 가져가는 사람이 많기 때문이다. 노동자 사이를 갈라놓은 건 자본이지만 그 틈을 메우고 살아가는 건 우리들의 의지다. 갈라진 관계를 잇고 붙이는 역할도 언제나 노동자 몫으로 남는다. 관성적으로 자본 평계를 대는 대신, 더 늦기 전에 손을 내밀어 갈등의 골을 메워야 한다. 깊이 파인 지난 상처를 바라만 보고 있기에는 현실 바닥이 냉골이다. 당장 쌍용차 해고자들에게 떨어진 손해배상액 47억 원이 그렇다.

《시사IN》으로 4만 7,000원을 보낸 분들이 꽤 있다고 한다. 쌍용차 해고자들이 물어야 할 손해배상 금액 47억 원을 10만 명이 나눠 내자는 취지에서다. 따뜻한 1,000원의 김밥을 말아 노동자 마음을 녹이겠다는 해고자들이나 10만 명이 47억 원을 나눠 내자는 《시사IN》 독자분의 마음은 같아 보인다. 어쩌면 불가능해 보이고, 효율적이지도 않은 일일지 모르지만 사실 뭔가 시작한다는 것은 늘 그렇다. 그것이 아무리 작고 보잘것없는 일이라 해도. 쌍용차 해고자들이 미련하게 설움을 달랜다.

시사인 331호, 2014.1.22.

항소 포기하고, 몸 던진 동료

그날도 퇴근길에 우리는 서 있었다. 피켓이 손에 들려 있었고 자라목은 겨울바람을 피해 연방 옷깃 속을 들락거렸다. 퇴근 하는 조합원과 눈인사를 했고 고개도 가끔 숙였다. 내일이면 정리해고 무효확인 재판 선고가 있다. 초조하게 담배 한 대를 빼어 물었다. "형, 어떨 것 같아?" "뭐 잘되지 않겠어?" 그렇게 말하면서도 담배 한 대를 또 빼어 물었다.

"해고는 모두 무효임을 확인한다"

1,723일이 다가오고 있었다. 대화를 주고받던 형은 이혼을 했고 아홉 살짜리 아이를 홀로 키우고 있다. 조합 사무실에 매일 아이를 데려온다. 팍팍한 생활만큼 건조하게 변한 목소리는 그저 담담하기만 했다. 정리해고에 맞서 싸움을 시작했던 1,723일 전과 지금은 완전히 다른 삶이다. 다음날 아침 일찍 우리는 전세 버스에 몸을 실었다. 쌍용차 정리해고 소송에 대한 재판 선고가 있는 날이었다. 집보다 더 자주 오갔던 서울 서초동 법원이지만 이날만은 가기 싫었다. 선고가 미뤄졌으면 좋겠다 싶었다. 참혹한 결과가 현실이 되는 걸 막고 싶었고 일단 미뤄놓고 싶었다. 버스 옆자리에 앉은 형에게 또 물었다. "결과가 어떻게 나올 것 같아?" "잘될 거야, 걱정하지 마." 결과를 장담하는 표정치곤 어두웠다. 파업 전에 마련한 아파트 값과 대출금이 어금버금한 상태였다. 재혼을 했고 대학 진학하는 아이들 등록금이 늘 걱정이었다.

369

해고 노동자들이 쌍용차 공장 앞에서 법원의 복직 판결을 수용하라며 기자회견을 하고 있다. 한상균 전 쌍용차지부 위원장이 스물두 번째 희생자 이윤형 씨의 영정과 해고통지서를 들고 있다. 2014년 2월 법원은 "해고는 모두 무효임을 확인한다"고 발표했다.

2014년 2월 7일 오전 11시 10분. 서초동 법원 서관 305호에 우리는 소복하게 앉았다. 판사가 판결문 요지를 읽어 내려갔다. "피고가 2009년 6월 8일 원고들에게 한 해고는 모두 무효임을 확인한다." 그리고 이 말을 덧붙였다. "인내의 시간이 그리 길지 않기를 바란다." 눈과 귀가 흥분했다. 변호인은 울기 시작했고 방청석 또한 울음바다가 되었다. 재판과정에서 충분히 소명했지만 쌍용차 문제가 어디 법리로만 따져왔던가. 선고 이후 기자회견을 준비했지만 기자회견문과 현수막은 준비하지 못했다. 재판에서 졌을 때 써야 할 단어는 무궁무진했지만 이겼을 때는 도무지 상상이 되지 않았기 때문이다. 법원은 2009년 쌍용자동차가 행한 정리해고가 대규모 인원 정리를 할 정도로 경영상의 긴박한 이유가 없다고 했다. 또한 회사가 충분하게 해고 회피 노력을 다 했다고도 볼 수 없다고 보았다. 회계상 단종되지도 않을 차종을 단종시켰고 신차는 아예 생각지도 않았다는 것이다. 기업이 유지됨에도 기업 청산을 기준으로 노동자를 해고한 것은 납득하기 어렵다고 판결 이유에서 밝혔다. 아무도 예상하지 못했던 재판 결과로 10년 만에 담배를 피운다던 변호사의 얼굴을 잊을 수가 없다.

항소 포기하고 세상 밖으로 몸을 던진 동료 해고자

원고 153명 가운데 기자회견에는 스무 명 남짓한 조합원밖에 없었다. 손에 땀을 쥐며 판결문을 듣던 그 시간에도 생계를 위해 일을 할 수밖에 없는 처지였다. 목구멍이 포도청이었다. 그리고 어떤 한 사람. 그도 그 자리에 없었다. 쌍용차 정리해고자들은 2012년 1월 13일 정리해고 1심에서 패소했다. 항소를 포기한 사람이 있었다. 그는 항소 포기가 미안했던지 조합 사무실에 음료수를 사왔고 미안하다고 했다. 그리고 며칠 뒤, 자신이 살던 임대아파트에서 세상 밖으로 몸을 던졌다. 스물두 번째 희생자 이윤형이다.

쌍용차 정리해고 무효 판결이 경영위기를 핑계 삼아 분별 없이 저질러지고 있는 정리해고에 일대 경종을 울리는 판결이라는 보도를 무심하게 쳐다보다 의문이 들었다. 우리는 이긴 것일까. 고고학자들이 인내의 붓질로 밝혀내는 공룡의 화석처럼 우리가 발견한 진실은 하얗게 변해 있었다. 희생자는 돌아올 수 없고 파탄 난 관계는 이을 수 없었다. 전과자 이력은 여전하고 내일이면 또다시 재판에 끌려 다녀야 한다. 쌍용차 회계 조작의 진실은 살점이 사라진 앙상한 뼈였다. 우리는 이긴 것일까.

시사인 336호, 2014.2.20.

야속한 정치, 약속의 정치

대선을 몇 달 앞둔 2012년 10월 15일에 벌어진 일이다. 하루 평균 수십 명에 불과하던 트위터 팔로어 수가 단 두 시간 만에 400명 가까이 늘었다. 트위터에 무슨 문제가 생겼나 싶었는데 조금 뒤 안철수 후보가 개인 트위터를 개설했다는 뉴스가 떴다. 안 후보가 35명을 팔로잉했고 내가 35번째였다. 안 후보가 이틀 동안 친구 신청을 35명에서 더 늘리지 않아 그 뒤에도 수백 명의 팔로어가 더 늘어 있었다. 이를 본 몇몇 매체는 '반(反)대기업 정서를 보이고 있다'고 했다. 안 후보의 트위터 친구 신청 명단에 친(親)노동, 반기업적 인사들이 다수 포함됐다는 것이다. 어이없는 상황이었다. 일면식은 물론 소위 노동과 관련한 어떤 행보도 보이지 않던 사람이 트위터 친구 신청으로 대번에 친노동으로 분류되는 지경에 이르렀기 때문이다. 소위 쌍용차 해고 노동자에게 친구 신청한 것이 정치인의 정체성을 규정할 수 있다는 것에 놀라지 않을 수 없었다. 그리고 10일 뒤 안 후보는 대한문 쌍용차 분향소를 전격 방문했다. 방명록엔 '남아 있는 분들께 희망을 드릴 수 있도록 노력하겠다'고 적었다. 그러나 대선에서 쌍용차 국정조사가 여야 대선 공약으로 다뤄졌지만 지켜지지 않았다. 참 나쁜 정치였다. 대한문 쌍용차 분향소는 공권력에 의해 짓밟혔고 거리에서 농성하는 이들의 고통의 눈물은 아무도 닦아주지 않았다.

엊그제 일요일 아침 민주당과 새정치연합의 합당 소식이 모든 매체를 덮었다. 합당 기자회견에서 안철수 의원은 약속의 정치를 반복했고 거짓말 정치와 대결하겠다고 주장했다.

박근혜 대통령과 새누리당을 겨냥한 발언이기에 충분히 공감한다. 그러나 그 약속의 정치가 공허하게 들리는 건 나뿐일까. 참 나쁜 정치란 정치적 수사가 집권 여당에만 해당되는 말이어야 할까. 기초공천 폐지가 새 정치의 금과옥조로 여겨지는 이유를 모르겠다. 대선 공약을 파기한 집권 여당의 뻔뻔함을 질타하는 것을 탓할 일은 아니다. 당연히 공약 이행을 주문하고 싸워야 한다. 그러나 대선 공약이었던 쌍용차 문제는 늘 왜 뒷전인가. 2012년 쌍용차 국회 청문회 당시 안철수 후보는 대선 후보 기자회견을 준비 중이었다. 청문회와 기자회견이 겹칠 경우 4년을 기다리고 준비한 우리로서는 이만저만한 낭패가 아니었다. 그래서 캠프에 전화를 했고 날짜를 고려해달라고 주문했다. 다행스럽게도 기자회견과 청문회는 겹치지 않았다. 딱 그만큼이었다. 쌍용차 문제로 대표되는 노동의 절박함은 정치인들의 일정이 겹치지 않는 그 정도에서 안도와 다행을 표할 뿐이었다.

지난 2월 7일 서울 고법은 '쌍용차 정리해고는 무효'라고 판결했다. 인내의 시간이 더는 길지 않길 바란다는 재판부의 당부도 뒤따랐다. 법적으로만 해결하기엔 쌍용차를 둘러싼 문제가 간단치 않다는 것을 지적한 것이다. 그러나 어떤 변화와 해결책 없이 한 달이 지나고 있다. 회사는 회계 조작에 대해 뻔뻔한 거짓말을 되풀이한다. 정치권 누구 하나 이 문제를 풀기 위해 노력하지 않고 있다. 정치인들의 약속이 모두 선일 순 없다. 당장 4대강을 하겠다던 이명박의 공약이 그렇다. 따라서 누구를 위한 약속이었는지 어떤 약속이었는지가 중요하다. 노동과 민생의 문제는 정치인들이 하는 약속의 본령이 아닌가. 새 정치란 것이 거짓말 정치와 구별되고 구태 정치와 다르다는 것을 우리는 말이 아닌 행동과 실천으로 보고 싶다. 쌍용차 문제 해결이 노동과 민생 문제의 모든 것으로 이해될 순 없다. 그러나 이미 법적으로 판결이 났고 사회적 심판도 끝난 사안인 쌍용차 문제가 여전히 해결되지 못하는 것을 무엇으로 설명할 텐가. 야속한 정치 한가운데서 약속의 정치 속삭임에 귀 기울일 사람은 많지 않아 보인다. 쌍용차는 참혹한 죽음과 고통의 로도스 섬이다. 야속한 정치여 약속의 정치여, 여기서 뛰어보라.

경향신문, 2014.3.4.

유성의 악몽을 쫓아내주세요

목이 아팠다. 잠시 올려다본 것뿐인데 뒷목이 당겼다. 남의 속도 모르는 차들은 고속도로 위를 질주했다. 냇가엔 버들강아지가 봄을 재촉했고 묵은 밭 비닐은 낡고 해진 모습으로 처량하게 바람에 나부꼈다. 20미터쯤 될까. 아래에서 위를 가늠하기란 쉽지 않았다. 눈대중으로도 20미터는 넘어 보였다. 광고탑은 대형 트럭이 지날 때면 흔들리는 것 같았다. 가봐야지 하면서도 이런저런 일을 핑계 삼아 100일을 코앞에 두고 찾게됐다. 아니, 의무적인 방문이 맞는 말이다. 지난 1월 15일 유성기업 홍종인 지회장과 이정훈 지회장이 함께 농성 중인 충북옥천 광고탑에 갔다. 미안한 마음에 가는 길이 거북했다. 무거운 마음 때문이었을까. 물가에 내려가 괜히 물수제비를 떴고돌팔매질로 애꿎은 얼음을 깼다. 인사를 나누고 돌아서는데광고탑 아래 드림캐처가 눈에 들어왔다. 인디언들이 악몽을쫓아내기 위해 걸어둔다는 설명이 있었다. 이들에게 악몽은언제부터 시작됐을까. 이들은 악몽을 걷어낼 수 있을까. 악몽에 시달리는 그 야속한 시간 속에 외면하고 데면데면했던 지난 시간 생각에 머릿속은 노을처럼 빨갛게 물들고 달리는 차량만큼 복잡했다.

한진중공업으로 희망버스가 한창 달리던 2011년, 지금부터 3년 전 일이다. 쌍용자동차 해고자들은 부산까지 천릿길을걸었다. 9일 동안 450킬로미터를 뛰다시피 걸었다. 물집이 생기고 부상자가 속출했다. 그럼에도 낙오자 없이 부산까지 무사히 도착했다. 9일 동안 9편의 글을 매일매일 쓰겠노라 한 언론사와 약속하고 떠났다. 그 가운데 두 번째 글이 유성에 관한 글이었다. 돌이켜보면 유성기업 투쟁을 면밀하게 살펴보지 못하고 수박 겉핥기식으로 쓴 것 같다. 쌍용차 투쟁을 알리기 위해, 그리고 희망버스에 더 많은 승객을 모시기 위해 유성 얘기를 한 것이 아닌가 죄송한 마음이 크다. 언제나 그런 것은 아니지만 간혹 투쟁하는 동지들의 이야기를 애정 있게 다루지 못하는 경우가 있었다. 내게 유성은 목에 걸린 가시처럼 뭔가 불편함이 있는 사업장이다.

유성기업은 충남 아산과 충북 영동에 사업장이 있다. 아산은 쌍용차와 지척이다. 집이 충남 천안인 나로서는 생활권도 겹친다. 천안지법으로 재판을 받으러 가는 날이면 1인 시위 하는 유성기업 분들을 마주친다. 인사를 하고 안부를 묻지만 딱 거기까지였던 것 같다. 용역깡패의 폭력에 머리가 깨지고 구속자는 여전히 감옥에 있다. 탄원서 쓰는 일이 업무인 내가 그 흔한 탄원서 한 장 써주지 못했고 면회 한번 가지 못했다. 염치없기가 이만저만이 아니다.

그 흔한 탄원서 한 장 못 써주고

희망버스가 유성기업으로 3월 15일 출발한다. 그런데 이 글을 쓰는 지금 내 마음은 복잡하다. 연대를 호소하고 유성기업의 모진 탄압을 알리는 글을 써야 함에도 그럴 자신이 없다. 오히려 옷 벗고 거울 앞에 선 것처럼 부끄러울 따름이다. 지난 3년이 넘는 시간 동안 나는 무엇을 했고 어떤 도움의 손길을 건넸는지 내게 물어본다. 그러나 기억은 조각나 있다.

파편 같은 기억을 더듬으면 이렇다. 조선일보가 2011년 5

유성기업 노동자들이 농성 중인 광고탑과
그 아래에 걸어둔 드림캐처. 이들의 악몽을
언제쯤 걷어낼 수 있을까. 노동자들이
광고탑에 올라간 지 100일을 코앞에 두고
있다.

월 24일 치에서 유성기업 파업을 두고 '알박기 파업'이라 규정하며 맹비난을 했다. 일본 후쿠시마 원전 폭발을 보고 노동계가 학습효과를 얻었다는 논리 비약까지 동원했다. 핵심 부품사를 멈춰 완성차 생산 차질을 벌이는 알박기 파업이란 것이다. 여기에 이명박 대통령까지 나서 7,000만 원 받는 고액 연봉자들이 파업한다는 등 얼토당토않은 비난에 시달려야 했다. 밤엔 잠 좀 자자는 유성기업 노동자들의 주장은 동료들의 죽음에서 비롯된 요구안이었다. 야간노동으로 인한 과로사로 동료들이 죽어갔다. 노동조합은 적어도 심야노동을 없애기 위해 노력했다. 그 결과 전국 최초로 주간연속 2교대제를 합의하게 된다. 유성기업 노동자들을 올빼미라 부르는 이유가 여기에 있다. 그러나 회사는 합의를 지키지 않았고 오히려 노조를 깨는 수순을 밟았다. 노조 파괴 전문업체인 창조컨설팅이 등장했고 원청인 현대자동차까지 개입된 증거가 확인됐다. 노조를 깨기 위해 공격적인 직장폐쇄에 이은 공권력과 용역깡패의 합동작전까지 전광석화처럼 진행됐다.

이같이 숨 돌릴 틈 없이 진행된 자본과 정권의 탄압에도 유성기업 노동자들은 민주노조를 굳건하게 지켜냈다. 흩어지고 깨지는 노조를 지켜내기 위해 지회장 홍종인은 머리도 제대로 들 수 없는 굴다리 위와 광고탑 위에서 280일을 버티며 단결을 호소했다. 지회장 이정훈은 150여 일을 옥천 광고탑 위에서 사투를 벌이고 있다. 국정감사를 3년째 하고 있지만 사업주 처벌은 없다. 국회의 권위가 자본 앞에서 한 줌 재로 변하는 순간이다. 힘을 모으고 응원의 기운을 구체적으로 보여줘야 하는 이유가 분명해 보인다.

3월 15일 1박 2일 동안 유성기업이 있는 영동과 아산으로 희망버스가 달려간다. 모순이 집적된 곳으로 향하는 희망버스가 이번에는 유성으로 가는 것이다. 나 또한 승객으로 버스에 오를 것이다. 그러나 이번엔 유성에 대해 차분하게 그리고 자세히 알아보고 싶다. 민주노조를 다시 세우고 싸우는 힘은 어디서 나오는지 그들의 이야기를 차분하게 들어보고 싶다. 쌍용차 투쟁을 하면서 연대를 받은 만큼 타 사업장 문제에 깊은 관심을 가졌는지 내게 차분하게 질문해보는 시간이 될 것 같다.

악몽 같은 시간을 이번엔 끝낼 수 있을까

내겐 아홉 살짜리 사내아이 한 명이 있다. 이 녀석은 네 살 때부터 자기 전 꼭 주문을 외운다. '꿈을 먹는 요정아'로 시작하는 주문이다. 이 주문을 옆에서 들으면 옥천 광고탑 아래 걸려 있는 드림캐처가 생각나곤 한다. 유성 동지들의 악몽과 같은 시간을 이번엔 끝낼 수 있을까. 아니, 그 악몽의 뿌리인 사업주를 처벌할 수 있을까. 희망버스 승객이 요정이 되어 유성기업 노동자들의 악몽을 이참에 걷어갔으면 좋겠다.

밤마다 외우는 주문은 이렇다. "꿈을 먹는 요정아, 꿈을 먹는 요정아, 뿔로 된 작은 칼을 들고 나에게 오렴. 유리로 된 작은 포크를 들고 나에게 오렴. 작은 입을 있는 대로 벌려서 아이들을 괴롭히는 악몽을 얼른 먹어치우렴. 하지만 아름다운 꿈, 좋은 꿈은 내가 꾸게 놔두고. 꿈을 먹는 요정아, 꿈을 먹는 요정아, 내가 너를 초대할게."

유성으로 가는 희망버스에 당신을 요정으로 초대한다.

한겨레21 1002호, 2014.3.17.

쌍용차, 사명 변경에 1,000억 쓴다니

자란 곳이 산골이라 꿩을 자주 봤다. 이놈은 보기보다 성질이
급하다. 덤불 속에 숨어 있다가 인기척이 나면 순식간에 도망
가곤 했다. 형들과 꿩을 잡겠다고 몇 번을 별렀건만 한 번도
내 손으로 잡은 적이 없다. 그런데 딱 한 번 잡기 직전까지 간
적이 있었다. 평소 같으면 날갯짓을 하며 냉큼 날아올랐을 텐
데 그날은 계속 도망만 가고 있었다. 이때다 싶어 우리도 있는
힘을 다해 쫓았다. 그런데 덤불 속으로 들어가던 꿩이 더는 도
망가지 않고 머리만 처박고 가만히 있었다. 그 상황에 웃음이
터졌다. 새어나오는 웃음소리를 손으로 틀어막고 까치발을 디
디며 덮치려는 순간 그만 덤불에 손이 걸려 닿지 않았다. 결국
꿩을 놓쳤다.

쌍용, 지운다고 지울 수 있는 이름일까

어린 시절 꿩 생각이 난 건 최근 한 뉴스 때문이다. 쌍용차가
회사 이름을 바꾸겠다고 했다. 해결해야 할 문제는 그대로 둔
채 이름만 바꾸겠다는 것이다. 해고자와 24명의 죽음, 그리고
47억 원의 손해배상 금액으로 시작된 '4만 7,000원 노란봉투
프로젝트'가 하나의 사회적 현상으로 번지는 상황에서 얼굴만
쏙 가리겠다니 어처구니없었다. 인터넷으로 '쌍용차'를 검색하
면 파업·해고·죽음·정리해고 따위 기사가 쏟아진다. 이름을
바꾸면 이런 기사와 이별할 수 있다고 생각한 것일까. 그러나
따지고 보면 이것은 범죄의 흔적이자 아픔의 흉터다. 지운다

고 지워질 수 있을까.

'렉스엘 이엔지'라는 기업이 있다. 이 회사는 지난 2014년 1월 3일 공시를 통해 본사 축소 이전을 결정하고 이전 예상일은 1월 6일이라고 밝혔다. 그런데 이전 장소에 갔더니 문이 닫혀 있었다. 회사가 짐을 싸서 내뺀 것이다. 야반도주였다. 이 회사 노조는 사용자 측의 불법 파견에 맞서 정규직화를 요구하며 싸워왔다. 노조 분회장이 94일간 단식을 벌였고, 국회 점거도 두 번이나 했다. 1,895일이라는 기록적인 나날을 싸워온 끝에 노동자들은 결국 이겼다. 노사 조인식을 국회에서 할 정도로 사회적 파장을 낳은 싸움이었다. 노사 합의를 뛰어넘은 사회적 합의였다. 그러나 약속은 번번이 지켜지지 않았고 그 사이 회사 이름만 세 번 바뀌었다. 바로 기륭전자 얘기다.

기륭전자 최동열 회장은 그사이 중국 공장을 팔았다. 그리고 지금 있는 신사옥도 매각했다. 법인명을 바꾸고 연구기술직을 포함해 100여 명을 정리해고했다고 한다. 기륭전자 최 회장은 왜 회사명을 세 번이나 바꿨을까. 기륭전자에서 기륭이앤이 그리고 렉스엘 이엔지로 바뀌는 동안 기륭이라는 이름과 이미지가 완전히 세탁됐다고 믿는 것일까. 기륭이란 이름을 매장하고 야반도주를 택한 그의 선택은 올바른가.

이름이 바뀐다고 비열함이 없어지는가

쌍용차는 CI 변경을 밀어붙이고 있다. CI(Corporate Identity)란 해당 기업의 이미지를 일관성 있게 운영하고 관리하기 위한 전략적인 시각 커뮤니케이션이다. 쌍용차가 기업 이미지 개선을 이유로 회사 이름 변경을 추진한다지만 몇 년째 계속되는 해고자 문제를 해결하지 않는 한 기업 이미지가 좋아질 리 만무하다. 오히려 쌍용차 문제를 근원적으로 해결하는 것이 기업 이미지에는 훨씬 도움이 될 것이다. 대국민 공모 방식으로 회사 이름을 바꾼다고 쌍용차의 비열함을 잠재울 수 있는가.

해고자들에게 47억 원이라는 손배를 걸어놓고 회사 이름 변경에 1,000억 원이 넘는 돈을 쏟아 붓는 것을 세상 사람들이 납득할 수 있을까. 회사와 국가가 청구한 손해배상금액을 막겠다며 시작된 4만 7,000원의 행렬이 끊이지 않고 있다. OECD 국가에서도 유례를 찾기 힘든 가혹한 노동자 탄압을 저질러놓고 사회적 뭇매를 피해보겠다고 서둘러 회사 이름을 바꾸겠다는 그 짧은 생각이 덤불 속에 머리를 박고 있는 꿩과 무엇이 다른가.

시사인 340호, 2014.3.21.

가느다란 신음 소리

젊음의 노트

홈스쿨을 하던 아이가 올해 3월부터 학교에 다니기 시작했다. 엄마와 아이 둘만의 홈스쿨이 한계에 부딪혔기 때문인데, 홈스쿨에서 아빠의 역할이 없다시피 한 것이 결정적인 원인이었다. 학교에 보내지 않고 아이를 키워보고자 했던 지난 5년의 시도는 잠시 유보되었다. 언제, 어떤 식으로 다시 시도하게 될지 모르지만, 지금은 학교에 보내는 것 말고는 다른 방법이 없었다.

학교에 가게 되면서 준비할 게 많았다. 가방을 새로 샀고 연필도 종류별로 준비했다. 노트와 알림장 또한 준비해야 해서 아이 손을 잡고 문방구에 오랜만에 가기도 했다.

텔레비전에 나오는 각종 캐릭터 상품이 종류별로 손님을 기다리고 있었다. 앙증맞은 캐릭터 상품들이 아이의 작은 호주머니를 호시탐탐 노려보고 있는 듯했다. 좋아하는 캐릭터를 이것저것 고르는 거리낌 없는 손길이 이어졌다. 아이는 내가 추천하는 물건보다 제 눈과 마음에 드는 것을 고집하고 있었다. 아이들 입장에선 품질이나 기능이 중요한 게 아니었다. 자주 보고 익숙한 물건을 고르고 있었다.

집에 오자마자 아이는 연필을 깎기 시작했다. 노트도 종류별로 구분하고 알림장엔 자기 이름을 썼다. 그 모습을 지켜보며 트위터를 보는데 사진 한 장이 눈에 들어왔다. 문방구에서 샀다는 노트 한 권이었다.

'대학 가서 미팅할래, 공장 가서 미싱할래.' 스프링철을 한 노트였다. 가끔 고3 수험생 교실에 급훈으로 붙어 있다고 들었

384

던 저 글귀. 상품으로 변한 채 우리 아이들 곁으로 돌아온 노트를 근 20년 만에 봤다.

궁금한 나머지 노트 제작 회사를 검색해봤다. '성적 떨어졌을 땐 이빨 보이지 않습니다' '니 얼굴이면 공부 레알 열심히 해야 해'라고 쓰여 있는 비슷한 제품이 많았다. 더구나 이런 제품들이 인기 상품 목록에 떡하니 이름이 올라 있었다.

재미로 넘기기엔 종류가 너무 많았고 패러디로 취급하기에도 수요자를 생각하지 않은 저급한 물건으로 보였다. 스프링 노트를 찍고 철하고 비닐을 씌웠을 노동자는 어떤 느낌이었을까. 저 글귀들은 단순한 재미일까 혹은 어떤 메시지를 담고 있는 것일까.

철도민영화에 맞서 파업을 벌이던 철도노조 조합원 자녀에게 코레일 측에서 문자를 보낸 사건이 있었다. 초등학교에 다니는 아이에게까지 문자가 전달됐다. '불법파업을 중단하고 회사에 복귀하라'는 것이었다. 문자를 본 아이는 울고불고 난리가 났다. 코레일은 해명했지만 아이 마음에 남긴 멍자국은 지워지지 않았다.

물색없는 어른들의 이 같은 행위는 코레일에만 해당하지 않는다. 쌍용차 파업이 끝나자 평택 어느 초등학교에서 학생들에게 손을 들어 아버지의 파업 참가 여부를 조사한 적이 있다. 쌍용차 조합원의 아이는 분위기가 이상해 손을 들지 않고 가만히 있었다. 그러자 선생님은 안도의 한숨을 쉬며 "다행이다. 우리 반엔 빨갱이가 없어서"란 말을 했다고 한다.

도대체 아이들에게 어떤 말을 하고 싶은 것인가. 아이들이 어떻게 자랐으면 한다는 것인가. 노동 관련 교육이 전혀 없는 한국 사회에서 반노동 교육은 다양하게 진행된다. 얼핏 설핏 지나가는 이야기로 일하는 노동자에 대한 비하가 끊이지 않는다. 이제는 노트 한 권까지 대놓고 노동자를 깎아내리는 지경에 이르렀다.

오늘도 아이는 노트를 가방에 넣고 등굣길에 나선다. 알림장에 쓴 숙제는 다 했는지 다시 한 번 확인하곤 한다. 아직 학교가 낯설고 줄을 서서 먹는 급식도 어색하다고 한다. 그럼에도 차츰차츰 적응하는 것을 보며 안심하는 나를 본다.

아이가 적응하고 있는 것은 어떤 것일까. 나 편하자고 아이 등을 떠밀고 있는 건 아닐까. 사회 모순과 구조를 바꿔보겠다고 5년째 해고 싸움을 벌이면서도 아이가 무방비의 구조 속으로 매일 등교하는 것을 바라만 보고 있다.

거부할 수 없는 학교 교육의 현실을 핑계로 또 하나의 현실을 아이에게 종용하고 있는 건 아닌지 마음 한구석이 불안하다. 이 아이가 보게 되는 현실과 전해 듣는 이야기들을 생각하면 걱정도 앞선다. 적어도 아이들에게 노동자가 이 시대의 주인이라는 것과 얼마나 당당한 직업인지를 알려주는 교육이 시급해 보인다. 젊음의 노트에 아이들은 지금 무엇을 쓰고 있을까.

경향신문, 2014.4.9.

세상에 널려 있는 참혹함에 대한 침묵

글을 쓸 때 검열하는 버릇이 생겼다. 너무 반복해서 같은 이야기를 쓰는 것은 아닌지 스스로 묻게 된다. 2014년 4월 3일 철도노조 조합원이 '강제 전출'에 시달리다 자결한 사건이 발생했다. 그 한 주 전에는 현대중공업 하청 노동자가 사고로 사망하는 사건도 있었다. 창원에서 철도 노조원이 자결한 날, 천안에서는 자결한 채 발견된 옛 발레오공조 조합원의 장례가 치러지고 있었다.

죽음이 죽음을 덮고 사안이 사안을 압도하는 일이 매일같이 일어나고 있다. 청소 노동자들의 열악한 처지가 일간지 한 구석을 장식할 때 일당 5억 원의 '황제 노역'으로 세상을 들었다 놨던 허재호가 언론의 중심에 있었다. 일당 5만 원짜리 노역을 살겠다고 전국장애인차별철폐연대 박경석 대표가 서울구치소에 들어간 지 나흘째 되는 날, 쌍용차 김정우 지부장은 그 길을 따라 걸어 나왔다. 경기도에 있는 포레시아 노동자들이 대법원에서 5년 만에 해고 무효를 확인받은 소식을 쌍용차 해고자들은 거리 위 천막 안에서 듣고 있었다. 2007년 6월 1일 근로자 지위 확인 소송에서 이겼지만 10년이 지나도록 대법원 판결이 나오고 있지 않은 현대차 아산 비정규직 노동자 김준규는 고통의 5년을 견딘 포레시아 노동자들이 부러울 따름이다.

불행하기 짝이 없는 노동자들의 일상

등판에 구호가 적힌 조끼를 입고 거리를 걷는 노동자들을 본다. 약속을 지키라는 글자와 공장으로 돌아가자는 선언이 뚜렷하다. 땅 위에서 외치던 소리가 소음에 막혔기 때문일까. 철도노조 조합원 둘은 또다시 4월 9일 40미터 높이 송전탑에 올랐다. 조합원 1,000명은 삭발을 하고 단식 농성에 들어갔다. 구미 KEC라는 사업장에선 황사처럼 매년 정리해고가 날아든다. '세모녀법'이 4월 임시국회 첫 법안이라며 야당이 팔 걷어붙이지만 보건복지부 산하 공공기관인 한국정보개발원 비정규직 노동자는 500일 동안 싸우고 있다. 복지 사각지대를 없애겠다는 보건복지부가 비정규직 노동자들의 불안한 미래까지 사각거리며 파먹는다.

이것이 노동자들의 일상이라면 불행하기 짝이 없다. 일상이 반복될수록 단조로움은 커간다. 새로움을 찾지만 사건 자체의 새로움이 전부다. 응답 없는 벽 앞에 앉아 낙서라도 하고 싶은 마음이다. 어떤 이가 물은 적이 있다. '왜 쌍용차 문제는 해결되지 않느냐'고. '첫 번째 죽음을 두 번째 죽음이 덮었고 스물세 번째 죽음을 스물네 번째 죽음이 덮기 때문'이라고 말한 적이 있다. 그럼에도 이야기를 멈출 수 없다.

세상에 널려 있는 참혹함에 대한 침묵

진부한 것은 있는 그대로의 현실을 말하는 우리인가, 변화의 가능성이 줄고 있는 현실인가. 가능성의 구멍을 넓히려는 주체들의 아등바등한 몸짓보다 지켜보는 이들의 팔짱에 먼저 햇살을 비추는 현실은 누가 만들고 있는가. 사회적 합의들이 줄줄이 깨지는 현실에서 자본만을 탓하는 건 구두 위를 긁는 것만큼 어리석어 보인다. 기울어진 운동장에서 뛰고 있는 사람에게 경기력을 탓하는 것만큼 야속한 일도 없다. 공권력의 병풍이 봄바람을 가로막고 정권의 이성은 집 나간 지 오래다. 남 탓하기도 버거운 하루를 살아가는 이들이 벚꽃처럼 지천에 널렸다. 송파 세 모녀가 미안하다는 말을 남기고 죽음으로 몰렸을 때 화가 났다. 나 또한 자유롭지 않다. 돌 하나 던질 힘조차 남겨두지 않고 빨아댄, 뻘 같은 사회 속에 빠져 질식사한 사건이기 때문이다. 그 죽음이 나의 고통으로 이어져 분노를 흔들어 깨우지 않는 한 언제든 또 일어날 수 있는 일일 뿐이다. 파울 첼란의 시 〈나무 없는 나뭇잎 하나〉는 이렇게 말한다. "어떤 이야기가 그것이 너무 많이 이야기된 것이므로, 거의 일종의 죄악이라면, 그것은 어떤 시대인가?" 나무 없는 나뭇잎 하나가 바람에 날린다.

시사인 344호, 2014.4.21.

그들의 세계관

세월호 침몰사고 발생 2주가 지났다. 전국이 통곡하는 상갓집으로 변했다. 대한민국은 거대한 분향소로 무사생환을 바라는 기도의 공간이 돼버렸다. 절대적 구조의 시간인 골든타임은 이미 지났고 '에어 포켓'에 한 줄기 희망을 걸고 있다. 설령 세월호에 에어 포켓이 남아 있다 하더라도 생존 가능성을 좀처럼 예견할 수 없다. 이 비극의 상황 앞에 어떤 말도 위로는커녕 무력하기만 하다. 2014년 4월 16일로 다시 돌아갈 수 있다면 피해는 줄일 수 있었을까. 시간만 되감으면 되는 것일까. 언론은 사고 초기 대형 오보를 시작으로 대한민국 저널리즘의 수준을 끝없이 끌어내렸다. 결국 육지에도 아주 작은 에어 포켓마저 남아 있지 않고 숨 막히는 시간만이 무력하게 지나고 있다. 박근혜 정부의 위기 대응은 이번 세월호 침몰사고를 정치적 사건으로 규정하기에 충분하다. 존재하지 않는 컨트롤타워를 탓하는 것 자체가 난센스일 정도다. 구조의 의지는 물론 생존자를 향한 그 흔한 전시 행정조차도 없었기 때문이다.

"국가가 가장 기본적인 임무인 국민의 생명과 안전을 보호하지도 못하는 것을 보면서, 국민들은 정부의 무능과 무책임에 분노하며, 국가에 대한 근본적인 회의를 갖게 됐다." 2004년 김선일 씨 피살 사건 후 박근혜 당시 한나라당 대표가 한 발언이다. 상대를 공격하기 위한 정치적 레토릭 그 이상도, 이하도 아니란 것이 이번 사고로 확인됐다. 상대를 물어뜯기 위해 국민의 생명과 안전은 호출될 뿐 일상에서 국민의 생명과 안전은 언제나 뒷전이다. 아니 관심의 대상이 아니다. 장관들의 아무 생각 없는 행동과 발언들이 하루에도 몇 건씩 언론을 장식한다. 그 중심에 박근혜 대통령이 있다. 권력 구조로서의 대통령은 이 모든 사건과 상관관계가 있다. 그러나 구조 작업에 나선 일선 공무원들을 향해 "책임을 묻겠다"는 번지수 틀린 단호함만을 보일 뿐이다. 정작 대통령인 자신의 책임은 말하지 않고 있다. 자본을 위한 규제완화와 민영화 그리고 비정규직화는 이번 사고의 중심을 관통하고 있다. 이쯤 되면 이번 사고는 무능과 무책임의 문제를 넘어 그들의 세계관이 빚은 필연적 재앙이다.

재벌 아들이란 자의 '미개 국민' 발언이 튀어나온 것은 실수가 아니다. 평소 그들의 생각과 가치관이다. 집권 여당의 최고위원과 국회의원들의 잇따른 색깔론은 촌각을 다투는 생명보다 정치적 득실이 우선한다는 그들의 신념체계가 작동하고 있는 결과다. 구조의 '의지'조차 느껴지지 않는 정부의 이 같은 행태는 그들의 저의를 의심하기에 충분해 보인다. 세월호 침몰 이후 너무 많은 사건이 사건을 덮는다. 가치관의 충돌이며 그들 세계관의 돌출이다. 사건을 되돌린다 하더라도 그들의 세계관이 변하지 않는 이상 상황은 달라지지 않는다. 현대중공업에서 최근 두 달 사이 7명의 노동자들이 숨졌다. 쌍용차에서는 정리해고 소송에서 승소한 한 노동자가 공장 복직의 꿈을 이루지 못한 채 스물다섯 번째 희생자 명단에 이름을 올렸다. 산업재해 사망 부동의 1위 대한민국과 세계 장애인의날에 최루액을 덮어써야 하는 현실은 어떤 개선도 없이 계속되고 있다.

세월호 침몰사고로 권력과 자본을 틀어쥔 그들의 세계관을 본다. 진정한 국민의 생명과 안전의 담보야말로 그들의 세계관이 균열을 보일 때 작은 가능성이라도 있다는 확신을 강화한다. 정치적 역풍을 우려해 착한 말, 고운 말만을 찾고 있는 무력한 야당이야말로 그들의 세계관을 뒷받침할 뿐이란 사실을 알아야 한다. 실종자의 무사생환을 위해 그리고 남은 이들의 온전한 삶을 위해 지금 필요한 것은 무엇인가. 그들의 세계관에 균열을 내고 그들의 신념체계를 무력화시키는 행동이 뒤따르지 않는다면 비극만이 무한 반복될 것이다.

그들의 세계관을 부숴버리자! 그것이 지금 우리가 할 일이다.

경향신문, 2014.4.28.

그는 왜 평택 재선거에 나설까

시간이 늦게 가면 남의 자식 군대 보내고 시간이 빨리 가면 자기 자식 군대 보내란 우스갯소리가 있다. 여기에 또 하나를 추가한다면 선거가 아닐까. 선거운동하는 사람 입장에선 시간이 야속하리만큼 빨리 가지만 지켜보는 사람들은 선거가 참 더디고 후텁지근하게 지나간다. 후보자는 말할 것도 없다. 7·30 국회의원 재·보궐선거가 한창이다. 전국 15개 지역에서 선거가 치러지고 작은 총선이라 불릴 만큼 규모가 크다. 6·4 지방선거가 끝난 지 채 한 달도 되지 않았다. 세월호 참사를 빚은 한국 사회 전면적 개조의 필요성을 여당은 자기 논에 물대는 것으로 방향을 틀었다. 인사 참극과 정치 난맥은 개선의 여지가 봉쇄당했다. 야당의 무기력은 그야말로 야당의 존재 이유를 묻는다. 지방선거에서 세월호 참사의 국민적 분노를 여당은 탄압하기 바빴고, 야당은 관리하기에 급급했다. 낡은 정치 수사가 판을 쳤고 급기야 집권 여당이 도와달라는 앵벌이 정치쇼를 하기에 이르렀다. 그런데 무참하게도 이런 후진적 선거운동이 먹혔다. 정치집단의 정체성을 벗어난 정치 마케팅적 쇼만이 보는 이들의 시야에 들어오고 있다.

정치가 무엇인지 묻고 선택하는 시간이 다가오고 있다. 여야는 국회 과반을 지키느냐, 허무느냐를 두고 사활을 건 선거에 임하고 있다. 국민은 구경꾼으로 전락하고 노동자들에 대한 고립과 배제는 가속의 페달을 밟게 된다. 삶과 목숨이 걸린 선거임에도 월드컵 관람처럼 우리는 철저한 정치 소외지역으로 밀려난다. 새누리당의 코웃음 나는 변장술은 또다시 마케

가느다란 신음 소리

팅으로 한창이다. 대선 이후 수많은 공약이 쓰레기통에 처박
혔고 쇄신이란 거추장스러운 옷가지가 폐기처분됐지만 심판
의 표는 보이지 않는다. 새 정치를 내건 새정치민주연합의 움
직임 또한 개혁적 인물을 전면에 세운다지만 무력함을 벗기엔
턱없이 부족하다.

어떤 이들을 선택하고 어떤 사람을 지지해야 하는가. 지지
할 사람은 있는 것인가. 국회의원 한 사람이 아니라 어떤 국회
의원 한 사람을 만들어야 하는가. 평택시을 선거구를 주목하
는 이유다. 평택시을 선거구엔 이명박 전 대통령 비서실장이
자 노동부 장관을 역임한 임태희 후보가 출사표를 던졌으나
고배를 마셨다. 공교롭게 평택시을 선거구엔 쌍용자동차가 있
다. 2009년 부당한 정리해고에 맞서 함께 살자던 쌍용자동차
노동자들을 이명박 정권이 짓밟은 곳이다. 그해 5월로부터 시
작된 고통과 아픔으로 25명의 노동자가 죽어나갔다. 노동 세
월호다. 시민사회의 줄기찬 사태 해결 요구에도 아직 쌍용차
의 진실은 아픔의 우물 속에서 인양되지 못하고 있다.

평택시을 국회의원 재·보선에 쌍용차 해고자 김득중 씨가
나섰다. 그는 왜 출마를 결심한 것일까. 정리해고자인 그의 도
전은 현실성이 있을까. 양당구도 속에서 그는 숨조차 쉴 수 있
을까. 선거운동 기간에 삼성 염호석 열사 장례식에 참석하고
지방선거 이후 공권력에 짓밟힌 밀양 어르신들의 마음을 달
래는 그가 선거운동은 제대로 하고 있는 것일까. 세상을 바꾸
려면 힘을 키우라는 세간의 조롱 앞에 선 그는 누구인가. 선거
당일 하루 만의 투표권 행사로 만족할 수 없었던 그대가 아닌
가. 정치의 변화를 갈망하고 공동체를 지키려 아스팔트 위 정
치를 만들어가는 당신이 아닌가. 한 시간 일하면 밥 한 끼 정

도는 먹어야 한다며 끊임없이 외치고 있는 당신의 삶이 아닌
가. 정치의 한 축을 담당했던 진보 진영의 역할을 이제는 찾아
야 한다며 노력하는 그대 손에 쥐여진 손팻말이 아닌가. 공고
한 기득권 정치에 작은 숨구멍 내기 위해 쏟아지는 거리 위 물
대포를 뒤집어쓴 젖은 당신의 운동화가 아닌가.

　세상이 무너져도 손바닥 하나 짚을 공간만 있어도 싸우고
버틸 수 있다. 우리에겐 지금 이 한 뼘의 벽이 절박하다. 벽 하
나 만들기 위해 선거에 나선 해고 노동자가 당신이 아닌가. 당
신은 누구입니까.

경향신문, 2014.6.30.

가느다란 신음소리

아픔 낳는 정치, 아픔 품는 정치

세월호 참사 100일이 넘었다. 아득한 시간의 날들이다. 15일째 굶고 있는 유가족. 수분기 없는 마른 몸과 까맣게 타들어가는 얼굴은 대한민국 정치의 민낯을 보여준다. 밤새 비바람 맞으며 청와대로 걸어가는 발걸음에 정치가 차인다. 서명을 받고 호소를 한다. 설득하고 납득을 시킨다. 살아남은 이들의 몫치곤 잔인하다. 박근혜 정부의 뻔뻔함은 시간을 앞지른다. 아픔의 우물에서 길어 올린 말과 글들이 휴가철 차량 소음에 묻힌다. 세월호특별법은 여야 정쟁 속에 바다 위 부표처럼 허연 배를 드러내고 표류한다. 죽은 사람과 살아남은 이들과 기억하는 자들만이 잔인함을 공유하고 분노를 나눠 마신다. 슬픔이 모여도 분노가 되지 못하고 아픔을 품어도 희망을 낳지 못하고 있다. 정치권은 늘 그렇듯이 이번에도 통제와 관리, 면피만으로 치열함을 보여주고 있다.

세월호 참사 이후 입 가지고 귀 달리고 눈 가진 이들은 말했고 들었고 보았다. 그러나 정치권은 가장 늦게 일어나고 가장 빨리 누웠다. 여당은 본격적인 탄압에 나섰고 맞서 싸워야 할 야당은 말리는 시늉에 여념이 없다. 그것조차 무기력하다. 이 정치 비탄의 한복판에서 7·30 국회의원 재·보궐선거가 치러지고 있다. 국회 과반을 지켜달라는 여당과 과반을 저지해야 힘이 생긴다는 야당의 호소 모두가 귓속 모깃소리처럼 성가실 뿐이다. 지금 해결되지 않는 현실은 미래에도 반복될 것이란 예측과 경험이 바닥에 그들을 앉게 했고 곡기를 끊게 만들었다. 정치가 있어야 할 곳이 어디인가. 정치는 어떻게 아픔과 만나야 하는가. 잃어버린 정치는 어디서 찾을 수 있는가. 어떤 정치가 아픔을 품을 수 있는 정치인가. 우리는 묻는다.

아픔을 품어야 할 정치가 아픔만 낳고 있다. 억울함을 호소하는 국민들 가슴에 소금을 뿌리고도 집권 여당은 국회 과반을 넘어설 기세다. 그 기세에 눌려 야당에 힘을 싣자는 주장이 거세다. 그러나 국회의원 숫자가 고통받는 이들의 삶을 개선시키지 못했고, 결국 무능력만 키워줬을 뿐이다. 그래서 어떤 국회의원이냐가 중요한 대목이다. 직업 정치인 107명, 사장 출신이 22명이나 되는 현실정치에 그 숫자 하나를 더 보태는 것이 무슨 의미가 있을까. 용산참사와 강정, 밀양, 현대차 비정규직, 쌍용차 사태처럼 숱한 아픔에 대해 그들은 어떤 태도로 임했는가. 아무런 해결책을 만들지 못했다. 그것이 현실정치의 현실이라면 다른 가능성에 주목하자. 피해받은 이들의 직접정치를 본격적으로 열어야 해결의 새로운 공간이 만들어질 수 있지 않을까. 자본과 권력에 이해관계가 걸려 있지 않은 이들. 고통과 아픔이 서로 몸으로 연결된 이들이 직접정치를 하는 것, 그것이 가능성을 넓히는 시작이다.

정치는 공감이며 공감은 경험에서 나온다. 그런데 세월호 참사 대응에서 보이는 정치권 모습은 공감 능력이 부재하다는 걸 알 수 있다. 고통을 느끼지 못하는 통각 부재다. 눈물 흘리지 않는 아픔 부재다. 더는 그들에게만 맡길 수 없지 않은가. 맡긴 결과가 답답한 현실의 반복이라면 비참하지 않은가. 직접정치와 아스팔트 위 정치를 여의도 정치 공간으로 밀어 넣어야 한다. 지금껏 정치는 아픔만을 낳는 정치였다. 그러나 앞으로의 정치는 아픔을 품는 정치로 바뀌어야 한다. 용산참사 유가족이, 제주 강정의 주민이, 밀양의 주민들과 현대차 비정규직 노동자가, 그리고 쌍용차 해고자가 지금보다 훨씬 나은 정치를 만들어갈 수 있다.

이제 시작했을 뿐이다. 7월 30일 국회의원 재·보궐선거는 마침이 아닌 출발선이다. 어떤 문학평론가는 모든 장소는 시간의 이름이라 했다. 이번 재·보궐선거가 치러지고 있는 평택이 어떤 시간으로 기억될지, 어떤 시간으로 미래와 연결될지 끝까지 지켜보고 함께해야 할 이유다.

경향신문, 2014.7.28.

이창근의 해고일기

법의 흠

'부르르' 전화기가 떨렸다. 기자 전화였다. 대학 특강 수업을 하던 터라 받을 수 없었다. 전화기는 계속 울렸고 문자 또한 쌓이기 시작했다. 그때서야 무슨 일이 생겼구나 싶었다. 언론 담당이라 이런 일이 종종 생긴다. 기쁜 일보다 나쁜 일이 물론 더 많다. 예상은 빗나가지 않았다. 재판 결과를 확인하는 전화였다. 쌍용차 해고자들이 제기한 '근로자지위보전가처분' 재판에서 졌다. 10월 13일이었다. 덤덤했지만 발걸음은 바빠졌다. 이곳저곳에 확인 전화를 넣고 부랴부랴 평택 노조 사무실로 향했다. 어떤 근거로 평택 법원은 가처분신청을 기각했을까. 내려오는 기차 안에서 판결문을 전화기 화면에 가득 담아 꼼꼼하게 읽었다. 서울고등법원 판결문이 완전히 뒤집힌 결과였다. 쌍용차 해고 노동자들의 6년간의 질긴 싸움에 또 한 번 된서리가 내린 것이다. 계절을 앞질러 온 '법 서리'가 해고자들에게 가을 허기를 안기고 말았다.

쌍용차 정리해고 문제가 또 한 번 난항에 빠졌다. 법원 판결은 오락가락 갈피를 못 잡고 있다. 지난 2월 7일 6년을 끌어오던 해고 문제가 일단락되는 줄 알았다. 서울 고법이 정리해고가 무효임을 확인하는 판결을 내렸기 때문이다. 2년이 넘는 심리 끝에 내린 권위 있는 재판에서 회사 쪽이 패소했다. 정리해고에서 중요한 인원 삭감의 필요성과 규모에 있어 합리성이 입증되지 않아 경영상의 필요성이 없다는 결론이었다. 경영상의 긴박성이 일부 인정되더라도 해고 회피 노력을 다했다고 볼 수 없다는 판결이었다. 그런데 이번 가처분 재판에서 법원은 정반대의 결론을 도출했다. 판단의 대상이어야 할 삼정 KPMG 보고서와 금융감독원 그리고 검찰의 판단 등을 오히려 판단의 근거로 삼은 것이다. 한 발 더 나아가 증거 내용에 대한 실질적인 판단보다 증거의 개수를 보고 판단했다. 해고자들의 바람을 차갑게 짓밟은 정치 판결로 보는 이유다.

이번 판결의 또 다른 특징은 해고무효확인 소송의 기본인 입증 책임을 회사가 아닌 해고자에게 지웠다는 것이다. 아무리 가처분 재판의 특수성이 있다지만 해고당한 이들이 해고가 무효임을 입증한다는 게 말이 되는가. 정리해고가 정당했다는 회사 쪽이 그 근거를 입증해야 하는 것은 당연한 일이다. 유동성 위기 부분도 별다른 근거 없이 국내외 경제상황만 따졌다. 특히 쌍용차 정리해고 핵심 쟁점인 유형자산손상차손 문제는 이번 판결의 압권이다. 유형자산손상차손 과다계상 문제는 서울 고법 재판이 2년 가까이 길어지면서까지 다퉜던 중요한 쟁점이었다. 서울 고법은 회사와 회계법인의 주장은 물론 감정 결과까지 믿을 수 없다며 구체적인 이유를 밝히면서 판결했다. 이렇듯 심혈을 기울인 서울 고법의 판결을 평택지원은 배제했다. 오히려 회계법인 보고서, 검찰의 무혐의 처분 등을 들어 유형자산손상차손이 과다계상되었다고 보기 어렵다는 판결을 내린 것이다.

가처분 재판은 서면 중심의 재판이었다. 숫자엔 표정이 없고 하얀 백지 위 검은 글씨엔 지난 시간의 아픔이 묻어 있지 않았다. 흠투성이 판결 앞에 해고자들이 있다. 그러나 쌍용차 해고자들의 6년간의 노력이 수포로 돌아간 것은 아니다. 가처분 재판에서 진 것뿐이다. 한편으론 쌍용차 문제를 법에만 맡겨둬선 어떤 해결책도 없다는 것이 확인된 재판이기도 하다.

쌍용차 문제는 한국 사회 아픈 단면이다. 함께 머리 맞대고 풀 수밖에 없는 사회적 재난에 가깝다. 법의 흠을 사회가 메워야 할 때는 바로 지금이다.

한겨레, 2014.10.16.

가느다란 신음 소리

신문에서 독거노인이 스스로 목숨을 끊었다는 보도를 봤다. 서울 장안동의 다가구주택이었다. 주검을 수습할 이들에게 남겼을 것으로 추정되는 쪽지엔 "고맙다. 국밥이라도 한 그릇 하라. 개의치 말고"라고 써 있었다. 빈곤의 바닥으로 또 하나의 목숨이 푹 꺼졌다. 그런데 '스스로 끊었다'는 말이 오랜 시간 머리를 떠나지 않았다. 스스로라니. 모순이지 않은가. 목숨은 스스로 끊는 게 아니다. 극단으로 몰린 이들이 어쩔 수 없이 벼랑으로 떨어지는 과정일 뿐이다. 송파 세 모녀도 집단으로 벼랑으로 몰린 예가 아니던가. '스스로'라는 말은 그저 남은 자들의 면피처럼 읽혔다. 이들의 죽음이 주목된 이유는 그들이 남긴 짧은 글이었다. 노인은 '고맙다'는 말을 남겼고 송파 세 모녀는 '정말 죄송합니다'라고 했다. 가느다란 신음 같은 말이다. 무엇이 고맙고 무엇이 죄송하다는 것인가. 질식해 가는 이들은 큰소리조차 낼 수 없다. 기절과 탈진을 반복한 이들이 남기는 마지막 말은 그래서 언제나 낮고 가늘다. 말할 힘까지 소진했기 때문이다.

유서가 없었다. 궁금했고 한편으로 화가 났다. 단서라도 남기지 않았을까 싶어 집 안 구석구석을 찾아 헤맸지만 소용없는 일이었다. 유서는 끝내 발견되지 않았다. 억울하다는 말이 담긴 유서를 흔들어대며 회사 멱살이라도 잡고 싶었지만 그런 일도 일어나지 않았다. 6년 동안 침묵의 죽음만 이어졌다. 그 숫자가 25로 바뀌었다. 이들은 왜 조용하게 숨졌을까. 난리라도 한번 치고 죽지 왜 그렇게 하나같이 조용하게 죽어갔을까.

2,000일. 쌍용차 해고 노동자들이 정리해고에 맞서 싸운 시간. 정리해고를 막겠다며 겁 없이 경찰 특공대의 진압을 온몸으로 막아섰던 시간들이다.

궁금함보다 원망스러움이 컸다. 다투고 싸우는 것도 그들에겐 그저 번잡스러움이었을까. 의문이 완전히 가신 건 아니지만 이해는 조금씩 넓어졌다. 체념과 극단의 좌절이 불러온 죽음은 소리가 없다. 뚝뚝 끊기며 가늘게 이어지던 소리는 죽음 주변에 맴돌았다. 그러나 주파수가 달라 우리가 듣지 못한 것이다.

2,000일. 쌍용차 해고 노동자들이 정리해고에 맞서 싸운 시간. 다가오는 11월 11일이다. 까마득한 시간이 하얗게 머리 위에 내려앉았다. 정리해고를 막겠다며 겁 없이 경찰 특공대

의 진압을 온몸으로 막아섰던 시간들이다. 한여름 공장 옥상에서 최루액을 몽땅 뒤집어쓰고, 사회적으로 빨갱이라 불렸다. 집 밖 나서기가 두려웠고 이어지는 동료의 부음에 오금 저렸다. 쌍용차 해고 노동자들이 한국 사회를 향해 던진 질문에 사회는 응답했다. 정리해고 폐해와 비정규직 남용의 문제가 대선 시기 공약으로까지 밀어 올라간 것이다. 사회적 논의는 불이 붙었고 뭐라도 될 것 같은 분위기였다. 그러나 또 제자리걸음이었다. 무겁게 밀어 올린 돌덩이가 다시 산 아래로 굴러떨어지는 체념의 반복이었다. 운명으로 받아들이기엔 비탄스럽기만 한 세월이다. 취업의 문은 막혀 있고 해고의 문은 여전히 활짝 열려 있다. 격차는 더욱 벌어졌고 지난 과정의 반면교사들은 등을 돌렸다.

쌍용차 문제는 재난의 문제다. 인간이 만든 해고가 인간 삶을 부수는 인간 재난이 극단의 형태로 드러난 정치적 사건이다. 정치권이 해결의 실마리를 찾아야 하는 이유다. 그러나 해결 의지는 보이지 않고 여전히 낙인찍기 의도와 편 가르기 소재로만 삼고 있다. 화재가 나면 119 소방차가 출동하고 사람들은 길을 열어준다. 불 끄는 것이 우선이기 때문이다. 그런데 2,000일 동안 수많은 사람들이 길을 열었지만 정작 정치 난전판은 길 한가운데 떡 버티고 서 있었다. 요란하게 울리는 재난 경보음을 정치권만 듣지 않았다. 쌍용차 문제 해결의 가장 큰 책임이 있는 정치권의 이 같은 행태는 중단돼야 한다. 소복하게 쌓여만 가는 인고의 시간 앞에 정치가 답을 찾고 해법 마련에 나서야 한다. 소리 없는 죽음이라지만 귀를 열면 들리는 죽음이며 막을 수 있는 죽음이었다. 사건 이후 요란 떨 게 아니라 그들의 가늘고 작은 신음 소리에 주목해야 재난은 방지할 수 있다. 더는 이대로 살 수 없지 않은가. 2,000일이 두렵다.

경향신문, 2014.11.3.

가느다란 신음 소리

그날이 오늘은 아니다

엄마가 점을 봤다. 연초가 되면 으레 봤었는데 2009년 그 사건이 있고 나선 좀체 보지 않던 점이다. 아들이 구속되면 어찌하느냐며 용하다는 점집을 찾아 묻고 또 물었다. 어느 점집에선 구속되지 않을 테니 걱정 말라고 했고 또 어떤 '점바치'는 구속된다고 했다. 결국 아들은 구속됐다. 그 뒤론 발길 끊었던 점집을 이번에 다시 찾았다. 쌍용차 정리해고 사건 대법원 선고를 앞둔 며칠 전 일이다. 결과를 말해주지 않아 몰랐는데 희망이 별로 없었나 보다. 수화기를 타고 넘어오는 목소리가 마른 나뭇가지처럼 바싹 말라 있었다.

지난 2014년 11월 13일 쌍용차 해고 노동자들은 정리해고 무효 소송에서 지고 말았다. 대법원은 서울 고법이 쌍용차 정리해고 무효를 판결했던 사건을 뒤집어 파기하고 서울 고법으로 돌려보냈다. 6년의 시간 동안 쥐고 있던 희망이 물거품처럼 사라지는 데는 20초면 충분했다. 법정 공방이 사실상 일단락되는 순간이었다.

대법원은 6년 전, 2009년 6월 8일에 벌어진 쌍용차 정리해고 사건이 긴박한 경영상의 필요성이 있다고 판단했다. 해고 회피 노력 또한 충분했다며 파기 환송했다. 회사의 유동성 위기 주장을 받아들였고 유형자산손상차손도 과다계상되었다고 판단한 서울 고법의 판결문을 뒤집었다. 3,000명에 가까운 대량의 정리해고 규모도 합리적이라고 했다. 대법원은 법률심 즉 법률 적용의 타당성 여부를 다투는 곳이다. 그러나 사실심인 서울 고법에서 인정한 사실을 뒤집는 월권을 행사했다.

소위 쌍용차 경영위기는 2008년에 발생한 금융위기와 유럽 환경규제 그리고 경유가격 인상이라는 일시적 원인임에도 구조적 위기라는 회사 측 주장을 그대로 받아 읽었다. 정리해고가 아닌 근로시간 단축을 통한 일자리 나누기로 넘길 수 있는 위기였지만 대법원은 다르게 봤다. 산출 근거도 밝히지 않은 대량의 정리해고 규모도 적절하고 잘한 일이라며 회사 머리를 쓰다듬어준 것이다.

이번 대법원 판결로 '정리해고' 사건에서만큼은 자본에는 신세계가 선물로 주어졌고 노동자에겐 무간지옥이 안겨졌다. 이미 곤죽이 돼버린 노동시장을 더 어떻게 유연화할 수 있고 누구를 위한 유연화란 말인가. 정리해고 비정규직으로 대표되는 한국 노동시장의 불안을 어디까지 밀어붙일 텐가. 빈껍데기란 지적에 시달리는 근로기준법이지만 적어도 정리해고 요건은 못 박고 있었다. 이마저도 이번 판결로 마지막 빗장이 풀린 것이다.

쌍용차 재판을 담당한 대법관은 소수자 목소리를 대변하라는 취지로 임명된 분이다. 그 소수가 한 줌밖에 되지 않는 자본의 목소리로 돌아올 줄은 몰랐다. 오늘은 쌍용차 해고자들이 이러한 비참함과 만났지만 내일은 또 다른 선한 이들이 이 비극적인 참담함을 만날 수밖에 없을 것이다. 대법원이 다양성을 포기하고 정치 일색으로 '깔맞춤'하는 오늘의 현실이 극복되어야 하는 이유다.

대법원이 쌍용차 해고자들의 고름 같았던 시간의 종결자 구실을 포기하고 완충지대 없는 허허벌판으로 떠밀었다. 겨우 옷가지 하나 나뭇가지에 걸린 채 벼랑 끝에 매달려 살던 이들에게 그 작은 나무조차 뽑아버렸다. 추락은 다시 시작됐고 바닥을 짐작하기 어려운 상황이다.

지친 마음에 포기하고 싶은 오늘이지만, 자판이 흐리게 보이고 엄마를 붙들고 소리 내어 울고 싶은 오늘이지만, 비탄의 시간 속에 무릎 꺾이고 심장이 타들어가 주저앉고 싶은 오늘이지만, 그런 개 같은 날이 오늘이지만, 이대로 이 모진 시간이 사람들 기억에서 삭아 해질 수도 있겠다는 생각에 목구멍이 막히는 오늘이지만, 우리가 돌아가야 하는 자리에 서 있지 못하는 한, 그날이 오늘은 아니다.

경향신문, 2014.11.17.

이청준의 해고일기

민주노총, 문제는 '판'이다

냄새는 지독했다. 변기에 가득 쌓인 인분은 코를 찔렀고 넘쳐 나는 오줌은 눈이 아플 지경이었다. 도장공장 내부는 페인트 냄새와 뒤섞인 채 거대한 변기통으로 변해 있었다. 며칠 전부터 물이 끊기고 전기를 차단당해 빛이라곤 촛불이 유일했다. 에어컨에서 찔끔찔끔 흘러내리는 물조차 귀했다

어두운 도장공장 내부를 순회하던 참이었다. 촛불을 사이에 두고 조합원들이 대화를 이어가고 있었다.

"언제까지 갈 것 같아?"

"뭐 곧 좋은 소식 있겠지."

다급하게 돌아가는 상황과는 달리 조합원들은 여유로웠다. 정세를 읽지 못하는 것일까. 아니면 무슨 좋은 소식을 기대하고 있는 것일까.

이어지는 대화를 듣다 말고 황급히 자리를 떴다. 지부장은 다독이려던 발걸음을 돌려 도장공장 옥상으로 향했다. 곧 간부들을 소집했다. 2009년 7월 중순이었다. 매일같이 경찰특공대와 도장공장 옥상을 두고 '탈환' 싸움을 벌이고 있던 때였다.

지부장은 낮지만 단호한 어조로 "지금은 전진할 때"라고 말했다. 답답했고 화도 났다. 당시 금속노조 쌍용차지부는 정부 중재안을 놓고 갈팡질팡했다. 내부 이견 또한 팽팽했다. 최고 책임자인 지부장은 더 밀고 갔다.

파업이 끝나고 후회를 했다. 그때 중재안을 받았다면 어땠을까. 적당히 희망퇴직을 받고 파업을 접었다면 또 어떠했을까. 시간은 상념을 낳았고 혹독한 날들은 후회의 볼륨을 키웠다.

하지만 시간이 지나면서 싸움의 실체가 하나둘 벗겨졌다. 적당히 넘어갈 성질의 정리해고가 아니었다. 파업 초기에 정세인식을 그렇게 했다지만 상황은 언제나 유동적인 게 아닌가. 원칙론과 현실론이 맞붙으면 언제나 현실론이 어깨를 펴기 마련이다. 여기에서 문제는 판단이다. 민주노총 조합원은 물론이고 적지 않은 시민들이 쌍용차 투쟁에서 어떤 타협점을 찾았다면 어땠을까라는 얘기를 자주한다. 일리 있는 얘기며 타당한 지적이다. 그러나 선택이란 것도 경우의 수가 있을 때나 가능한 것이다. 당시 우리에겐 전진할 것이냐 주저앉을 것이냐만 있었다. 이를 투쟁 만능주의라 평한다면 번지수가 틀렸다. 지부장의 똥고집으로 말하는 것 또한 바르지 않다.

쌍용차 투쟁은 많은 평가 지점이 있을 수 있다. 그러나 그것은 쌍용차 노동자들만의 몫이 아니라 민주노총의 몫으로 넓어져야 한다. 싸움의 한복판에서 지도부를 믿고 따랐던, 절망적 상황에서도 낙관으로 견디며 싸운, 뭇별처럼 빛났던 조합원들의 이야기를 지금도 잊지 못한다. 지금 민주노총 조합원들은 어떤 대화를 주고받는가. 어떤 요구를 하고 있는가. 가장 어렵고 힘든 조건에서 민주노총 지도부를 바라보며 말하는 그들의 가슴엔 무엇이 있는가.

민주노총이 임원선거를 한다. 직선제다. 19년 민주노총 역사에서 처음 시도되는 선거다. 우려도 있고 기대도 존재한디. 어떤 사람이 민주노총 위원장으로 적당할지를 두고 저마다 판단 기준이 있을 것이다. 그러나 나는 이번 임원선거에서 후보 선택 기준이 나이와 얼굴 생김새, 말의 유려함이 돼선 안 된다는 생각이다. 어쭙잖은 몇 마디 글도 크게 작용할 수 없다고 본다. '말로 떡 하면 나라가 잔치한다'는 세간의 평에 민주노총 또한 자유로울 수 없기 때문이다. 그래서 위원장 선택 기준은 '판단'일 수밖에 없다. 정세를 읽는 판단과 정세를 돌파하는 판단의 힘 말이다.

박근혜 정부의 노동 정책 아래에서 민주노총은 어떤 움직임을 가질 수 있는가. 민주노총의 대사회적 발언력과 노동 대표성은 의심받고 있고 심지어 회의론에 빠지기까지 했다. 민주노총은 관망하는 낡음과 낙담을 부추기는 체념과 작별해야 한다. 우리에게 도망갈 구실을 찾아 머리 굴릴 시간은 없다. 투쟁이야말로 낡음을 벗기고 패배의 시간을 넘어 내일을 기약할 수 있는 가장 능동적 길이다. 투쟁하는 것이야말로 조합원들의 요구며 민주노총을 바라보는 국민적 기대다.

기호 2번 한상균 위원장 후보는 판단을 세우면 꺾지 않는 사람이다. 지금 우리에게 필요한 건 이 판단과 판단의 힘이 아닌가. 난 쌍용차지부에서 6년 동안 기획실장으로 언론 담당을 맡고 있다. 많은 기자들이 한상균 후보를 말할 때 '믿기 어려울 정도의 뚝심'을 가진 사람이라 한다. 민주노총이 지금 필요한 건 꺾이지 않는 뚝심과 판단이다. 그 이름이 한상균임은 분명하다.

매일노동뉴스, 2014.11.19.

가느다란 신음 소리

누가 이 선량한 앵무새를 죽이는가

"앞으로 어떻게 하실 거예요?"

눈치 없이 날아든 기자의 질문에 당황했다. 입술이 말랐다. 답변은 궁했고 머릿속 단어는 쓰러진 채 좀체 일어서질 못했다. 더 당황스러웠던 건 멈춘 머리와 달리 입은 어떤 말을 하고 있었다는 점이다. 무슨 얘기를 했는지 기억에 자국이 남지 않아 지금도 모르겠다. 다리는 떨렸고 손엔 땀이 났다. 시간이 멈춰선 것만 같았다.

쌍용차 정리해고 사건 대법원 판결은 짧았다. 2,000일을 기다려온 선고였지만 대법원은 판결문을 읽는 데 20초가량만 썼다. 쌍용차 해고 무효 확인 사건 '원고 노석주 외 152명. 피고 쌍용자동차 주식회사. 원심 판결을 파기하고 사건을 서울고등법원에 환송한다.' 대법원은 돌려보낸다고 했지만 우리는 돌아갈 곳이 없었다. 지난 2월 7일 서울고법이 판결한 정리해고 무효가 유효가 되는 순간, 6년의 지난 시간이 물거품이 돼버렸다. 흔들리던 촛불이 '훅' 부는 바람에 맥없이 꺼지는 순간이었다. 대법원을 향해 있는 힘껏, 토악질을 해대고 싶었지만 웬일인지 아무 말도 나오지 않았다. 그 흔한 절규 섞인 외침도 없었다. 물방울 떨어지듯 흐르던 시간이 기어코 얼어버렸다.

2,000일을 기다려온 선고였지만…

판결 이후 대법원은 비판의 난지도가 됐다. 도대체 무슨 일이 벌어진 건가. 서울고법에서 부당하다고 판결한 정리해고가 어떤 이유로 대법원에서 뒤집혔을까. 서울고법의 쌍용차 정리해고 무효 판결은 잘못된 것일까. 그 열쇠는 대법원 구성과 자본과의 카르텔에서 찾아야 한다. 대법원은 대법원장을 포함해 14명으로 구성된다. 우리 삶에 깊숙이 영향을 미치는 사람들이다. 이들의 구성이 다양해야 하는 이유는, 한 사회의 목소리와 처지가 나날이 갈라지고 다양해지기 때문이다. 만약 지금처럼 대법원이 일방적 색깔로 나아간다면 그만큼 이 사회에서 구석으로 몰리게 되는 사람은 늘어나게 된다. 그 예가 쌍용차 정리해고 사건이었다. 대법원은 한 가지 색으로 전열을 정비한 채 이견 없이 밀어붙였고 쌍용차 해고자들을 구석으로 내몰았다. 믿을 구석이 있던 쌍용차는 선고를 앞당기라고 종용했고 변호인단을 19명으로 구성했다. 실로 매머드급이다. 그 가운데는 대법관 출신 2명과 고등법원장 출신 1명도 껴 있었다. 항소심 재판까지는 없던 인물들이다. 2심까지 쌍용차의 변호는 I&S법무법인이 맡았다. 그러나 패소하자 법무법인 세종, 바른, 동인 3곳을 긴급 투입했다. 돈과 권력을 쏟아 부은 것이다. 세종의 김용담, 바른의 박일환 변호사는 대법관 출신이다. 동인의 김진권 변호사는 서울고등법원장 출신이다. 초록은 동색이었고 가재는 게 편이었다. 독수리 죽은 자리에 앵무새가 지저귀고 있었던 것이다.

마음 다잡을 새도 없이 시간은 속도를 냈다. 해고자들은 술잔 앞에 맥없이 쓰러졌고 쏟아지는 문자에 심란했다. 정리해고 사건이 자본을 향해 신작로를 만들었다. 그 길에서 오늘은 쌍용차 해고자들이 로드킬당했지만 내일은 또 다른 선한 이들의 로드킬이 예견되고 있다. 정리해고를 향한 제한속도는 풀렸고 경찰관은 철수했다. 그야말로 신세계가 자본 앞에 펼쳐진 것이다.

법대에 앉은 앵무새들의 지저귐

대법원 선고가 나던 11월 13일에 날아든, 그러나 지금까지 말하지 않았던 그 얘기를 하려고 한다. 우리는 앞으로 어떻게 할 것인가. 판결의 부당함을 일목요연하게 정리하고 순서를 매기면 되는 것인가. 우리가 얼마나 고통 속에서 살아왔는지, 비루하게 살아가는 집 안 이불을 들어 생활 곳곳을 보여주면 달라질까. 쌍용차 노동자들이 이 모든 시련을 견디고 다시 일어서는 결기를 만천하에 떨치면 상황은 달라질까. 생각은 복잡하고 길은 덤불에 덮였다. 이런 생각을 하던 중 앵무새가 생각났다. 대법원이 권력과 자본의 입맛에 맞는 단어만 취사선택하는 모습이 천생 앵무새 같았기 때문이다.

소설 《앵무새 죽이기》를 끄집어낸 이유다. 《앵무새 죽이기》는 미국 소설이다. 워낙 오래전에 봤던 책이라 줄거리가 해진 채 기억에 남아 있다. 《앵무새 죽이기》는 재판에 관한 소설이다. 인종 갈등을 다뤘고 저자가 성장한 이후에 쓴 회고담에 가깝다. 백인이 미국 사회의 공기를 장악하던 때 흑인은 숨쉬기조차 어려웠다. 마침 흑인이 피의자로 몰렸고 사형에 임박했다. 그러나 흑인에겐 죄가 없었다. 백인들이 누명을 씌운 것이다. 배심원 또한 백인 일색이었다. 인종차별의 시작과 끝은 배심원 구성이 틀어쥐고 있었다.

대한민국 대법원을 생각해본다. 특히 쌍용차 재판의 주심을 맡았던 박보영 대법관은 소수의 목소리를 잘 들으라며 임

명된 사람이다. 그 소수 배려의 몫조차 해고자들을 위한 몫
은 아니었다. 이것은 야속한 문제로만 타박할 일이 아니다. 그
들이 서 있는 법대가 지금처럼 견고하다면 참사에 가까운 일
은 반복될 것이다. 이는 재앙의 전조에 관한 문제로 다뤄야 한
다. 그들이 들춰봤던 서류 뭉치엔 우리의 눈물이 묻어 있지 않
았을 테고 읽어 내려갔던 활자가 세월을 증언할 수 없다. 기울
어진 사법 정의를 세우는 것이 기계적 중립이 되어선 안 된다.
약자들의 작은 목소리를 듣기 위해 몸을 낮춰 귀를 더 가까이
대는 수고스러움은 너무나 당연하다. 그러나 그들은 그럴 생
각도, 의지도, 관심도 없었다. 이는 한국 사회 노동의 심각한
앞날이다.

  '앵무새 죽이기'는 무고한 이들, 즉 앵무새를 죽이지 말라
는 것이다. 인종차별을 해선 안 된다는 뜻이다. 이 소설의 주
인공 스카웃은 7살 때 겪은 일을 커서 회고한다. 쌍용차 정리
해고 재판에 9살 아들 녀석이 따라왔다. 평소보다 더 밝게 뛰
어놀았고 과장된 몸짓도 곧잘 했다. 4살 때 겪었던 파업 경험
에서 얻은 불안을 달래는 나름의 방법이다. 결국 우리는 법대
에 앉은 앵무새들의 지저귐을 무력하게 들어야 했고 '모든 편
견과 차별로 인해 고통받는 이들'인 앵무새는 죽었다. 아이는
대법원 선고 이후 이틀 동안 구토 증세를 보여 학교를 가지 못
했다.

다시 서야 하고 내일을 살아가야 할 우리

대법원 선고가 있던 날 경남 밀양의 할머니들은 대법원 건물
앞에서 오열했다. 그들도 이 사건의 원고다. 해고 사건이 아

닌 고통과 아픔과 시련의 원고다. 다시 서야 하고 내일을 살아가야 할 우리 주변의 원고 대리인이다. 바로 그들을 죽인 것이다. 평생 해코지 없이 살아온 이들의 삶을 훼방놓고, 뿌리를 들썩이는 자들은 누구인가. 이파리 떨구듯 제 살점 떨궈가며 시련의 계절을 버티고 살아가는 이 선량한 앵무새를 죽이고 있는 자들은 누구인가. 숱한 고통과 괴롭힘의 기둥뿌리는 어디인가.

우리는 다시 살아갈 것이다. 그러나 법대에 앉아 오늘도 권력과 자본의 태평성대만을 하릴없이 노래하는 저 앵무새를 죽이지 않는다면 눈물 떨궈 희망의 씨를 뿌리는 선량한 앵무새는 결코 살 수 없다. 앵무새를 죽여야 앵무새가 사는 역설과 비탄의 시간 속에 우리가 서 있다. "당신은 어떻게 하실 거예요?"

한겨레21 1038호, 2014.12.1.